教你打官司 丛书

消费者权益保护案例

沈佳明 谢 翀 编著

山西出版集团 山西教育出版社

图书在版编目（CIP）数据

消费者权益保护案例/沈佳明，谢翀著．—太原：山西教育出版社，2012.5
（教你打官司）
ISBN 978-7-5440-4217-8

Ⅰ．①消…　Ⅱ．①沈…②谢…　Ⅲ．①消费者权益保护法-案例-分析-中国　Ⅳ．①D923.85

中国版本图书馆CIP数据核字（2009）第205395号

消费者权益保护案例

责任编辑　孙　铁
特邀编辑　雷彩云
复　　审　康　健
终　　审　樊爱香
装帧设计　刘志斌
印装监制　贾永胜

出版发行　山西出版集团·山西教育出版社
（太原市水西门街馒头巷7号　电话：4035711　邮编：030002）
印　　装　山西人民印刷有限责任公司
开　　本　850×1168　1/32
印　　张　10.75
字　　数　342千字
版　　次　2012年5月第1版山西第20次印刷
印　　数　101459—104458册
书　　号　ISBN 978-7-5440-4217-8
定　　价　21.00元

序　言

俗话说："无规矩不成方圆。"法律虽然抽象，但离我们的生活并不遥远。法律规则在现代社会人与人的交往中发挥着重要的作用，尤其是在预防和减少纷争、维护自身权益方面。我国正处在经济迅速发展、法制日臻完善的时期，法律的制定和修订也比较快，因此，对于普通百姓而言，我们不仅需要了解基本法律理念，还需要了解最新的、与我们生活密切相关的法律知识。

本套"教你打官司"丛书本着"为你打官司支招，为你赢官司献计"的宗旨，以通俗易懂的方式向读者宣讲法律知识，传播法治理念，让百姓明白自己有哪些权益是受法律保护的，应当怎样运用法律武器维护自己的合法权益。

本丛书共23册，各册的内容体系不是严格按照学术分类或是法律部门进行划分，而是以"与百姓的生活密切相关"为标准，将大量的法律概念、法律原理融入一个个典型而精彩的案例中，让读者在不知不觉中学到法律知识。每册书均采用以案说法的形式，运用简明通俗的语言、根据最新的法律规范深入浅出地解说法律问题。每个案例都由"事情是这样的"、"律师专线"、"法律规范"和"专家释惑"四个部分构成。其中"事情是这样的"旨在简要介绍法律问题的事实背景；"律师专线"是从律师实务的角度指明所涉法律问题，判断问题处理得对错与否，为当事人妥善解决此类问题提出相应的建议与技巧，比如所涉纠纷的核心问题是什么、有效解决问题的措施是什么、该向什么部门反映等；“法律规范”是摘录与案件有关的核心法条，为读者指明解决问题所援引的法律依据；“专家释惑”则是对与案件有关的法律知识进行更专业的阐释与介绍。有些案例还附有“联系本案”的内容，为读者防范或处理相关问题进行提醒。

衷心希望本丛书能成为普通百姓学习基本法律知识的得力助手，使大家不再觉得法律陌生而遥远，为我们认知和维护自身权益略尽绵薄之力。

兰　花

2009 年 7 月于中国政法大学

目 录

第一编 《消费者权益保护法》的适用范围

第二编 消费者的权利

第三编　经营者的义务

第四编　侵犯消费者权益和违反消费合同义务的法律责任

第一编 《消费者权益保护法》的适用范围

1. 受赠者可以享有消费者的权利吗?

案例1 吴某诉某商场空调质量不合格而要求退货纠纷案

事情是这样的

1998年7月15日，马某某以人民币7300元在某商场购买了一台空调机。空调机买回后，马某某因为出差并没有马上安装。同年10月，好朋友吴某结婚，马某某就把空调机当礼物送给了吴某。吴某马上拿着发票到商场要求安装。商场即派人安装，但是屡试都不制冷。安装人员仔细检查后，发现该空调机的压缩机是旧机，已不能制冷。了解到空调机的质量有问题，马某某就陪吴某一同来到某商场，要求退货。该商场却认为是马某某购买空调机后，久存不用结果导致空调出现故障，而且既然马某某已将空调机转送他人，商场也就不需要对受让人（吴某）承担任何责任。

吴某与朋友商量后向该市人民法院起诉，要求某商场退货赔偿，并承担退货过程中的一切费用。法院受理后，委托该市技术监督局对该空调机进行了质量鉴定。鉴定结论是："室外机主要部件被拆装过；根据零件锈蚀情况判断，该机在正常环境中安装使用时间已在一年以上；室内机未发现异常。"

在法庭庭审中，被告某商场抗辩说，原告吴某不是空调的实际购买者，与被告没有法律关系，不能向被告主张权利，因此原告起诉的主体不适格，依法应当驳回原告的诉讼请求。原告主张，尽管原告与被告没有直接的合同关系，但是与被告之间是消费法律关系，被告作为经营者违反了提供与产品说明、实物样品一致的商品的义务，损害了原告的利益，应当承担相应的法律责任。法院审理后查明，本案所涉及的空调机确系马某某购买，其后赠送给原告，其次本案所涉及的标明原装的新空调机的室外机实际上是旧机，与产品说明、实物样品所表明的质量状况不符，是以旧充新的行为，被告违反了经营者应当负有的保证质量的义务。虽然原告不是空调机的购买者，但却是空调机的使用者，也是《消费者权益保护法》所保护的对象，因此依据《消费者权益保护法》，法院支持吴某对于退货的诉讼请求，判令：由被告退还原告货款7300元，并且承担运输费用，运回空调机。

律师专线

这是一起以旧充新，因而产生质量问题的消费纠纷案例。本案争议的焦点是《消费者权益保护法》所保护的消费者的外延是什么，也就是说哪些人属于消费者？就本案而言，与经营者没有买卖关系的产品使用者是否属于《消费者权益保护法》保护的范围。

《消费者权益保护法》第2条规定："消费者为生活消费需要购买、使用商品或者接受服务，其权益受本法保护；本法未作规定的，受其他有关法律、法规保护"。由此可见，《消费者权益保护法》所保护的消费者不仅限于购买商品的消费者，还包括接受服务和使用商品的消费者。因此，对于消费者的判断并不是依据是否与经营者有合同关系，而是依据是否是为生活需要而消费。一般而言，一个人是否属于法律意义上的消费者，关键在于有偿获得的商品或接受的服务是否是用来满足个人或家庭的物质和文化生活的需要。换言之，如果个人或家庭有偿获得的商品或接受的服务是用于消费，那么该个人或家庭就是消费者；如果不是用于消费，那么该个人或家庭就不是消费者；如果不是用于消费，而是用于生产经营，则不是消费者。因此，消费者应是以生活消费需要为目的，有偿取得商品或服务的公民（或者自然人）。国际标准化组织消费者政策委员会为消费者所下的定义是："为个人目的购买或使用商品和服务的个体社会成员。"这里的消费者是狭义的消费者，即指个人的消费，即满足个人所必需的物质文化需求，这是区别于生产商品者、批发零售商品者而言的。消费者的主体身份，是在经营者向社会公众（不特定人）公开销售的行为场合确定的，而不是根据消费者事后将购买的商品用于什么用途而确定的，也不是依据是否与经营者之间有合同关系而定的。本案中的马某某将空调赠送给吴某，虽然吴某不是有偿取得空调机，并且与商场也没有合同关系，但是吴某是商场销售的空调机的实际使用者，也就是《消费者权益保护法》所保护的消费者。商场以吴某不是空调机的实际购买者来拒绝履行对吴某的义务是站不住脚的。原告完全有资格起诉被告，对被告主张权利。

其次，被告作为经营者有提供符合法律和国家、行业标准的商品和服务的义务，因此，经营者应当保证在正常使用商品或者接受服务的情况下其提供的商品或者服务应当具有的质量、性能、用途和有效期限，不可以以假充真、以次充好。本案中被告提供的空调是旧机，已经被安装使用过一年以上，因其内部锈蚀等原因而不能制冷，商场仍将其出售，构成了以旧充新，违反了经营者的法定义务，也损害了消费者的权利，依法应当承担修理、重作、更换等责任。

本案中商场其实已经构成了欺诈，应当承担增加赔偿的责任，但是因为原告没有主张，因此法院也没有就此作出判决。消费者在经营者已构成欺诈的情况下应当积极向法院提出增加赔偿的诉讼请求。民事诉讼中奉行当事人意思自治的原则，法院只能依据原告的请求作出判决，不能对请求以外的事项作出判决。

法律规范

中华人民共和国消费者权益保护法

（1993 年 10 月 31 日第八届全国人民代表大会常务委员会第四次会议通过，自1994 年 1 月 1 日起施行）

第二条　消费者为生活消费需要购买、使用商品或者接受服务，其权益受本法保护；本法未作规定的，受其他有关法律、法规保护。

第二十二条　经营者应当保证在正常使用商品或者接受服务的情况下其提供的商品或者服务应当具有的质量、性能、用途和有效期限；但消费者在购买该商品或者接受该服务前已经知道其存在瑕疵的除外。

经营者以广告、产品说明、实物样品或者其他方式表明商品或者服务的质量状况的，应当保证其提供的商品或者服务的实际质量与表明的质量状况相符。

专家释惑

消费者在消费过程中受到损害时决定诉诸法律时，应当注意以下几个方面：首先，判断自己和本案是否有直接利害关系，谁是适格的被告。之所以要这样考虑，理由在于《民事诉讼法》明确规定，法院受理案件的标准是“（一）原告是与本案有直接利害关系的公民、法人和其他组织；（二）有明确的被告；（三）有具体的诉讼请求和事实、理由等”，如果不符合上述要求，案件就不会被受理。所以在起诉之前自己要做一个判断。其次，要提供充分的证据。依据最高人民法院《关于民事诉讼证据的若干规定》，原告向人民法院起诉或者被告提出反诉，应当附有符合起诉条件的相应的证据材料；当事人对自己提出的诉讼请求所依据的事实或者反驳对方诉讼请求所依据的事实有责任提供证据加以证明。因此消费者要注意保留证据，比如发票、保修单、医院病例、表明交通费的车票、发票等等，没有证据证明则诉讼请求不会成立。其三，在对法律了解不是很充分的情况下，向律师请求咨询是很有帮助的。在上述案例中，被告某商场在庭审中一开始就提出了原告不是利害关系人，没有起诉的资格。如果该主张成立，本案就会被裁定驳回起诉，没有新的事实和理由，原告不能就同一事实再起诉，所以确定自己的起诉资格非常重要，消费者要特别注意。

本案的事实清楚，案情简单，被告提供的空调机不符合其产品说明、实物样品所表明的质量状况，空调机的室外机已被安装使用过一年以上，因其内部锈蚀等原因而不能制冷。因此，其出售时已是旧货，显然不具备其应有的使用性能。所以，在法律上讲，经营者没有适当履行其质量保证义务，应当承担由此产生的民事责任。因为原告没有主张增加赔偿，法律上就视作原告放弃了请求增加赔偿的权利，所以法院也没有对此作出判决。

2. 农民购买、使用直接用于农业生产的生产资料能够依据《消费者权益保护法》要求保护吗？

案例2　张某等农民诉某县化肥厂销售劣质化肥案

事情是这样的

1994年5月20日，张某等五位农民想提高庄稼的产量，于是一起在某县化肥厂销售部购买了10袋尿素，每袋50千克，共计400元人民币。5月25日，张某等人听天气预报说有大雨，于是根据经验趁大雨未停之际把尿素撒到庄稼地里，以求肥料迅速被庄稼吸收。过了几天，张某满怀希望地到地里观察庄稼长势情况，却发现庄稼不仅没有如预料的那样长得更好，反而萎缩变黄，有的甚至枯了。后来，部分庄稼的叶子出现干枯现象，年底收成比往年大幅度降低。张某等人犯疑了："难道尿素有质量问题？"于是把剩余的尿素拿到县技术监督局去检验。经检验表明：张某等人所买的化肥里氮的含量根本达不到其所标明的46%，只有10%左右，里面有大量的生石灰。原来张某等人往地里撒尿素后，尿素里的生石灰遇水产生热量，烧坏了庄稼，幸亏由于当时天降大雨冲刷掉不少生石灰，才使庄稼免于枯死。张某等人感到上当受骗了，12月10日，由张某带头，一同购买化肥的五户农民到县化肥厂要求赔偿。县化肥厂的人却不紧不慢地回答说："本厂于5月份出产的那批化肥确实是不合格产品。凡购买那批化肥的人，厂里可以退回化肥款，或更换符合质量标准的化肥，但是不予赔偿损失。"张某等人一听就急了，说道："购买的10袋化肥不值多少钱，但庄稼损失巨大，化肥厂要赔给我们！"经与厂领导交涉，工厂仍然不同意赔偿损失。张某等人于是在1995年1月4日到县人民法院提起诉讼。张某在起诉状中称：原告五人因购买县化肥厂生产的劣质化肥而遭受了严重经济损失，化肥厂应当对此所造成的一切后果负责，凡原告所受的全部经济损失都由化肥厂承担。在本案中，化肥厂应赔偿原告方：（1）原告购买尿素的款项，共计400元；（2）原告庄稼所受的损失，共计3000元；（3）技术鉴定费500元；（4）化肥厂出售不合格产品加倍赔偿金3000元，共计6900元整。县化肥厂在答辩状中提出：本厂生产的不合格化肥系本厂工人肖某等人对厂领导不满，故意偷工减料导致的不合格产品。因此，其责任应由肖某等人承担。本厂之所以愿意给化肥购买者退款是考虑到本厂的声誉，是为保护化肥购买人的利益所采取的措施，不是责任的承担。并且，化肥是生产资料，《消费者权益保护法》保护的是生活资料消费者，因此，化肥厂无义务加倍赔偿张某等购买化肥的款项。

县人民法院经开庭审理后查明：因化肥供应紧俏，县化肥厂为扩大生产规模，把部分化肥生产任务交给其他化肥生产厂家。这些化肥生产厂家有的不具备生产经营条件，甚至连基本的生产设备都没有。当他们接到生产任务后，有的工厂就把部分正牌化肥再加上其他物质（如生石灰等）制作成劣质化肥，再贴上县化肥厂的标志出售，给化肥的购买者造成了损害。县人民法院认为：县化肥厂是生产化肥的专业厂家，有责任把质量合格的化肥投放市场。但是，县化肥厂为了谋求更多的利润，不顾农民的利益，把本厂化肥的生产任务交给不具备化肥生产条件的厂家，并且把不合格的化肥贴上本厂标志出厂。县化肥厂生产的化肥从产品分类来讲属于生产资料的范畴，但是，化肥对农民来说是最重要的物资，与其生活密切相关，因此，《消费者权益保护法》又将其纳入调整范围。根据《产品质量法》、《消费者权益保护法》的有关规定，县化肥厂应当赔偿给农民所造成的一切损失。根据有关法律规定，县人民法院依法判决：（1）被告化肥厂退回原告购买化肥所支出的款项800元；（2）被告赔偿给原告所造成的经济损失2500元；（3）被告支付原告所交的技术鉴定费500元；（4）诉讼费100元由被告承担。

律师专线

农民购买化肥的行为受到《消费者权益保护法》的保护。首先，农民购买化肥的行为属于《消费者权益保护法》所调整的法律范畴。化肥属于生产资料，是供农业生产所需的农用生产资料之一，一般来讲，《消费者权益保护法》主要调整生活消费，生产资料的生产与销售由《产品质量法》、《合同法》等领域的法律进行调整。我国的《消费者权益保护法》第 54 条作了一个特别规定，“农民购买、使用直接用于农业生产的生产资料，参照本法执行。”把农民购买直接用于农业生产的生产资料，如农药、化肥、塑料薄膜、种子等，也纳入本法的调整范围。这一条是依据我国现实情况来决定的：我国是一个农业大国，农业是国民经济的基础，农村生产力不发达，农业生产社会化程度较低，这就决定了农民的生活消费和生产消费有着密切的、直接的联系。但是却，存在着不少不法商人用伪劣农药、化肥、种子坑害农民的现象，农民又缺少适当的途径和措施来寻求保护，因此，为了更好地保护消费者权益，保证农业生产的稳定发展，把农民购买、使用生产资料的行为列入该法。

其次，化肥厂应当承担其销售劣质化肥给原告所造成的损失。化肥厂作为生产商负有提供合格的化肥的义务，农民虽然是生产资料购买者，但是其购买行为可比照消费行为，因此享有《消费者权益保护法》所规定的消费者对生产者或者经营者的一切权利。化肥厂提供劣质化肥给原告造成巨大损失，违背了其基本的义务，依法应当承担损害赔偿责任。

其三，原告所能获得加倍赔偿仅限于所购买的化肥的价款，而不是所有损失的加倍赔偿。《消费者权益保护法》所规定的加倍赔偿权的含义在于，对购买的商品或者接受的服务所支付的费用可以要求加倍赔偿，消费者因为产品的质量问题而遭受其他人身或者财产损失并不属于加倍赔偿之列。

法律规范

中华人民共和国消费者权益保护法

（1993 年 10 月 31 日第八届全国人民代表大会常务委员会第四次会议通过，自 1994 年 1 月 1 日起施行）

第五十四条　农民购买、使用直接用于农业生产的生产资料，参照本法执行。

专家释惑

本案涉及《消费者权益保护法》保护对象的问题，根据该法第2条和第54条的规定，《消费者权益保护法》的保护对象包括：

一、消费者为生活消费需要购买、使用商品或者接受服务的，适用《消费者权益保护法》。所谓消费者，是指为个人生活消费需要购买、使用商品和接受服务的自然人。这与国际上的通说是一致的。国际标准化组织消费者政策委员会将“消费者”定义为“为了个人目的购买或者使用商品和接受服务的个体社会成员”。因此，任何社会组织、团体、单位均应排除在“消费者”的概念之外。只有分散的、单个的自然人，才需要特殊保护，而个体社会成员只有在为个人生活目的进行消费活动时，才被视为《消费者权益保护法》上的消费者。

二、农民购买、使用直接用于农业生产的生产资料时，参照《消费者权益保护法》执行。

农民如果购买生活资料，例如买洗衣机用于家庭洗衣、电视机用于观看，自然与一般的消费者无异，但是农民购买生产资料，如化肥、农药用于生产就不是一种消费行为，那么为什么《消费者权益保护法》第54条规定农民购买生产资料的行为适用本法呢？首先，《消费者权益保护法》的宗旨在于保护作为经营者对立面的特殊群体——消费者的合法权益。农民购买直接用于农业生产的生产资料，虽然不是为个人生活消费，但是作为经营者的相对方，其弱者地位是不言而喻的。其次，我国是一个农业大国，农村生产力不发达，农业生产社会化程度较低，这是我国农村的基本现状，农业亟须法律的扶持。我国现阶段坑农、害农事件不断，在农业生产资料市场中假货、劣货充斥其间，严重影响了农民的生产和生活，而农民又缺少适当的途径和措施来寻求保护，对此就必须采取有效的法径手段加以扭转。因此，将农民购买、使用生产资料的行为列入《消费者权益保护法》的保护范围，不仅合情合理，而且有利于更好地保护农民的利益，实践也证明其作用和效果是值得称道的。

本案值得思考的另外一个问题在于原告是否能够获得加倍的赔偿。《消费者权益保护法》第49条规定："经营者提供商品或者服务有欺诈行为的，应当按照消费者的要求增加赔偿其受到的损失，增加赔偿的金额为消费者购买商品的价款或者接受服务的费用的一倍。"其所规定的就是消费者在受到经营者欺诈时所享有的费用加倍索回权。

费用加倍索回权的行使要受到如下条件的限制：

一、费用加倍索回权的对象是欺诈性地提供商品和服务的经营者。经营者是指以营利为目的，向他人提供商品或者商业服务的主体，如果经营者在服务过程中具有欺诈行为，如缺斤短两，以次充好，以不合格产品冒充合格产品，把不具有某种功能的商品说成具有某种功能的商品等，这种欺诈行为损害了消费者的合法权益。欺诈的特征是经营者告知消费者以虚假的情况或者故意隐瞒真实的情况。经营者在主观上必须具有故意的心理特征，过失不构成欺诈。比如，经营者购进了大批的VCD，VCD各方面的证件都齐全，经营者抽取其中的部分VCD进行检验也没有发现问题。但是，这批VCD中夹杂着一部分假冒产品，靠正常地观察是不能被发现的。经营者在自以为没有问题的情况下将VCD卖给了消费者。虽然在这种情况下经营者违反了法定的质量担保义务，应当承担民事责任，但是因为经营者没有欺诈行为，因此不能适用《消费者权益保护法》第49条的规定让经营者双倍退还VCD的价款。

二、增加赔偿的金额为消费者购买商品的价款或者接受服务的费用的一倍。这是对费用加倍索回权数量上的限制。消费者购买商品的价款或者接受服务的费用是指消费者在购买商品或者接受服务时所付出的商品或者服务的对价，不包括其他费用。例如，某消费者到餐厅吃饭，点了一桌菜，其中包括一份鲍鱼，收银员收取了500元，其中鲍鱼的价格是200元，但是实际上上的菜根本就不是鲍鱼，而是一般的扇贝，该消费者可以要求索回200元的两倍即400元，而不是500元的两倍1000元。

三、必须由受损害的消费者提出要求。民法是权利法，民事权利是民事主体从事某种行为或者不从事某种行为的自由，民事诉讼的提起以当事人起诉为原则，民事纠纷的审理以原告提起的诉讼请求为限。在消费者利益受到损害时，对于赔偿的范围、金额，必须由消费者主动提出要求。在经营者进行欺诈行为的情况下，如果消费者仅仅要求退货或赔偿，则经营者只负责退还消费者在购买商品或接受服务时所支付的费用，并不加倍赔偿。如消费者想得到加倍赔偿的费用，必须向人民法院明确提出。

四、经营者获得的加倍赔偿仅限于消费者在购买商品或接受服务当时所支付的费用，不包括以后受到的其他经济损失。本案中，经营者县化肥厂所加倍赔偿的只是张某等五位农民购买肥料时所支付的价款400元，不是张某等另外所受的经济损失，张某等人另外所受的经济损失，可以按实际损失数额计算由化肥厂予以赔偿。从本案来说，张某等农民可以向化肥厂要求加倍赔偿其支付的化肥价款。但是，对张某等所受的其他经济损失，可以由化肥厂按实际损失数额予以赔偿。

3. 自动扶梯绞伤幼童，能否适用《消费者权益保护法》？

案例3　张某诉商场自动扶梯绞伤案

事情是这样的

2000年6月30日11时许，尚不满四周岁的张运随其外祖母韩发萍到某供销大厦新亚家电商城选购商品。中午12时许，张运跟着外祖母乘自动扶梯从三楼下楼，至二楼时，他的软底泡沫塑料凉鞋被自动扶梯下口梳齿板卡住，马上左足就被梳齿板给绞住了。韩发萍着急万分，大声呼救，在场的人也急忙去叫商场的工作人员来帮忙。自动扶梯虽然停下来了，但小张运还是受了伤，痛苦难忍。商场的工作人员和韩发萍一起将小张运送进市第二人民医院治疗。医生对小张运进行了诊断：左足毁损伤、左足第三跖趾关节脱位。同年10月10日出院，共用去医疗费10712元。在张运治疗期间，某供销大厦股份有限公司派专人来看望小张运，并且支付张运医疗费9000元。小张运的家人心想，小张运会受伤完全是某供销大厦的错，不管它的电梯有没有质量问题，造成小张运受伤这是事实，所以应当赔偿所有的医疗费用以及将来的后续治疗费用。于是小张运的家人向某供销大厦提出了赔偿请求，但是被一口拒绝了。

小张运的父母代理小张运向区人民法院提起了诉讼请求：本人随外祖母到被告的家电商城选购商品，乘用被告某供销大厦有质量问题、且无人管理的自动扶梯，致使我左足被绞伤。该伤经市第二人民医院诊断为左足毁损伤，手术后尚需继续治疗。现要求被告某供销大厦股份有限公司赔偿尚未支付的医疗费1712元、继续治疗费10000元、营养费500元、交通费270元、护理费4500元、残疾者生活补助费15000元、精神损害赔偿金20000元。

某供销大厦股份有限公司则辩称：原告张运系在自动扶梯上玩耍，

左足插入自动扶梯梳齿板致伤的，造成损伤的原因是张运的家人未尽到监护责任。我公司投入使用的自动扶梯是合格的，其不应承担赔偿责任，请求驳回原告张运的诉讼请求。

该案受理后，区人民法院委托法医对原告张运的伤进行鉴定。经法医鉴定：张运左足第四、五脚趾缺失，左足足弓损坏，伤残程度为九级，该损伤5个月左右可以愈合，张运伤后住院期间可予专人护理，伤后1~2月内可予营养补助，其住院期间治疗及用药无明显不妥之处。另经核实，张运被送至医院的救护费70元系原告家人支付。

区人民法院审理后认为：原告张运在被告某供销大厦股份有限公司家电商城被自动扶梯绞伤，原告有依法向有关责任人追偿的权利。各责任方应负相应的赔偿责任。本案被告作为经营者，在其经营场所设置自动扶梯，应当保证消费者安全通行。造成原告被损伤的主要原因是该自动扶梯存在质量问题，有安全隐患。因此，被告应对本案损害负主要责任。原告系无民事行为能力人，其监护人应当预见到乘用自动扶梯应当及时起步、抬脚，否则将存在一定危险。原告的监护人没有履行这一注意义务，帮助原告及时上下自动扶梯，对发生的损害亦应承担过错责任。依据法医鉴定，原告要求被告赔偿医疗费、护理费、营养费、残疾者生活补助费、交通费等费用的诉讼请求，应予支持。原告张运伤后所承受的肉体痛苦和心灵创伤，对今后生活的影响非物质可弥补，其所受的精神损害是客观存在的。为缓解或消除原告精神上的痛苦，应当给予其适当的精神损害赔偿。原告提出继续治疗的费用，无事实和法律依据，不予采纳。依照《中华人民共和国消费者权益保护法》第7条、第11条、第18条、第41条，《中华人民共和国民法通则》第119条、第131条之规定，于2001年5月16日作出判决如下：

一、原告张运的医疗费10712元、残疾者生活补助费15687.68元、护理费1106.73元、营养费386.82元、救护费70元、交通费120元、X摄片费20元，合计28103.23元，原告张运自负2810.33元，被告某供销大厦股份有限公司赔偿 25292.9 元。

二、法医鉴定费 300 元，原告张运负担 30 元，被告某供销大厦股份有限公司负担 270 元。

三、被告某供销大厦股份有限公司赔偿原告张运精神损害赔偿金 9000 元。

一审宣判后，被告某供销大厦股份有限公司不服，提起上诉。其认为张运不是消费者，一审判决认定事实和适用法律错误，事故发生完全是因为监护人未尽责任所致，其不应承担责任。

市中级人民法院认为：原审法院根据所查明的事实，在分清责任的基础上，明确了双方当事人各自应承担的民事责任。原审判决认定事实清楚，证据充分，适用法律正确，应予维持。某供销大厦股份有限公司所提的上诉理由不足，不予采纳。根据《中华人民共和国民事诉讼法》第 153 条第 1 款第 1 项的规定，于 2001 年 9 月 7 日作出判决：驳回上诉，维持原判。

律师专线

本案是一起商场的自动扶梯绞伤儿童的索赔案。本案争议的焦点是原告是否是消费者以及对于原告受到的损害如何分担责任。现分析如下：

原告张运是《消费者权益保护法》所保护的消费者。我国《消费者权益保护法》第 2 条规定“消费者为生活需要购买、使用商品或接受服务，其权益受本法保护”，从这一规定可以看出，所谓消费者是指为满足生活需要而购买或使用经营者提供的商品或服务的人。消费者既包括购买商品或服务的人，亦包括使用商品或接受服务的人。由于消费者所消费的商品和服务是其自己或其他人通过一定的方式从经营者那里获得的，而这种获得的方式通常是指支付商品、服务的价格而购买，但又不仅限于通过支付任何形式的代价（如劳动、提供便利等）而获得，不支付任何代价而由经营者赠与的商品或服务的使用者，亦属消费者的范围。张运随外祖母在被告的经营场所内，虽然没有采购商品，但乘被告为方便顾客特意设置的自动扶梯，而被告并没有明示低于一定年龄的人不能接受服务，由此就应视为原告张运接受了被告所提供的服务，从这个意义上讲，张运当然是消费者。

原告随外祖母到被告家电商城选购商品，并乘用被告提供的自动扶梯，是一种消费行为，应属《消费者权益保护法》所指的消费者，因此，原、被告之间存在一种消费服务法律关系，并应根据《消费者权益保护法》的规定来确定双方各自的权利与义务范围。被告在其家电商城附设自动扶梯，正因为它属经营者向消费者所提供的一种服务，故产生了被告依《消费者权益保护法》第18条规定所必须承担的义务，即“经营者应当保证其提供的商品或者服务符合保障人身、财产安全的要求，对可能危及人身、财产安全的商品和服务，应当向消费者作出真实的说明和明确的警示，并说明和标明正确使用商品或者接受服务的方法以及防止危害发生的方法。经营者发现其提供的商品或者服务存在严重缺陷，即使正确使用商品或者接受服务仍然可能对人身、财产安全造成危害的，应当立即向有关行政部门报告和告知消费者，并采取防止危害发生的措施。”根据经营者保证消费安全的义务，从而产生了本案被告必须保证其所提供的自动扶梯没有任何故障和缺陷，确保消费者在任何情况下都能安全通行，如存在缺陷则应当明确告知。而从本案查明的情况看，原告张运软底泡沫塑料凉鞋被自动扶梯下口梳齿板卡住，导致左足被绞伤，表明自动扶梯存在安全隐患，但被告对此没有任何的明示标志，这是完全有悖于其作为经营者应负的保证消费安全义务的要求的。产生这种情况，无论是被告没有认识到自己的义务所在，还是被告疏忽，轻信不会发生事故，这都是被告主观上的过错和客观上的过错，而不是推定过错的问题。因此，原告张运的脚被绞伤，虽属偶然，但和被告的不加管理（而不仅仅是疏忽管理的问题）的过错行为却有着直接因果关系。被告未履行应尽的义务，就应对由此发生的损害承担民事责任。

原告张运的监护人应当承担责任。未成年人或者说无行为能力人的法定监护人负有法定监护义务，对此不能理解为法定监护人对被监护人所受的任何不能预见的伤害都要承担责任。被监护人受到伤害，不能仅以脱管就认定监护人未尽到监护职责，而应以监护人当时的监护职责是否能够实际行使而怠于行使来认定。任何运动中的机械都存在一定的危险，上下自动扶梯起步、抬脚是人们乘用自动扶梯时的基本常识，如不及时起步、抬脚，会有危险发生，对此原告张运的监护人韩发萍应当预见。原告张运尚不满四周岁，系无民事行为能力人，需要在监护人的引导下起步、抬脚上下自动扶梯，然而原告张运的外祖母韦发萍没有履行这一注意义务，对事故的发生亦负有一般过错责任。因此应适当减轻被告的责任。

综上所述，原告在被告家电商城所受到的人身损伤，主要原因是被告所提供的服务设施存在缺陷，原告的监护人未适当履行注意义务是事故的次要原因。法院据此作出上述判决是正确的。

法律规范

中华人民共和国消费者权益保护法

（1993年10月31日第八届全国人民代表大会常务委员会第四次会议通过，自1994年1月1日起施行）

第十八条 经营者应当保证其提供的商品或者服务符合保障人身、财产安全的要求。对可能危及人身、财产安全的商品和服务，应当向消费者作出真实的说明和明确的警示，并说明和标明正确使用商品或者接受服务的方法以及防止危害发生的方法。

经营者发现其提供的商品或者服务存在严重缺陷，即使正确使用商品或者接受服务仍然可能对人身、财产安全造成危害的，应当立即向有关行政部门报告和告知消费者，并采取防止危害发生的措施。

专家释惑

在现实生活中，人们往往认为既然没有购买东西，那么就不构成消费，进而类推为没有行为能力的孩子不可能是“消费者”，其实这是一种误解。消费者的认定不是以已经支付了一定的费用为必要条件的。消费者是指购买或使用经营者提供的商品或服务的人，在这里消费者的重要特征就在于“为满足生活需要”，在这个大前提下，购买、正在购买或者想要购买商品、接受服务的人都是消费者，即无论是否已经支付，只要满足了上述的条件就是消费者，而且与年龄无关。

在经营场所内设置“自动扶梯”供前来选购商品的顾客使用，自动扶梯是被告某供销大厦股份有限公司为实现其商品销售目的所提供的一种配套服务。被告系商业经营场所，应属我国《消费者权益保护法》上所指的向消费者提供商品和服务的经营者。被告某供销大厦股份有限公司作为经营性的公共场所，其因经营需要而在家电商城内配置的自动扶梯，虽不是作为商品而出卖，但它是被告为改善购物环境、方便顾客而向消费者提供的商品及服务的一部分，是为实现其商品销售目的的配套服务部分。从这个意义上讲，该自动扶梯是为方便顾客购物而特意配置的，是对顾客提供的服务的组成部分。因此，消费者在使用该自动扶梯时受到的伤害就是在接受经营者提供的服务中受到的人身损害，经营者应当承担相应的责任。本案中小张运随外祖母来商场购物，在乘坐自动扶梯时受伤，其性质是消费者在接受商场提供的服务时受到损害，应当受到《消费者权益保护法》的保护。

4. 顾客进店未及消费即摔伤，能否依据《消费者权益保护法》索赔？

案例4　陈女士诉海鲜城未履行安全保障警示义务案

事情是这样的

2003年11月2日，陈女士约了几位好友到当地一家有名的海鲜城就餐。陈女士走进该店后，叫朋友先点菜，她要去一趟卫生间。朋友说："不着急，等你回来再说。"谁知，餐厅服务员刚用洗洁精拖过洗手间地板，还没来得及冲洗干净，陈女士一不小心滑倒在地，当时就站不起来了。随即陈女士被送往医院治疗，经诊断为第十胸椎压缩性骨折伴截瘫。经过几次手术后，仍然留下了严重的运动障碍后遗症。陈女士认为，海鲜城对湿滑地板既没有设立明显标志也没有采取任何有效的防护措施，是导致她摔倒的主要原因，海鲜城未尽到保护消费者人身安全的义务，应对她摔伤造成的损失承担主要责任。海鲜城则认为，陈女士使用店内卫生间前，没有点菜，消费还没有开始，双方尚未缔结饮食服务合同，因此陈女士还不是该饭店的消费者，也不能依据《消费者权益保护法》要求海鲜城保护自己的人身、财产安全，饭店对她没有安全保障义务，因而拒绝赔偿。双方协商不成，陈女士于是将海鲜城起诉到了法院。

律师专线

本案的关键是如何理解经营者的先合同义务和缔约过失责任。所谓先合同义务，又称先契约义务或缔约过程中的附随义务，是指自缔约当事人因签订合同而相互接触磋商，至合同有效成立之前，双方当事人依诚实信用原则负有协助、通知、告知、保护、照管、保密、忠实等义务。

经营者们常常认为，消费者虽然进入了消费场所，但还没有进行消费，所以经营者对于因未尽安全保障义务而造成的伤害就不应承担责任。这种观点其实是错误的。《合同法》第42条规定，当事人在订立合同过程中，如有违背诚实信用原则的行为，而给对方造成损失的，应当承担损害赔偿责任。这是《合同法》中关于缔约过失责任的规定。依据诚实信用原则，当事人在订立合同过程中，应当负有一定的注意义务，这些义务不属于合同约定的义务，而是一种先合同义务（或合同前义务），先合同义务是一种附随义务。也就是说，不管合同是否订立，只要违反了诚实信用、公平原则，给对方造成损失，就应当赔偿。本案中陈女士进入海鲜城的目的是进行消费，处于和海鲜城订立消费合同的先期过程中，虽然消费合同尚未成立，但根据诚实信用原则，海鲜城仍然承担一定的先合同义务。作为饮食服务行业的经营者，其先合同义务应当包括：谨慎、小心地照顾顾客，采取积极措施，尽可能地保护顾客的人身及财产安全。这一附随义务的内涵源自《消费者权益保护法》的消费者人身、财产安全权，以及相对应的经营者的安全保障义务。海鲜城在使用清洁剂擦洗洗手间地板时，应当预见到地板湿滑可能导致顾客摔倒，但却因疏忽大意没有预见或者已经预见而轻信可以避免，既没有对顾客作出提醒或警示，也没有采取其他保护措施，比如设立警示标志、暂时停止使用等，最终导致了陈女士滑倒摔伤。海鲜城有明显的过错，违反了先合同义务，而且其违反先合同义务的行为与陈女士摔伤的结果有直接的因果关系，符合缔约过失责任的构成要件，海鲜城应当承担赔偿责任。

同时，根据最高人民法院《关于审理人身损害赔偿案件适用法律若干问题的解释》规定，从事住宿、餐饮、娱乐等经营活动或者其他社会活动的自然人、法人及其他组织，未尽合理限度范围内的安全保障义务致使他人遭受人身损害，赔偿权利人请求其承担相应赔偿责任的，人民法院应予支持。这里规定的“他人”，没有限定在消费者，是因为在尚未成立消费合同情况下，消费者身份的认定应当属于案件的实体部分，不应影响案件的受理。在庭审中，如果经营者认为消费者来到经营场所不是为了消费，而是出于其他目的，那就应当是谁主张谁举证。经营者如果不能证明消费者进入消费场所是为了其他目的就应当承担对消费者的义务。

法律规范

中华人民共和国消费者权益保护法

（1993 年 10 月 31 日第八届全国人民代表大会常务委员会第四次会议通过，自 1994 年 1 月 1 日起施行）

第七条　消费者在购买、使用商品和接受服务时享有人身、财产安全不受损害的权利。

消费者有权要求经营者提供的商品和服务，符合保障人身、财产安全的要求。

第十八条　经营者应当保证其提供的商品或者服务符合保障人身、财产安全的要求，对可能危及人身、财产安全的商品和服务，应当向消费者作出真实的说明和明确的警示，并说明和标明正确使用商品或者接受服务的方法以及防止危害发生的方法。

经营者发现其提供的商品或者服务存在严重缺陷，即使正确使用商品或者接受服务仍然可能对人身、财产安全造成危害的，应当立即向有关行政部门报告和告知消费者，并采取防止危害发生的措施。

中华人民共和国合同法

（1999 年 3 月 15 日第九届全国人民代表大会第二次会议通过，自 1999 年

10月1日起施行）

第四十二条 当事人在订立合同过程中有下列情形之一，给对方造成损失的，应当承担损害赔偿责任：

（一）假借订立合同，恶意进行磋商；

（二）故意隐瞒与订立合同有关的重要事实或者提供虚假情况；

（三）有其他违背诚实信用原则的行为。

最高人民法院关于审理人身损害赔偿案件适用法律若干问题的解释

（2003年12月4日最高人民法院审判委员会第1299次会议通过，2003年12月26日公布，自2004年5月1日起施行）

第六条 从事住宿、餐饮、娱乐等经营活动或者其他社会活动的自然人、法人、其他组织，未尽合理限度范围内的安全保障义务致使他人遭受人身损害，赔偿权利人请求其承担相应赔偿责任的，人民法院应予支持。

因第三人侵权导致损害结果发生的，由实施侵权行为的第三人承担赔偿责任。安全保障义务人有过错的，应当在其能够防止或者制止损害的范围内承担相应的补充赔偿责任。安全保障义务人承担责任后，可以向第三人追偿。赔偿权利人起诉安全保障义务人的，应当将第三人作为共同被告，但第三人不能确定的除外。

专家释惑

《合同法》确立了我国的缔约过失责任制度。在合同订立的过程中，一方当事人因没有履行依据诚实信用原则所应负的义务，而导致另一方当事人遭受一定的损失，在这种情况下，前者要承担相应的民事责任，这种责任即为缔约过失责任。缔约过失责任的产生需要具备两个前提条件：一是缔约双方为了缔约而进行了社会接触或交易上的接触；二是这一接触使双方产生了一种特殊的信赖关系。根据《合同法》的规定，违反先合同义务有四种情况，第一种类型是假借订立合同，恶意进行磋商。第二种类型是故意隐瞒与订立合同有关的重要事实或者提供虚假情况。此种情况属于缔约过程中的欺诈行为。第三种类型是泄露或不正当地使用商业秘密。本案情形属于其中的第四种，有其他违背诚实信用原则的行为，即除了前三种情形以外的违背先合同义务的行为。在缔约过程中常表现为，一方当事人未尽到通知、协助、告知、照顾等义务而造成对方当事人人身或财产的损失的情形。

缔约过失责任采取的是过错责任原则，其构成要件包括客观要件和主观要件两个方面。具体来说，缔约过失责任的构成要件有以下四个：

一、缔约一方当事人有违反法定附随义务或先合同义务的行为。在缔约阶段，当事人为缔结契约而接触协商之际，已由原来的普通关系进入到一种特殊的关系（即信赖关系），双方均应依诚实信用原则互负一定的义务，一般称之为附随义务，即互相协助、互相照顾、互相告知、互相诚实等义务。若当事人违背了其所负有的附随义务，并破坏了缔约关系，就构成了缔约过失，有可能承担责任。

二、该违反法定附随义务或先合同义务的行为给对方造成了固有利益或信赖利益的损害。如果没有损失，就不会存在赔偿问题。所谓固有利益，是指与正在缔结的合同本身无关的，相对独立的利益，是合同法和侵权法共同保护的对象。固有利益损害主要是于缔约之际未尽保护义务而致相对方人身权、财产权的损害。固有利益若受到侵害，即使合同成立并得到履行也无法恢复。信赖利益损失，指相对人因信赖合同会有效成立却由于合同最终不成立或无效而受到的利益损失，这种信赖利益必须是基于合理的信赖而产生的利益，即在缔约阶段因为一方的行为已使另一方足以相信合同能成立或生效。

三、违反法定附随义务或先合同义务的一方缔约人在主观上必须存在过错。这里的过错既包括故意也包括过失。无论是故意还是过失，只要在缔约阶段违反了附随义务，并对合同最终不能成立或被确认无效或被撤销负有过错，就应当承担缔约过失责任。并且，责任的大小与过错的形式没有任何关系，这是因为缔约过失责任以造成他人信赖利益损失为承担责任的条件，其落脚点在于行为的最终结果，而非行为的本身。

四、缔约的一方当事人违反法定附随义务或先合同义务的行为与对方所受到的损失之间必须存在因果关系。即相对方的信赖利益损失是由行为人的缔约过失行为造成的，而不是其他行为造成的。如果这二者之间不存在因果关系，则不能让其承担缔约过失责任，这是该责任制度的内在要求。

以上四个要件缺一不可，否则就不能产生缔约过失责任。同时四要件之间又是彼此联系的有机整体，缔约过失责任的认定必须严格按照这四个构成要件来进行。

针对缔约过失责任的赔偿则包括固有利益赔偿和信赖利益赔偿。

一、固有利益的赔偿范围。固有利益的损害在缔约过失责任中主要是于缔约之际未尽保护义务而致相对方人身权、财产权的损害，应由加害人承担全额赔偿责任，不存在是否以履行利益为最高限额问题。其实际赔偿范围主要指赔偿身体、健康、生命丧失等的损害或损失。基本内容一般应包括：医疗费、误工费、护理费、交通费、住宿费、住院伙食补助费和必要的营养费等的赔偿。此外致残的还应包括残疾人生活补偿补助费、残疾用具费、被扶养人扶养来源丧失的损失等赔偿，致死的还应包括丧葬费的损失，死者生前扶养的人扶养来源丧失的损失等赔偿。

二、信赖利益的赔偿范围。信赖利益的赔偿范围不同于固有利益，赔偿的上限不超过缔约非过错方在订立合同时应当预见的因合同不成立或被撤销可能给对方造成的损失，同时也不能超过合同成立及履行后所能获得的利益。信赖利益的损失包括直接损失和间接损失。直接损失主要包括：1. 缔约费用，如为了订约而赴实地考察所支付的合理费用；2. 准备履约和实际履约所支付的费用，如运送标的物至购买方所支付的合理费用；3. 因缔约过失导致合同无效、被变更或被撤销所造成的实际损失；4. 因身体受到伤害所支付的医疗费等合同费用；5. 因支出缔约费用或准备履约和实际履行支出费用所失去的利息等。间接损失主要包括：1. 因信赖合同有效成立而放弃的获利机会的损失，即丧失与第三人签订合同的机会所蒙受的损失；2. 利润损失，即无过错方在现有条件下从事正常经营活动所获得的利润损失；3. 因身体受到伤害而减少的误工收入；4. 其他可得利益损失。

本案中还有一个值得注意的问题，即缔约过失责任与侵权责任的竞合。经营者作为消费合同的一方当事人违反了先合同义务，承担缔约过失责任，同时又侵犯了消费者的安全权，应当承担侵权责任。受害人主张何种责任，直接关系到自己的切身利益。受害人应该以何种请求权来索取赔偿呢？虽然我国法律没有明确规定缔约过失责任与侵权责任的竞合问题，但参照违约责任与侵权责任竞合的相关规定，当事人应当有自由的选择权，根据实际情况选择最有利于保护自己合法权益的请求权进行诉讼。

5. 赠品致伤，商家是否应担责？

案例 5　吴某诉商家赠品导致人身伤害赔偿案

事情是这样的

2004 年 2 月 13 日，吴某在吉水县康安电器行购买了“飞利浦”彩电一台，电器行赠给吴某一台电饭煲。第二天，吴某使用该电饭煲煮饭时，左手不慎触及电饭煲外壳而被电击伤，造成左手部分功能丧失，后经法医鉴定为七级伤残。吴某将电器行起诉到法院后，经法院委托产品质量监督部门检验，结果是该电饭煲常态绝缘电阻为零，可以直接导致电饭煲外壳带电。吴某要求电器行承担产品质量问题导致的人身损害赔偿责任，但电器行以电饭煲是无偿赠送的为由，拒绝承担赔偿责任。

律师专线

本案是一起劣质赠品致人损害的案件。购买商品时所得赠品有质量问题导致受赠人损害，出卖商品的商家是否应承担责任是本案的争执焦点。《合同法》第191条规定，附义务的赠与，赠与的财产有瑕疵的，赠与人在附义务的限度内承担与出卖人相同的责任。本案中，电器行与消费者吴某之间的电饭煲赠与合同无疑是附义务的，即吴某对电器行彩电的购买才是赠与的前提条件。因此，电器行应对赠品的质量缺陷承担与出卖品同样的损害赔偿责任。

法律规范

中华人民共和国合同法

（1999年3月15日第九届全国人民代表大会第二次会议通过，自1999年10月1日起施行）

第一百九十一条（第一款）　……附义务的赠与，赠与的财产有瑕疵的，赠与人在附义务的限度内承担与出卖人相同的责任。

专家释惑

本案涉及赠与物的瑕疵担保责任。赠与合同是赠与人将自己的财产无偿给予受赠人，受赠人表示接受的合同。因为受赠人无须支付对价，根据公平原则，法律一般不要求赠与人承担赠与物的瑕疵担保责任。但同时，法律也规定了三种例外情形。

第一，附义务的赠与，赠与的财产有瑕疵的，赠与人在附义务的限度内承担与出卖人相同的责任。即本案中，消费者因为购买了其他商品而获得的赠品如果存在质量问题，经营者即应承担等同于出卖人的赔偿责任。这一规定的依据也是民法的公平原则。

第二，赠与人故意不告知瑕疵，造成受赠人损失的，应当承担损害赔偿责任。即赠与人明知赠与财产有瑕疵却故意不告知受赠人，并因此给受赠人造成人身或财产损失。赠与财产有无瑕疵，直接关系到受赠人是否接受赠与，赠与人未将赠与物之瑕疵告知受赠人或者保证无瑕疵，影响到受赠人是否接受赠与的准确判断。另外，受赠人接受赠与目的在于从中取得收益，但如果受赠人因赠与财产的瑕疵而遭到人身或者财产损害的，就违背了受赠人接受赠与的初衷。比如某服装销售商为了吸引顾客，将冒牌的鳄鱼衬衫作为 VIP 顾客的赠品。

第三，赠与人保证无瑕疵，造成受赠人损失的，应当承担损害赔偿责任。赠与人在履行赠与合同时，向受赠人保证无瑕疵的，赠与人应对其所作保证承担责任。赠与人在保证无瑕疵的情况下，隐含着法律上的默示条款，即若因赠与财产的瑕疵造成受赠人损失的，赠与人将负赔偿责任。赠与财产一旦发生质量或者权利瑕疵，给受赠人造成损失，无论赠与人是否知道赠与财产有瑕疵，赠与人均应当对其保证负责，依法承担保证责任。

联系本案

根据有关调查统计，在实际消费生活中，许多消费者往往没有重视赠品的相关权利。“买一赠一”等优惠活动，是经营者常用的促销手段。而这些赠品大多鱼目混珠，有的是仓库积压品，有的是劣质品、冒牌产品、“三无”产品，有的甚至是过期变质食品，消费者使用这些赠品时，甚至因质量问题造成人身伤害或财产损失，而经营者却以赠品为由拒绝提供“三包”服务或承担赔偿责任。有的商家提供的赠品虽是货真价实的，但实际上赠品的价格早就被商家加到所购商品的价格之中了，涉嫌欺诈和不正当竞争。消费者应当提高自我保护意识，面对赠品，也应理直气壮地向经营者要求与销售商品同样的权利。

6. 能否用《消费者权益保护法》处理医患纠纷？

案例6 陈某诉长沙市中心医院分院销售违规制作的药品案

事情是这样的

2002年11月6日，家住长沙市太平街的陈某因身体不适，来到长沙市中心医院分院（原长沙市第二医院）进行治疗。这家医院的医生在为其进行B超检查后，诊断为“慢性前列腺炎”，并开具了“抗炎方合四味汤14剂，氟胍酸胶囊4盒”处方。陈某当即在医院花费154.8元，购买了中西药，其中14剂“抗炎方合四味汤”为医院制剂的袋装中药剂。陈某回家后，按照医生的要求服用该药，不料，陈某随即出现了“食欲差、性生活低下”等症状。

经过多方了解，陈某发现，原来长沙市中心医院分院根本就不具备中药制剂生产的合法资格，向他销售的“抗炎方合四味汤”也没有向药监部门申请备案。陈某认为，医院方把这种违规制剂销售给作为消费者的他，严重侵犯了他的合法权益。陈某因此向长沙市开福区人民法院提起诉讼，要求长沙市中心医院分院向他双倍赔偿医药费268元、精神抚慰金315元，并书面公开道歉。

法院认为，陈某作为患者在被告处就医实际是接受被告医疗服务以及从被告处购买药品两个紧密相连的过程，而双方争议的焦点集中在购药过程中，这与消费者从药店购买药品无实质区别，原告与被告的关系可认定为消费者与经营者之间的关系，而被告在整个过程中对原告实施了欺诈行为。据此，开福区法院依据《消费者权益保护法》等的规定，作出要求长沙市中心医院分院双倍赔偿原告陈某医药费268元、驳回原告其他诉讼请求的判决。

律师专线

本案案情并不复杂，根据《中华人民共和国药品管理法》第23条规定：“医疗机构配制制剂，须经所在地省、自治区、直辖市人民政府卫生行政部门审核同意，由省、自治区、直辖市人民政府药品监督管理部门批准，发给《医疗机构制剂许可证》。无《医疗机构制剂许可证》的，不得配制制剂。”长沙市中心医院分院销售的制剂“抗炎方合四味汤”没有向药监部门申请备案，根本就不具备中药制剂生产的合法资格，因此其配制制剂药品“抗炎方合四味汤”并销售给患者陈某的行为是违法的，药品监督管理部门应该根据《药品管理法》予以行政处罚，同时，作为受害的患者，当然可以要求医院进行赔偿。

但本案的焦点并不在于医院是否应对其销售未经审核的制剂药品造成患者损害的行为进行赔偿的问题，而是患者可以依何种法律进行索赔的问题。本案尚不构成医疗事故，因而不能依据《医疗事故处理条例》进行索赔。原告本可以以医院销售未经审核的制剂药品造成人身伤害为由，依侵权行为的法律依据进行起诉，但本案的原告最后选择以《消费者权益保护法》中的欺诈为由进行起诉，这样可以获得双倍赔偿。原告从医院购买中西药，这与消费者从药店购买药品无实质区别，原告与被告的关系可认定为消费者与经营者之间的关系，而被告在整个过程中对原告实施了欺诈行为，销售未经审核的制剂药品，因而必须承担双倍赔偿责任。

法律规范

中华人民共和国消费者权益保护法

（1993 年 10 月 31 日第八届全国人民代表大会常务委员会第四次会议通过，自 1994 年 1 月 1 日起施行）

第四十九条　经营者提供商品或者服务有欺诈行为的，应当按照消费者的要求增加赔偿其受到的损失，增加赔偿的金额为消费者购买商品的价款或者接受服务的费用的一倍。

中华人民共和国药品管理法

（1984 年 9 月 20 日第五届全国人民代表大会常务委员会第七次会议通过，2001 年 2 月 28 日第九届全国人民代表大会常务委员会第二十次会议修订）

第二十三条　医疗机构配制制剂，须经所在地省、自治区、直辖市人民政府卫生行政部门审核同意，由省、自治区、直辖市人民政府药品监督管理部门批准，发给《医疗机构制剂许可证》。无《医疗机构制剂许可证》的，不得配制制剂。

《医疗机构制剂许可证》应当标明有效期，到期重新审查发证。

专家释惑

患者是不是消费者，一直是社会各界争议的问题。医患关系本质上就是患者通过交费就诊而产生的与医院之间的权利义务关系，由医患双方在平等自愿的基础上按照等价有偿的原则产生，符合消费行为的基本特征。但是，目前在国内大多数地方，因为社会医疗体制的特殊性和部分社会福利性质，司法机关在医患纠纷诉讼中还难以将患者作为消费者来认定。

近年来，医患纠纷与日俱增，患者及其家属取证难、鉴定难、依法索赔难的事件屡见不鲜。有学者认为，如果通过立法在法律上明确患者就是消费者，让患者享有《消费者权益保护法》规定的消费者享有的各项权利，让患者可以依据《消费者权益保护法》维护自己的合法权益，将大大有利于保护医患纠纷中患者的正当权益。2001 年 1 月 1 日，浙江省开始实施的《浙江省实施〈消费者权益保护法〉办法》（以下简称《办法》），在全国范围内首次将医患关系纳入《消费者权益保护法》的调整范围。浙江省的《办法》关键有这样两条：第 25 条规定："医疗机构应当尊重患者对自己的病情、诊断、治疗的知情权。患者有权要求查阅、复印住院志、医嘱单、检验检查报告、手术及麻醉记录单等资料。因实施保护性治疗措施不宜让患者知情或者患者因故无法行使知情权的，患者家属有权查阅、复印上述资料。"第 26 条规定："医疗机构提供诊疗护理服务，因使用不合格药品、不合格医疗器械或者因违反医疗管理法律、法规、规章制度和诊疗护理规范及常规等诊疗护理过错造成患者人身伤害的，应当依法承担民事责任。造成医疗事故的，按照国家规定处理。"这一规定的意义在于，把医患关系纳入消费者权益保护的轨道，明确昭示天下：医院、医生与就诊患者的关系，就是医务人员、医疗产品与消费者的关系。有关专家认为，这至少在国内是罕见的创举。其创新有二：第一，立法的创新。浙江省人大的立法直面现实，关心社会相对弱势群体，是处理医患关系的最新立法探索。第二，填补了医患关系的法律空档。以前处理医患关系，几乎等同于医疗机构、司法机关对医疗事故的民事处理。实际生活中，在医疗事故这种极端的医患关系表现载体之外，还有大量医患矛盾，既损害了病人权益，伤害了医患感情，又够不上医疗事故，没有现成的规章制度可供处理、调节、参照。浙江省把医患关系纳入《消费者权益保护法》范围，就较好地填补了制度空档。从这个地方法规实行以来的实际效果看，它有力地保护了患者的法定知情权、获偿权，发挥了良好的社会功能。

联系本案

医院自己配制的制剂药品须经所在地省、自治区、直辖市人民政府卫生行政部门审核同意，患者购买此等制剂药品时，需注意一下该医疗机构是否具有《医疗机构制剂许可证》。

在向医院购买药品的过程中，如果医院存在欺诈行为的，患者可以依据《消费者权益保护法》向医院索取双倍赔偿。

7. 道路交通事故赔偿可否选择适用《消费者权益保护法》?

案例7　昊昊及其父母诉广州新穗巴士公司交通事故人身损害赔偿案

事情是这样的

2000年11月14日，昊昊由妈妈抱着，乘坐广州新穗巴士公司的公交车。途中因驾驶员忽视安全，加上客车本身制动不合格，公交车与路边护墙相撞，导致车子侧翻。昊昊也受了伤，被送往医院救治，后被诊断为脾破裂，经法医鉴定为十级伤残。昊昊及其父母于是将新穗巴士公司告上了法院，要求其赔偿医疗费 484.9 元、验伤材料打印费及挂号费 30 元，并按《消费者权益保护法》赔偿原告残疾者生活补助费、残疾赔偿金及护理费、交通费等共计 28 万余元。被告广州新穗巴士公司认为事件由交通事故引起，理应适用《道路交通事故处理办法》来确定赔偿，不同意原告依据《消费者权益保护法》要求的赔偿额。

广州芳村区法院认为，原告昊昊是《道路交通事故处理办法》所称的乘车人，同时也是《消费者权益保护法》中的消费者，作为原告，可以选择其中任何一个适用。被告巴士公司不仅要赔偿原告在事故中受到的损失，还应支付残疾者生活补助费和残疾赔偿金给原告。最后，芳村区法院判决巴士公司赔偿昊昊约 14.9 万元。

巴士公司上诉到广州市中院。广州市中院二审后判决认为，本案中上诉人发生交通事故是由于驾驶不当造成，并不存在恶意欺诈、侵犯被上诉人权益的行为，因此被上诉人要求适用《消费者权益保护法》不当。法院支持上诉人对适用《道路交通事故处理办法》的选择。中院判决巴士公司共赔偿昊昊约 1.7 万元。昊昊的爸爸、妈妈遂向广东省高院提出再审要求。

律师专线

本案是一起交通事故损害赔偿案，事实清楚也简单，但在适用法律上面临两种选择，适用《消费者权益保护法》要求赔偿的数额是适用《道路交通事故处理办法》要求赔偿数额的近十倍。一审中，法院按原告的诉讼请求，依据《消费者权益保护法》判决被告赔偿近 15 万元，这是正确的判决。然而二审中，二审法院认为：本案中上诉人发生交通事故是由于驾驶不当造成，并不存在恶意欺诈、侵犯被上诉人权益的行为，因此被上诉人要求适用《消费者权益保护法》不当。法院支持上诉人对适用《道路交通事故处理办法》的选择。最后改判巴士公司共赔偿昊昊约 1.7 万元，这个判决是不合理的。乘客与公交公司构成了运输合同关系，发生交通事故，既属合同违约，又属侵犯公民健康权，在这种情况下，受害人有权选择对自己最有利的方式起诉。同样，原告作为

《道路交通事故处理办法》所称的乘车人，也是《消费者权益保护法》中的消费者，可以选择其中任何一个法律适用。加大赔偿力度、加重对弱者的保护应是大势所趋。而且，《消费者权益保护法》是1993年由全国人民代表大会常务委员会颁布的，在效力层次上属于法律；而《道路交通事故处理办法》是国务院于1991年发布，在效力层次上属于行政法规，无论从新法优于旧法或是上位法优于下位法的角度来看，《消费者权益保护法》与《道路交通事故处理办法》的规定有冲突的，应该适用《消费者权益保护法》。

法律规范

中华人民共和国消费者权益保护法

（1993年10月31日第八届全国人民代表大会常务委员会第四次会议通过，自1994年1月1日起施行）

第七条　消费者在购买、使用商品和接受服务时享有人身、财产安全不受损害的权利。

消费者有权要求经营者提供的商品和服务，符合保障人身、财产安全的要求。

第四十一条　经营者提供商品或者服务，造成消费者或者其他受害人人身伤害的，应当支付医疗费、治疗期间的护理费、因误工减少的收入等费用，造成残疾的，还应当支付残疾者生活自助具费、生活补助费、残疾赔偿金以及由其抚养的人所必需的生活费等费用；构成犯罪的，依法追究刑事责任。

专家释惑

侵权行为的归责原则一般分为过错责任原则和无过错责任原则。无过错责任，就是不以行为人的过错为责任要件而依法律的特别规定承担的责任，其核心是无论行为人是否具有故意和过失，都应当依法承担赔偿责任。其理论根据来源于“危险说”，即企业、物品或装置的所有人或持有人制造了危险来源，并未能阻止损害的发生，故要承担责任。因此，无过错责任主要适用于高度危险作业、环境污染、产品缺陷、动物致人损害等引起的侵权责任。

由于机动车辆是一种危险性比较高的机器，汽车交通事故是伴随汽车这种危险机器运行所必然发生的特殊责任，因此汽车所有人和使用人应当对自己拥有的危险物所产生的损害后果，承担较高程度的责任。基于这一原理，应当将道路交通事故人身赔偿责任视为一种无过错责任。我国《民法通则》第106条第3款规定："没有过错，但法律规定应当承担民事责任的，应当承担民事责任。"从事高速运输工具作业属于高度危险的作业之一，交通事故人身赔偿责任应适用《民法通则》第123条规定的无过错责任原则。可见根据上述理由，交通事故人身损害赔偿的归责原则是无过错责任原则。

与过错责任相比较，无过错责任的免责事由比较严格，只有不可抗力和受害人的故意两种情形可以免责，而受害人的故意是不包括受害人的过失的，主要是指行人一方自杀、自伤或者进入高速公路造成人身损害的行为。无过错责任原则的基本含义是受害人无须证明行为人有过错，行为人也不得以自己无过错作为免责和减轻责任的抗辩事由，但并非不考虑受害人的过错，受害人对于损害的发生有过错的，可以减轻加害人的赔偿责任。适用无过错责任原则作为归责原则并不排除过失相抵原则的适用。

《民法通则》第131条规定："受害人对于损害的发生也有过错的，可以减轻侵害人的民事责任。"就是体现的过失相抵原则。所谓过失相抵原则，是指在加害人依法应承担损害赔偿责任的前提下，如果受害人对于损害事实的发生也有过失，则可以根据受害人的过失程度减轻直至免除加害人的赔偿责任。过失相抵，并非加害人过失与受害人过失相互抵消，而是受害人的过失所致损害部分与全部损害相比从中抵消之意。过失相抵原则的核心在于，贯彻公平责任原则，合理分配责任负担，避免将己方的过失带来的损害后果转嫁于他方，从而实现社会的公正。如前所述，交通事故人身损害赔偿责任的免责事由不包括受害人的过失，但这并不意味着受害人的过失在确定交通事故损害人身赔偿责任中没有意义。公安机关在处理交通事故损害赔偿的实践中也是这样做的，只不过不称过失相抵，而称为交通事故责任的认定。

过失相抵是以受害人的过失减轻行为人的赔偿责任，其着眼点在于考虑受害人的心理态度。按照过失相抵原则，在无过错责任中，如果加害人无过错而受害人具有完全过错，可以减轻或免除加害人的责任。但是在交通事故无过错责任中则不可以，不久前一些大城市出现的“行人违章，撞了白撞”的论调，是不符合法治精神的。这是因为汽车具有较高的危险性，不能采用一般的过失标准衡量受害人的行为。这是处理交通事故人身损害赔偿责任的特有原则，是现代法治“抑强扶弱”基本精神的体现。

总之，交通事故人身损害赔偿，不能等同于一般的民事人身损害赔偿。应当以无过错责任原则作为交通事故损害赔偿的归责原则。同时，在确定交通事故人身损害赔偿责任时，还必须以过失相抵原则作为补充，从而实现社会的公平和公正，体现尊重生命的基本价值理念。

《道路交通事故处理办法》关于归责原则的规定，显然是以过错责任为原则，公平原则为补充，同《民法通则》第 123 条关于高速运输工具适用无过错责任的规定明显不同。笔者认为这是对《民法通则》的一种背离和倒退。但是，《民法通则》第 123 条是将交通事故与其他危险责任合并规定的，条文过分简约，给人民法院在审理交通事故人身损害赔偿案件的具体法律适用上带来困难。《道路交通事故处理办法》虽然是国务院颁布的行政法规，但比较详细、明确地规定了交通事故损害的范围和计算标准。人民法院在审理交通事故损害赔偿案件时，应当根据《立法法》关于上位法高于下位法的规定，在归责原则上适用无过错责任原则，在损害范围和计算标准方面可以适用《道路交通事故处理办法》的规定。《道路交通事故处理办法》虽然规定了过错责任原则，但由于《道路交通事故处理办法》在责任认定时也体现了过失相抵原则。因此，在实际赔偿数额上，与适用无过错责任原则应该不会有太大的差距。

联系本案

《道路交通事故处理办法》关于归责原则的规定，显然是以过错责任为原则，在赔偿数额上也较《消费者权益保护法》少很多。因而，在此类案件纠纷中，消费者应该尽量选择适用《消费者权益保护法》，可以得到更多的赔偿额。

第二编 消费者的权利

8. 老人在超市摔成截瘫，超市是否应当承担责任？

案例8 海南一老人诉超市设施不安全致其摔成截瘫案

事情是这样的

2002年5月31日上午，64岁的退休老干部刘某在海口市南国超市购物出来时，突然在通道口的台阶上滑倒，当即瘫倒在地，鲜血淋漓，造成头部颅骨损伤，颈椎严重骨折。虽然经及时抢救，老人却高位截瘫，生活不能自理。南国超市在刘某入院后不久，支付了一笔3.7万元的“人道援助”，但此后就以“这是意外事故，南国超市没有任何法律责任”为由不再承担任何费用。

刘某家属认为南国超市存在严重的安全隐患，应依法承担赔偿责任，于是向法院提起诉讼。在诉状中请求法院判令海南南国购物中心有限公司（即南国超市）支付已发生的医疗费、护理费等35.3万元，精神损害赔偿金20万元，后期医疗费、护理费等27万元，共计82.3万元，同时承担本案诉前财产保全费和诉讼费。

法院经审理认为，被告南国超市在服务设备上存在不安全因素，原告刘某在南国超市出入口人行阶梯处摔倒致伤，系阶梯地面光滑和没有行人辅助设施造成，原告因此受到的人身损害与被告的服务行为有因果关系，根据《消费者权益保护法》，南国超市对此应承担民事责任。法院最后判决被告海南南国购物中心有限公司应赔偿原告刘某医疗费32万余元，护理费人民币1.48万元，交通费2070元，住院伙食补助费

3175元，精神损害抚慰金6万元，共计40万余元。驳回原告刘某的其他诉讼请求。

律师专线

这是一起经营者未完全履行服务场所的安全保障义务而导致的人身伤害赔偿案。《中华人民共和国消费者权益保护法》第7条规定："消费者在购买商品和接受服务时享有人身、财产不受损害的权利。消费者有权要求经营者提供的商品和服务，符合保障人身、财产安全的要求。"第18条第1款规定："经营者应当保证其提供的商品或者服务符合保障人身安全、财产安全的要求。"原告刘某在南国超市购物，作为消费者，他在购买商品和接受服务时享有人身、财产不受损害的权利。刘某在出入口人行阶梯处摔倒致伤，系阶梯地面光滑和没有行人辅助设施造成，被告南国超市未尽到服务场所的安全保障义务，是存在过错的。原告因此受到的人身损害与被告的服务行为有因果关系，根据《消费者权益保护法》，南国超市对此应承担民事责任。

本案还有一个令人关注的地方是关于精神损害赔偿的问题。《消费者权益保护法》中规定了残疾赔偿金、死亡赔偿金，应该说这是具有精神损害赔偿金的性质的。本案中，原告并不是以残疾赔偿金的名义要求这部分赔偿，而是直接以精神损害赔偿金的名义要求赔偿，这也是有法律依据的。最高人民法院《关于确定民事侵权精神损害赔偿责任若干问题的解释》其中规定"（一）生命权、健康权、身体权；（二）姓名权、肖像权、名誉权、荣誉权；（三）人格尊严权、人身自由权"这几种人格权受到侵害可以请求精神损害赔偿。本案中南国超市未尽到服务场所的安全保障义务，可以认为其侵害了原告的健康权，以此为据请求精神损害赔偿而不是以造成残疾为由请求残疾赔偿金，这可以省去残疾鉴定这一步骤。

法律规范

中华人民共和国消费者权益保护法

（1993年10月31日第八届全国人民代表大会常务委员会第四次会议通过，自1994年1月1日起施行）

第七条　消费者在购买、使用商品和接受服务时享有人身、财产安全不受

损害的权利。消费者有权要求经营者提供的商品和服务，符合保障人身、财产安全的要求。

第四十一条　经营者提供商品或者服务，造成消费者或者其他受害人人身伤害的，应当支付医疗费、治疗期间的护理费、因误工减少的收入等费用，造成残疾的，还应当支付残疾者生活自助具费、生活补助费、残疾赔偿金以及由其扶养的人所必需的生活费等费用；构成犯罪的，依法追究刑事责任。

中华人民共和国民法通则

（1986年4月12日第六届全国人民代表大会第四次会议通过，自1987年1月1日起施行）

第一百一十九条　侵害公民身体造成伤害的，应当赔偿医疗费、因误工减少的收入、残废者生活补助费等费用；造成死亡的，并应当支付丧葬费、死者生前扶养的人必要的生活费等费用。

最高人民法院关于确定民事侵权精神损害赔偿责任若干问题的解释

（2001年2月26日最高人民法院审判委员会第1161次会议通过，自2001年3月10日起施行）

第一条　自然人因下列人格权利遭受非法侵害，向人民法院起诉请求赔偿精神损害的，人民法院应当依法予以受理：

（一）生命权、健康权、身体权；

（二）姓名权、肖像权、名誉权、荣誉权；

（三）人格尊严权、人身自由权。

违反社会公共利益、社会公德侵害他人隐私或者其他人格利益，受害人以侵权为由向人民法院起诉请求赔偿精神损害的，人民法院应当依法予以受理。

专家释惑

经营者对服务场所的安全保障义务，是指经营者在经营场所对消费者、潜在的消费者或者其他进入服务场所的人之人身、财产安全依法承担的安全保障义务。旅店、车站、商店、餐馆、茶馆、公共浴室（包括桑拿浴）、歌舞厅等接待顾客的场所属于服务场所；邮电、通信部门的经营场所，体育馆（场）、动物园、公园向公众开放的部分属于服务场所；银行、证券公司等的营业厅属于服务场所；营运中的交通工具之内部空间属于服务场所；其他向公众提供服务的场所，也属于服务场所。

对服务场所负有安全保障义务的主体为服务场所的经营者，包括服务场所的所有者、管理者、承包经营者等对该场所负有法定安全保障义务或者具有事实上控制力的公民、法人或其他社会组织。在出租经营场所的情况下，承租人对承租的空间负有安全保障义务，出租人对未出租（或者未明确约定）的公共部分（如通道、楼道、厕所等）承担安全保障义务。与此相对应的权利主体是：（1）消费者；（2）潜在的消费者；（3）实际进入该服务场所的任何人。权利主体与义务主体之间的权利、义务之主要内容是：在特定的服务场所，权利人的人身和财产安全应当得到保障，义务人应当对这种人身和财产安全履行相应的积极作为或者消极不作为义务。

9. 产品质量不合格致人损害，消费者有权向销售者索赔吗？

案例9　杨某某诉某日杂商店销售质量不合格产品造成其人身伤害案

事情是这样的

1998年3月间，杨某某从被告曾某某经营的日杂商店购买卡式气炉一台，该日杂商店尚未办理营业执照。1998年4月27日10时许，杨某某在做饭时，卡式气炉突然发生爆炸，杨某某颈部及双上肢被烧伤，并及时入住石狮市灵秀山医院治疗。双方经石狮市工商行政管理局调解，被告先支付了人民币2000元给原告杨某某，但双方最后没有达成协议。1998年7月17日，杨某某诉至石狮法院，请求判令被告赔偿因其产品质量不合格而造成的原告医疗费、护理费、误工费等损失共计人民币6万元。被告辩称：原告向其购买卡式气炉一台属实，但引起卡式气炉爆炸的原因是原告使用不当，并非产品存在质量问题。如果产品不合格，也应以生产厂家为被告，原告以其作为被告起诉是不对的。法院经审理后认为：被告出售的产品质量不合格是造成事故发生的直接原因，被告作为产品的销售者，依法应承担全部赔偿责任。后原、被告双方在法院的主持下，自愿达成了调解协议：一、被告曾某某于调解书生效时一次性补助原告杨某某医疗费、护理费、误工费共计人民币1.9万元（含先前已付款项）。二、案件受理费810元，由原、被告各承担1/2。

律师专线

当前，一些不法分子为牟取暴利，大肆制造假冒伪劣产品，致使假冒伪劣产品充斥市场，因产品质量不合格造成的人身损害事故屡有发生。《产品质量法》第41条第1款规定：因产品存在缺陷造成人身、缺陷产品以外的其他财产（以下简称他人财产）损害的，生产者应当承担赔偿责任。第43条规定：因产品存在缺陷造成人身、他人财产损害的，受害人可以向产品的生产者要求赔偿，也可以向产品的销售者要求赔偿。《消费者权益保护法》第35条第2款规定：消费者或者其他受害人因商品缺陷造成财产、人身损害的，可以向销售者要求赔偿，也可以向生产者要求赔偿。《民事诉讼法》第64条第1款规定：当事人对自己提出的主张，有责任提供证据。据此规定，人民法院在审理一般民事纠纷案件中，强调谁主张谁举证原则，通常又称原告举证原则。同时，为切实保护消费者合法权益，人民法院在审理产品质量损害赔偿纠纷案件中，根据最高人民法院《关于适用〈中华人民共和国民事诉讼法〉若干问题的意见》第74条规定，相对弱化原告（通常为消费者）的举证责任，原告只要能证明不合格产品购于何处或产自何处、质量问题发生的时间、自己无过错，其主张即可视为已被证明。此时便产生证明责任上的转移，由被告（通常为产品制造者或销售者）对产品内在质量、技术上的鉴定、试验等负责举证。如证明不力，则应推定过错，被告就应该承担民事责任。在本案诉讼中，被告辩称其产品不存在质量不合格问题，而是原告使用不当造成的，但又提供不出足以证明原告使用不当的证据，因此，被告的主张不能成立。本案原告行为无过错，不能减轻被告的责任。

法律规范

中华人民共和国产品质量法

（1993 年 2 月 22 日第七届全国人民代表大会常务委员会第三十次会议通过，1993 年 9 月 1 日起施行）

第四十一条　因产品存在缺陷造成人身、缺陷产品以外的其他财产（以下简称他人财产）损害的，生产者应当承担赔偿责任。

生产者能够证明有下列情形之一的，不承担赔偿责任：

（一）未将产品投入流通的；

（二）产品投入流通时，引起损害的缺陷尚不存在的；

（三）将产品投入流通时的科学技术水平尚不能发现缺陷的存在的。

第四十二条　由于销售者的过错使产品存在缺陷，造成人身、他人财产损害的，销售者应当承担赔偿责任。

销售者不能指明缺陷产品的生产者也不能指明缺陷产品的供货者的，销售者应当承担赔偿责任。

第四十三条　因产品存在缺陷造成人身、他人财产损害的，受害人可以向产品的生产者要求赔偿，也可以向产品的销售者要求赔偿。属于产品的生产者的责任，产品的销售者赔偿的，产品的销售者有权向产品的生产者追偿。属于产品的销售者的责任，产品的生产者赔偿的，产品的生产者有权向产品的销售者追偿。

第四十四条　因产品存在缺陷造成受害人人身伤害的，侵害人应当赔偿医疗费、治疗期间的护理费、因误工减少的收入等费用；造成残疾的，还应当支付残疾者生活自助具费、生活补助费、残疾赔偿金以及由其扶养的人所必需的生活费等费用；造成受害人死亡的，并应当支付丧葬费、死亡赔偿金以及由死者生前扶养的人所必需的生活费等费用。

因产品存在缺陷造成受害人财产损失的，侵害人应当恢复原状或者折价赔偿。受害人因此遭受其他重大损失的，侵害人应当赔偿损失。

最高人民法院关于适用《中华人民共和国民事诉讼法》若干问题的意见

（最高人民法院审判委员会 1992 年 7 月 14 日第 528 次会议讨论通过）

74. 在诉讼中，当事人对自己提出的主张，有责任提供证据。但在下列侵权诉讼中，对原告提出的侵权事实，被告否认的，由被告负责举证：

(1) 因产品制造方法、发明专利引起的专利侵权诉讼；

(2) 高度危险作业致人损害的侵权诉讼；

(3) 因环境污染引起的损害赔偿诉讼；

(4) 建筑物或者其他设施以及建筑物上的搁置物、悬挂物发生倒塌、脱落、坠落致人损害的侵权诉讼；

(5) 饲养动物致人损害的侵权诉讼；

(6) 有关法律规定由被告承担举证责任的。

专家释惑

《产品质量法》对于产品生产者和产品销售者采用的是不同的归责原则。

生产者的责任，规定在《产品质量法》第41条："因产品存在缺陷造成人身、缺陷产品以外的其他财产（以下简称他人财产）损害的，生产者应当承担赔偿责任。"按照这一规定，因产品存在缺陷，造成人身财产损害的，应由该产品的生产者承担赔偿责任。此生产者的赔偿责任，不以生产者具有过错（故意或过失）为责任成立要件，因此属于严格责任。本法对"生产者"未规定定义，此"生产者"应指产品成品或产品零部件的制造商，还应当包括在产品上标出自己的名称、商标或其他标志，以表明自己是该产品的生产者的自然人或法人。

销售者的责任，规定在《产品质量法》第42条第1款："由于销售者的过错使产品存在缺陷，造成人身、他人财产损害的，销售者应当承担赔偿责任。"条文明示，销售者的过错使产品存在缺陷的情形，销售者应当承担赔偿责任。此销售者的责任，以销售者具有过错为责任成立要件，因此属于过错责任。依解释及裁判实务，当受害人以缺陷产品的销售者为被告起诉时，法院不要求受害人证明被告销售者具有过错，而是责令被告销售者就自己无过错举证，如果被告销售者举证证明了自己无过错的，法院即依本款判决其不承担赔偿责任。因此，本款所规定的销售者的责任，实际上属于过错推定责任。

考虑到在某些情形，受害人不可能知道产品的生产者，因此本法使销售者负有向受害人指明产品的生产者，或者指明产品的供货者的义务。如果销售者不履行此项义务，则应由销售者对缺陷产品所造成消费者的损害承担严格责任。此项责任，规定在第42条第2款："销售者不能指明缺陷产品的生产者也不能指明缺陷产品的供货者的，销售者应当承担赔偿责任。"依此规定，销售者要获得免责，不仅须举证证明自己无过错，还须向受害人指明产品的生产者或供货者。如果他不指明产品的生产者或供货者，即使举证证明了自己无过错，法院也将依据本款规定判决其承担赔偿责任。条文所谓"供货者"概念，应当包括产品的出口商和进口商。

联系本案

因产品存在缺陷造成人身、他人财产损害的，受害人可以向产品的生产者要求赔偿，也可以向产品的销售者要求赔偿。产品责任案件中，销售者虽然须有过错才承担赔偿责任，但销售者要获得免责，不仅须举证证明自己无过错，还须向受害人指明产品的生产者或供货者。

10. 美容化妆品致人损害，商家侵犯了消费者的什么权利？

案例10 李某与某祛斑霜生产商关于产品质量纠纷案

事情是这样的

2002年8月20日，武汉李女士去汉口某商业大楼购物。该商业大楼的一楼是各种各样的化妆品柜台，李女士在其中一个化妆品柜台看化妆品时，旁边的售货小姐极力向她推荐该柜台的化妆品，经过售货小姐的一番劝说，李女士就花50元钱购买了一瓶“××”牌祛斑霜。该产品的说明书介绍：最新科学配方，祛斑效果好，连续使用一个月以上就有明显的增白祛斑的效果，对皮肤无伤害。买回家后，李女士想试试祛斑霜的效果，便把祛斑霜擦在脸上及手臂上，满心希望能有令人惊喜的结果，不料涂抹后不久就感到有一种烧灼感，接着又相继出现皮肤红肿、溃烂的现象。看到这些症状，李女士非常慌张，赶紧去了医院进行诊治。医院皮肤科医生诊断为皮肤过敏，于是李女士来到消费者协会投诉。

消协受理后，立即组织人员进行调查。原来该产品的介绍与实际功能不符。说明书没有明确告诉消费者，该产品会有哪些副作用，只提示不能用于发炎和损伤的皮肤、眼部、乳部、鼻部及耳内等部位。依据《消费者权益保护法》的有关规定，消协召集双方进行调解，经调解使双方达成了协议：由该祛斑霜生产公司一次性支付李女士货款、医疗费与误工费等共计人民币650元整。消协还建议，该公司暂停这批产品的销售，对产品进行检测，并要求修改产品的使用说明书与产品上标注的注意事项，避免再发生此类事件，该公司虚心地接受了消协的建议。

律师专线

化妆品是人们日常最广泛的消费品之一，由于化妆品直接作用于人的皮肤等器官，如果产品不合格，将直接对人身造成伤害，因此，消费者在购买化妆品时，首先应注意审查该化妆品是否有符合国家规定要求的批准文件和合格证。这些批文的证件主要有：（1）《化妆品生产企业卫生许可证》。由于化妆品往往与人体表面进行直接接触，若不符合卫生要求极易造成对人体的伤害。所以，我国立法对化妆品生产企业、化妆品生产过程均有严格的卫生要求，凡从事化妆品生产的企业必须取得《化妆品生产企业卫生许可证》方能从事生产。所以，消费者应对该证件进行认真审核。（2）特殊用途化妆品的批准文号。对没有上述批准文号的化妆品不得经销。（3）产品质量合格标记。按规定，未经检验及不符合卫生标准的产品不得出厂，对无产品质量合格标记的化妆品不得销售。（4）化妆品的标签、小包装和说明书。我国立法对化妆品的标签、小包装及说明书的内容作了明确规定，不符合规定的不得出售。在我国《化妆品卫生监督条例》及其《实施细则》中，规定了生产者的化妆品的标签、说明书、包装方面应承担的义务：化妆品标签上应当注明产品名称、厂名，并注明生产企业卫生许可证编号；小包装或者说明书上应当注明生产的日期和有效使用期限。特殊用途的化妆品，还应当注明批准文号。对可能引起不良反应的化妆品，说明书上应当注明使用方法、注意事项。化妆品的标签、小包装或者说明书上不得注有适应证，不得宣传疗效，不得使用医疗术语。

该祛斑霜生产公司的做法违反了我国的《消费者权益保护法》、《化妆品卫生监督条例》及其《实施细则》等的规定，依法应当承担法律责任。《消费者权益保护法》第8条规定了消费者的知情权，即“消费者享有知悉其购买、使用的商品或者接受服务的真实情况的权利”，而该公司生产的祛斑霜的说明书上并没有说明该产品会有哪些副作用，李女士在不完全知情的情况下购买、使用了该产品，从而使自己受到了伤害。另外，《消费者权益保护法》第7条第2款还规定：“消费者有权要求经营者提供的商品和服务，符合保障人身、财产安全的要求。”祛斑霜生产公司生产的这种祛斑霜造成了李女士皮肤红肿、溃烂，对李女士的人身安全造成了一定的损害，理应承担赔偿责任。

法律规范

中华人民共和国消费者权益保护法

（1993年10月31日第八届全国人民代表大会常务委员会第四次会议通过，自1994年1月1日起施行）

第八条　消费者享有知悉其购买、使用的商品或者接受的服务的真实情况的权利。

消费者有权根据商品或者服务的不同情况，要求经营者提供商品的价格、产地、生产者、用途、性能、规格、等级、主要成份、生产日期、有效期限、检验合格证明、使用方法说明书、售后服务，或者服务的内容、规格、费用等有关情况。

专家释惑

本案该祛斑霜生产公司的做法违反了我国的《消费者权益保护

法》、《产品质量法》、《化妆品卫生监督条例》及其《实施细则》等的规定，依法应当承担法律责任。《消费者权益保护法》第8条规定了消费者的知情权，即“消费者享有知悉其购买、使用的商品或者接受的服务的真实情况的权利”，因此经营者应当提供有关产品的价格、产地、性能、使用说明，以及是否会产生副作用等情况，而该公司生产的祛斑霜的说明书上并没有说明该产品会有哪些副作用，李女士在不完全知情的情况下购买使用了该产品，并且受到了伤害。

其次，《消费者权益保护法》第7条第2款还规定：“消费者有权要求经营者提供的商品和服务，符合保障人身、财产安全的要求。”虽然没有证据证明该祛斑霜是不合格产品，但祛斑霜生产公司生产的这种祛斑霜确实造成了李女士皮肤红肿、溃烂，对李女士的人身造成了一定程度的损害，应当承担赔偿责任，至于该产品是否是质量不合格产品与本案赔偿责任的认定无关。

联系本案

消费者在购买化妆品时，要有保护自己的意识，一定要注意检查其产品是否符合以上规定的要求。对于不符合规定的产品，尽量不要购买。因缺陷产品致人损害的侵权诉讼，由产品的生产者就法律规定的免责事由承担举证责任，如果化妆品的生产者想要免责就必须承担举证责任。

11. 医院未告知患方医疗费用的明细项目侵犯了患方的什么权利？

案例11　李某诉长兴县人民医院侵害知情权案

事情是这样的

1999年11月5日下午，李某的女儿李某某突然昏倒在地，李某见状紧急拨打“120”，急救车将李某某送到县人民医院急救室进行抢救，次日晚9时，李某某不治身亡。11月8日，医院开具住院收费收据一份，所列9项收费项目合计金额1730.23元，但院方始终未向病人家属提供收费用药清单、病历等资料。2001年5月，李某夫妇以人身损害赔偿纠纷向法院提起诉讼，法院依据市、县二级医疗事故鉴定委员会作出的“李某某死亡不属医疗事故”的鉴定结论，判决驳回诉讼请求。2002年1月，二人又向法院提起知情权诉讼。法院经审理认为，原告作为患者李某某的父母，对李某某在被告单位接受抢救治疗期间所支付的医疗费用的明细项目享有知情权，故判决长兴县人民医院应当向原告李某夫妇提供医药费用明细清单。

律师专线

根据《消费者权益保护法》第8条的规定：“消费者享有知悉其购买、使用的商品或者接受的服务的真实情况的权利”，原告作为患者李某某的父母，对李某某在被告单位接受抢救治疗期间所支付的医疗费用的明细项目享有知情权，故长兴县人民医院应当向原告李某夫妇提供医药费用明细清单。

法律规范

中华人民共和国消费者权益保护法

（1993年10月31日第八届全国人民代表大会常务委员会第四次会议通过，自1994年1月1日起施行）

第八条 消费者享有知悉其购买、使用的商品或者接受的服务的真实情况的权利。

消费者有权根据商品或者服务的不同情况，要求经营者提供商品的价格、产地、生产者、用途、性能、规格、等级、主要成份、生产日期、有效期限、检验合格证明、使用方法说明书、售后服务，或者服务的内容、规格、费用等有关情况。

专家释惑

现代医疗制度越来越重视患者的知情权和选择权。新公布的《医疗事故处理条例》第11条规定，在医疗活动中，医疗机构及其医务人员应当将患者的病情、医疗措施、医疗风险等如实告知患者，及时解答其咨询，但应当尽量避免对患者产生不利后果。

这里包含了两个方面的含义。首先，知情权是选择权的基础。病人及其家属在所住医院的帮助下，可了解到如下情况：病人的一般健康状况、疾病情况；医务人员对病人健康状况、疾病性质和严重程度作出的诊断、分析以及疾病的发展趋势；可能出现的预后情况和意外情况；实施药物治疗的必要性、存在的毒副作用、药物治疗的性质（诊断性或者试验性等）、使用药物治疗的几种可行方案和各自的利弊；手术治疗，包括术前检查和讨论的诊断，预定实施的手术名称、性质（如探查性、治疗性等）和范围、手术的几种可行方案和各自的利弊；不采取治疗措施的危险性，可能出现的风险、伴随的痛苦和不适，其他替代治疗措施成功的可能性和危险性等。在院方提供了详尽的介绍后，患者可利用选择权作出治疗选择。此外，在不干扰医院医疗秩序和正常临床工作的情况下，病人及其家属有权利按规定程序查阅其病历记录，了解病案的信息；出院时有权要求复印或复制病历、查询医疗费用账单，并有权要求院方逐项作出具体解释。

在尊重患者知情权和选择权的同时，医务人员在提供信息时，应尽量避免对患者产生不利后果。如患者查出患恶性肿瘤，不能如实告诉本人时，医务人员应当将有关情况通知患者的近亲属等，然后由病人的最主要亲属作出医疗选择，并签署相应的医疗协议。

12. 维修时店员擅自更换手表零件是否侵犯消费者的权利？

案例 12　杨小姐与表行关于国际名表维修纠纷案

事情是这样的

消费者杨小姐来自江西。2006 年 10 月，她在宁波某商场表行专柜花30800元买了块瑞士"欧米茄"手表。她告诉记者，可能自己在洗澡或洗衣服时忘了把手表摘下来，结果发现手表有进水现象，表盘上出现水雾。2008年5月，她找到商场表行，因为两年的保质期没过，维修人员说帮她把手表"洗"一下就好了。过了半个月，杨小姐拿回了"洗"过的手表，戴了差不多一个星期，发现手表又进水了，她再次找表行交涉，要求进行质量鉴定。表行表示，这是她使用不当造成的，要鉴定的话，也要杨小姐自己去做。杨小姐感到很郁闷，这么贵的手表为什么一再出现问题？无奈之下，6月中旬，杨小姐向工商部门求助。

工商所12315工作人员老戴和杨小姐一起来到商场。双方在交涉时，店方一名维修人员脱口而出：上次来修手表时，我们给你换了表头和防水圈，花了500多元钱呢！杨小姐一听就傻了，手表更换了零件，怎么一个字都没跟她提起过呀？

根据调查的情况，工商所工作人员告诉经销商说，这块手表被更换过零件后，已经不是原装表而成为一块组装表了，即使想做质量鉴定也是不可能的了。在更换零件时，店方没有告知消费者，也没有经消费者的许可，造成眼下这种情况，经销商是有责任的。经过工商所工作人员的努力，店方答应给杨小姐换一块同款式的新表。据了解，目前这款"欧米茄"表售价已达4万多元。一周以后，杨小姐换回了新表。

律师专线

在这个案件中，表行为消费者免费更换零件本是出于周到服务的好意，没想到反而因此需要承担无法进行质量鉴定的不利后果，其原因就是表行忽视了消费者的知情权。《消费者权益保护法》第8条赋予了消费者享有知悉其购买、使用的商品或接受的服务的真实情况的权利。这种知情权不仅适用在购买之前了解商品的价格、产地、生产者、用途、性能等，还延续到使用商品、享受服务的过程中，其中也包括售后服务的具体过程。另外，根据《关于部分商品修理更换退货责任规定》中第6条的规定，修理者应当维护销售者、生产者的信誉，不得使用与产品技术要求不符的元器件和零配件。在进行修理时必须认真记录故障及修理后产品的质量状况，保证修理后的产品能够正常使用30日以上。维修者还有义务接受消费者有关产品修理质量的查询，承担因自身修理失误造成的责任和损失。本案中杨小姐本来购买的是一块原装表，维修人员没有告知杨小姐更没有经过她的同意，擅自给原装表更换零件，不仅侵犯了杨小姐的知情权，其维修结果也改变了该表的“原装”属性。因此而导致的无法进行质量鉴定的责任，应由维修者也就是经销商来承担。本来，进行鉴定的目的是为了证明商品的质量，经营者有义务提供合格质量的产品，因此，当消费者对产品质量存在疑问时，应由经营者负责作出说明。现在由于经营者自身的原因导致无法通过质量鉴定证明手表没有质量问题，则推定为存在质量问题。因此，工商所协调店方按产品质量问题处理，给杨小姐更换新表，是正确的。

法律规范

中华人民共和国消费者权益保护法

（1993 年 10 月 31 日第八届全国人民代表大会常务委员会第四次会议通过，自 1994 年 1 月 1 日起施行）

第八条　消费者享有知悉其购买、使用的商品或者接受的服务的真实情况的权利。

消费者有权根据商品或者服务的不同情况，要求经营者提供商品的价格、产地、生产者、用途、性能、规格、等级、主要成份、生产日期、有效期限、检验合格证明、使用方法说明书、售后服务，或者服务的内容、规格、费用等有关情况。

关于部分商品修理更换退货责任规定

（国家经贸委、国家技术监督局、国家工商行政管理总局、财政部，自 1995 年 8 月 25 日起施行）

第六条　修理者应当履行下列义务：

（一）承担修理服务业务；

（二）维护销售者、生产者的信誉，不得使用与产品技术要求不符的元器件和零配件。认真记录故障及修理后产品质量状况，保证修理后的产品能够正常使用 30 日以上；

（三）保证修理费用和修理配件全部用于修理。接受销售者、生产者的监督和检查；

（四）承担因自身修理失误造成的责任和损失；

（五）接受消费者有关产品修理质量的查询。

专家释惑

消费者的知情权，是指消费者享有知悉其购买、使用的商品或者接受的服务的真实情况的权利。相对应的是经营者的告知义务。法律之所以强调消费者的知情权，是因为：首先，商品和服务的相关的真实信息是消费者作出消费决定的重要依据，也是消费者正确、安全使用商品和服务的前提。对产品和服务真实情况的充分了解，能够避免或减少盲目消费，以及消费纠纷和消费事故的发生；其次，随着产品和服务的日益多样化，普通消费者很难仅凭自身知识就某项产品或服务及其真实的使用价值和价值作出完全准确的判断，从公平交易和降低社会交易成本的角度出发，应当由具备专业知识和经济能力的经营者来提供相关信息。

消费者知情权的具体内容，应当依据具体的消费活动中不同商品或者服务来具体分析，权衡决定。对于某些商品无须强调提及的信息，在另一类商品和服务中却可能十分重要和关键。总的判断原则是，凡是有可能影响到消费者在选购、使用商品或接受服务过程中的正确判断的信息，消费者都应有权了解。一般来说包括下面几个方面：

1. 关于商品或者服务的基本情况，包括商品名称、商标、产地、生产者名称、生产日期等。

例如，酸奶和酸奶饮料是完全不同的商品，可口可乐与非常可乐则是两种品牌的饮料。商标是一种产品与其他产品区分开来的重要标志，它隐含着产品的质量、信誉、售后服务等等情况，消费者对商品的选择，在很大程度上就是对商标的选择。

某些商品的产地则是十分重要的，比如，宁夏枸杞、长白山人参、瑞士钟表。生产日期则关系到商品的保质期，对于食品、药品、化妆品类的商品十分重要。生产者的名称也要注意，特别是名牌产品其厂家往往也是固定的。另外，如果商品上未注明厂家名称，一旦发生质量问题就难以向厂家索赔。

2. 有关技术状况的表示，包括商品用途、性能、规格、等级、所含成份、有效期限、使用说明书、检验合格证书等。

购买商品是为了使用，了解商品的用途和性能非常重要。特别是有些商品如果使用不当可能会给消费者的人身健康和安全带来危害，例如某些电器产品、煤气燃烧器等。了解该商品的用途、性能可以通过多种途径，如该销售者当面演示、索取说明书、线路图，甚至有些商品可以自己操作试用。对于某些特殊商品，如药品，仅从说明书上还不能完全了解它的用途、性能，还要遵照医生的嘱咐或者根据医生的指示来了解该商品。

3. 有关销售状况，包括售后服务、价格等。

商品或服务的价格是商品或服务交易的关键之所在，直接关系到生产经营者与消费者的切身利益，消费者应当对价格有确切的了解，尤其是对提供的服务的价格。目前，我国服务行业的管理尚不严格，价格收费也比较混乱，损害消费者的情况十分严重，这就要求消费者在接受服务前就价格问题与经营者协商确定，以避免挨宰受损。商品的售后服务也与消费者的利益紧密相关，了解售后服务主要是看生产厂家与经营者有无质量担保期、提供维修服务的方式以及是否收费、收费多少等等约定。目前，随着广大消费者生活水平和生活质量的提高，对家用电器、家用机械新产品的需求也越来越多，良好的售后服务已经越来越成为消费者消费时的重要考虑因素。

联系本案

不管是“欧米茄”这样昂贵的名表，还是其他普通的商品，碰到维修、更换等售后处理时，经营者有义务把一切的变动情况都明明白白地告诉消费者，并得到消费者的认可。同时，消费者也有权让经营者对商品的处理留下相关凭据，以备不时之需。

13. 消费者的知情权与经营者的商业秘密权冲突时，应当优先保护何者的权利？

案例 13　患者陈某主张对中医专家祖传秘方的知情权案

事情是这样的

陈某患皮肤病多年未能根治。2007 年 9 月经人介绍来到某市医院专家门诊看病，专家诊断后为其开了处方。当陈某去专家指定的取药点取药时，发现处方中多味中草药名称中出现了奇怪的符号。陈某于是返回医院问专家，其到底给自己开的什么药。专家称，所开处方是他祖传秘方，之所以在部分药上加代码，是怕同行剽窃。同时他保证陈某不会因吃错药而加重病情，但对处方本身他无可奉告。而陈某认为医生不告知其所吃药的具体名称和成份，侵犯了自己作为患者的知情权。因此陈某诉至法院，要求医生明确告知其处方的具体内容。对该案的处理，存有两种不同的意见：一种意见认为，医生对其所开具的与他人不同的处方依法享有知识产权，在没有损害患者利益的情况下，不应告知患者；另一种意见则认为，根据我国《处方管理办法》的规定，医生在书写处方时不得使用代号，本案中医生所书写的处方应当让患者知晓其具体的用药名称和成份。

律师专线

本案有两个关键问题，其一，祖传秘方是否构成商业秘密；其二，医生对商业秘密的知识产权能否对抗患者的知情权。我国《反不正当竞争法》第 10

条第 3 款规定："本条所称的商业秘密，是指不为公众所知悉、能为权利人带来经济利益、具有实用性并经权利人采取保密措施的技术信息和经营信息。"本案中医生开出的"祖传秘方"是符合上述商业秘密构成要件的，医生对处方内容拥有商业秘密的知识产权。但是，这种知识产权不能对抗患者的知情权。根据《消费者权益保护法》第 8 条的规定，消费者有权知悉商品的主要成份。知情权是消费者法定的权利，是人身权的进一步引申，"知情"是消费者作出正确判断的前提，医疗消费直接关系到消费者的身体健康，甚至生命，因此在医疗消费中患者的知情权就显得尤为重要。我国《处方管理办法》第 6 条第 4 项也明确规定，处方中的药品名称应当使用规范的中文名称书写，没有中文名称的可以使用规范的英文名称书写；医疗机构或者医师、药师不得自行编制药品缩写名称或者使用代号。因此，本案中，医生有义务向陈某说明其处方的具体用药名称和成份，相应地，陈某也应负有不侵犯医生商业秘密的义务。

法律规范

中华人民共和国反不正当竞争法

（1993 年 9 月 2 日第八届全国人民代表大会常务委员会第三次会议通过并公布，自 1993 年 12 月 1 日起施行）

第十条　经营者不得采用下列手段侵犯商业秘密：

（一）以盗窃、利诱、胁迫或者其他不正当手段获取权利人的商业秘密；

（二）披露、使用或者允许他人使用以前项手段获取权利人的商业秘密；

（三）违反约定或者违反权利人有关保守商业秘密的要求，披露、使用或者允许他人使用其所掌握的商业秘密。第三人明知或者应知前款所列违法行为，获取、使用或者披露他人的商业秘密，视为商业秘密。本条所称的商业秘密，是指不为公众所知悉、能为权利人带来经济利益、具有实用性并经权利人采取保密措施的技术信息和经营信息。

中华人民共和国消费者权益保护法

（1993 年 10 月 31 日第八届全国人民代表大会常务委员会第四次会议通过，自 1994 年 1 月 1 日起施行）

第八条　消费者享有知悉其购买、使用的商品或者接受的服务的真实情况的权利。

消费者有权根据商品或者服务的不同情况，要求经营者提供商品的价格、产地、生产者、用途、性能、规格、等级、主要成份、生产日期、有效期限、检验合格证明、使用方法说明书、售后服务，或者服务的内容、规格、费用等有关情况。

处方管理办法

（2006年11月27日经卫生部部务会议讨论通过，自2007年5月1日起施行）

第六条 处方书写应当符合下列规则：

……

（四）药品名称应当使用规范的中文名称书写，没有中文名称的可以使用规范的英文名称书写；医疗机构或者医师、药师不得自行编制药品缩写名称或者使用代号；书写药品名称、剂量、规格、用法、用量要准确规范，药品用法可用规范的中文、英文、拉丁文或者缩写体书写，但不得使用“遵医嘱”、“自用”等含糊不清的字句。

……

专家释惑

当两个合法权利相冲突时应当优先保护何者，是司法实践中经常出现的问题。应当根据具体实际情况进行分析。在本案中，医生拥有商业秘密权，商业秘密是指不为公众所知悉、能为权利人带来经济利益，具有实用性并经权利人采取了保密措施的技术信息和经营信息。

患者拥有知情权，患者有权知晓其购买、使用的药物的真实情况和实际成份。患者的知情权应当受到优先保护。这是因为：

第一，医疗消费中的知情权是建立在每个人的生命健康应该自己作出选择这样一种价值取向上。患者看病付费就有权知道自己的病状是什么，医生开了什么药，这是其起码的“知情权”。而处方作为一种商业秘密代表的只是医生的利益和优势，在患者的生命与健康面前该利益应当让位。商业秘密权保护的是商业秘密所有人的利益，知情权保护的是消费者等社会公众的利益，前者为一己之利，后者为社会公众之利，这是量上的差别。另外，从性质上说，前者保护的是经济利益，后者保护的是生命健康利益，这是质上的差别。所以无论是从量上，还是从质上，立法和司法的天平都应向消费者倾斜，优先保护消费者的知情权。

第二，从立法精神看，我国的知识产权法规定，疾病的诊断和治疗方法不授予专利权，对于这种对社会公众有益的事物，法律并不主动赋予其所有人专有权。

第三，从民事权利行使的角度看，医生行使商业秘密权侵犯了消费者的知情权，违背了权利正当行使的原则；而消费者行使知情权并没有侵害医生的商业秘密权，因为消费者获得药方真实信息本身并没有侵犯医生的商业秘密权。当然如果患者为牟利进行传播或为牟利配制该药方则侵犯了医生的商业秘密权，但这不是行使知情权所造成的，而是另外实施了侵权行为，这是两个不同的行为，医生不能因为患者可能实施后一个违法行为而对抗其合法的知情要求。当然如果患者实施了后一种侵权行为，医生可以依侵权制止之。

14. 商场促销专场拒绝试衣侵犯消费者何种权利？

案例 14　未经试穿所购买服装的退货纠纷

事情是这样的

扬州市的消费者冯小姐在汶河南路一家服装卖场看到“30 元一件”的特价衣服，挑选了两件后准备去试衣间试穿，一旁的店员立即提醒：“这是特价衣服，不能试穿。”冯小姐对此表示不解：“不试穿怎么知道合不合身呢？衣服打折，服务也跟着打折吗？”因此，冯小姐没买衣服就离开了商店。同样，方女士在一家商场顶层某品牌促销专场的花车上看中了一条裙子，可是整个楼层却没有可供试衣的试衣间。方女士想拿衣服到楼下该品牌专柜的试衣间试穿，结果被导购小姐拦住了："特价的衣服不能试，你就拿在镜子跟前比比吧。"方女士拿着裙子比来比去，怎么也想象不出自己穿上衣服的效果。但是这裙子的款式很合方女士的心意，质量也不错，关键是价格也很诱人。方女士看到裙子上标识的尺码确实是自己通常穿着的尺码，于是抱着侥幸的心理还是购买了这条衣服。不料回家一试才发现，这条裙子穿在方女士身上肩膀处偏窄，领口处太紧，腰围也偏小，怎么看也不是件合身的衣服。第二天，方女士找到商家希望能更换大一码的衣服，可是导购小姐查询之后说这件裙子已经卖断码了，没有大号的可供方女士更换。方女士于是要求退货，导购小姐以裙子没有质量问题不同意退货。方女士认为是因为商家不让试穿才导致她购买了不合身的衣服，于是向当地消费者协会进行了投诉。导购小姐向消协的工作人员解释说，因为服装搞促销时会迎来很多顾客，所以商场将简易装修的顶楼临时开辟为特卖场，但是没有安装试衣间等相关设施，同时销售人员少，照顾不过来，不可能分身陪同消费者到楼下专柜试衣间试穿，所以特价衣服一律是不接受试穿的。消协的工作人员向商家说明，即使是特价衣服，消费者也有权试穿，不让试穿的行为侵犯了消费者的自主选择权。除一些内衣、裤以及有特殊包装的不能试穿外，对于不影响再次销售的服装，消费者有权试穿。经过消协的调解，商家最终对方女士购买的裙子进行了退货。

律师专线

"特价衣服拒绝试穿"是经营者侵犯消费者权利的常见形式之一。《消费者权益保护法》第9条规定，消费者在选择商品或者服务时有权进行比较、鉴别和挑选。购买服装时事先试穿，是消费者进行比较和挑选的具体方式。虽然我国早已经出台了有关服装尺码规格的国家标准，但是由于目前服装行业准入门槛较低，国家对服装行业的规范不足，服装企业内部的管理不到位，以及国家对于进口及出口转内销的服装没有强制要求其符合国内服装尺码标识标准等，种种原因导致市场中的服装尺码标识十分混乱，同样标识尺寸的服装可能与实际尺寸相差很大，消费者仅凭尺码标号很难判断衣服是否合身。再加上每个人的体型、气质、风格等不同，同样的服装不可能适合所有的人群。因此，试穿之后再购买是实体服装行业销售的惯例，也是保障消费者充分了解服装与自己的适合程度，正确作出自主选择的重要途径。服装因为过季、清仓等进行特价销售，是经营者的权利，也是合法的促销手段，可能因为促销期间人流量大，经营者的销售人员投入不足等原因，客观上造成了提供正常试衣服务的困难，这是可以理解的，但是这些不能作为侵犯消费者合法权利的理由。经营者应当采用其他方式维护消费者的合法权利，譬如对不提供试穿服务的服装提供无条件退、换货的售后服务等，这种做法不仅能够体现经营者对消费者合法权益的尊重，也能吸引更多消费者放心购买。

法律规范

中华人民共和国消费者权益保护法

（1993年10月31日第八届全国人民代表大会常务委员会第四次会议通过，自1994年1月1日起施行）

第九条　消费者享有自主选择商品或者服务的权利。

消费者有权自主选择提供商品或者服务的经营者，自主选择商品品种或者服务方式，自主决定购买或者不购买任何一种商品、接受或者不接受任何一项服务。

消费者在自主选择商品或者服务时，有权进行比较、鉴别和挑选。

专家释惑

《消费者权益保护法》第9条是对消费者自主选择权的规定，该条第1款确定了消费者自主选择权的合法性，第2款列举了消费者自主选择权的对象。消费者作出自主选择不应仅被理解为一种决定和结果，实际上挑选、判断的过程也是消费者选择权的应有之意。只有通过充分的比较、鉴别和挑选，消费者的自主选择权才能得到真正的行使。因此，该法第3款强调了消费者在自主选择商品或服务时，有进行比较、鉴别和挑选的权利。比较，主要是对商品或者服务质量、价位以及经营者的可信度、信誉等相比较；鉴别，指的是对商品或者服务质量、性能指标好坏的鉴定、甄别；挑选，指的是消费者在购买商品或者接受服务时作出挑拣、选择。这些在正常消费过程中都是必要的环节。消费者在消费过程中，既然有自主决定购买或者不购买任何一种商品、接受或者不接受任何一项服务的权利，就自然有进行比较、鉴别和挑选的权利，这两项权利是相辅相成的。不能进行比较、鉴别和挑选，也就不可能决定购买或者不购买哪一种商品、接受或者不接受哪一项服务。在具体的挑选、鉴别过程中，消费者有权根据实际情况和消费管理采用适当的方式和方法。比如在买衣服时可以试穿，在买书前可以先翻看，购买汽车前可以试驾等等。

15.“禁止自带酒水”的规定是否侵犯消费者权益？

案例 15　小郁诉饮食店“禁止自带酒水”侵权纠纷案

事情是这样的

2008 年 3 月 17 日，就读于苏州大学法律学院的大三学生郁子楸和朋友 3 人来到石路世纪烤王餐饮店消费。当时小郁走进烧烤店时，并未发现店内有标明“禁止自带酒水”的字样，因此在用餐过程中，他们取出了从其他商店购买的饮料以自用，然而这个举动很快就被世纪烤王的店员以“本店禁止顾客自带酒水”为由给阻止了。小郁当即表示他知道苏州市有“消费者在饭店就餐可自带酒水”的相关规定，并要求店方老板给出解释，但世纪烤王的员工却表示这就是老板的规定，小郁如果要喝饮料必须用本店的。

迫于无奈，小郁只能饮用了世纪烤王店方提供的 1.25 升装“七喜”和 2 升装橙汁各一瓶，但在结账时小郁却发现店内并没有对酒水饮料明码标价，两瓶饮料店方要收 20 元，而小郁随后在超市查询了两瓶饮料的价格后，却发现只要 10.2 元。在要求店方返还饮料的 10 元差价遭拒绝的情况下，小郁决定通过法律途径维护自己的权益，并在3月20日正式将诉状交到了苏州市金阊区人民法院。

3月20日，当小郁来到金阊区人民法院立案大厅递交诉状后，法院受理了此案，案件被定性为“买卖合同纠纷”。诉讼标的仅有10元，小郁为的就是个说法。

小郁在诉状中共列出了世纪烤王的三大“侵权”行为：一、被告未在店内明示“禁止自带酒水”，也没有在顾客用餐前说明不许自带酒水，当原告准备饮用自带饮料时遭到被告阻止，侵犯了原告的公平交易权和自主选择商品或服务的权利。二、被告没有在酒水货架上标明酒水价格，使原告误认为其所售饮料价格与其他商店饮料价格相差无几，且被告也未对原告说明售价，因此被告侵犯了原告的知情权。三、原告被迫在被告店内购买饮料，侵犯了原告接受服务的意思自治权。在起诉书结尾，小郁提出了：“请求判令被告返还原告饮料差价10元，并由被告承担本案诉讼费用。”

3月31日下午，金阊区人民法院对此案进行法庭调解，金阊区消保委和餐饮商会的负责人也一同参加。在法庭上，消保委的负责人陈大胜说，“自带酒水”、“服务费”近年来一直是消费者投诉的热门，对此，苏州市物价局2008年下发了《关于进一步规范苏州市区餐饮娱乐酒吧咖啡茶楼休闲场所经营者价格行为的通知》，文件中强调了“明明白白消费”这一基本原则：经营者如需收取服务费，必须根据自己的生产经营成本和市场实际情况，在基本的服务项目上，列出增加服务的项目、内容，根据增加服务成本的费用，合理确定收取服务费的标准，并在店堂醒目位置对外公示。收取服务费的，必须在顾客消费前告知其收费标准。而这些规定，世纪烤王餐饮店显然没有做到。

最终，法庭调解仅用了半个多小时就结束了，世纪烤王餐饮店的老板退还了10元饮料差价，并主动承担了所有的诉讼费用。经营者在调解结束后也坦言，这一案件对于店方而言也是一个莫大的教训，他们以前并不了解在酒水服务方面的详细规定，法律方面的意识也比较淡薄，今后他们一定会及时整改。

律师专线

本案中，世纪烤王餐饮店未对本店内所售的酒水饮料价格明码标价，侵害了消费者的知情权。《消费者权益保护法》第19条第3款，特别强调商店提供商品应该明码标价。所以法院调解由餐饮店退还消费者10元饮料差价，是合理合法的。实际上，本案中还有一个隐含的问题，即餐饮企业规定的“谢绝自带酒水”条款，是否侵犯消费者的自由选择权和公平交易权呢？一般认为，“谢绝自带酒水”是属于经营者经营自主权的内容，只要经营者以醒目标记或告知等方式，使消费者明确得知，那么就不应视为对消费者权利的侵害。

法律规范

中华人民共和国消费者权益保护法

（1993年10月31日第八届全国人民代表大会常务委员会第四次会议通过，自1994年1月1日起施行）

第八条　消费者享有知悉其购买、使用的商品或者接受的服务的真实情况的权利。

消费者有权根据商品或者服务的不同情况，要求经营者提供商品的价格、产地、生产者、用途、性能、规格、等级、主要成份、生产日期、有效期限、检验合格证明、使用方法说明书、售后服务，或者服务的内容、规格、费用等有关情况。

第十九条　经营者应当向消费者提供有关商品或者服务的真实信息，不得作引人误解的虚假宣传。

经营者对消费者就其提供的商品或者服务的质量和使用方法等问题提出的询问，应当作出真实、明确的答复。

商店提供商品应当明码标价。

专家释惑

对于餐馆规定“禁止自带酒水”的相关条款是否侵犯了消费者选择权的问题，社会各界始终存在着争议。各地在制定餐饮行业规定时，这一条也是争议最多的问题。我国各地方法律实践也有所不同。比如上海市就在《餐饮行业规定》中，明确写入了允许餐饮企业“谢绝自带酒水”。而武汉市出台的《武汉市合同格式条款监督办法》中明确规定，酒店“自带酒水恕不接待”的店堂告示可视为合同格式条款，侵害了消费者的自主选择权。

“谢绝自带酒水”是否合法的争论，其本质是餐饮企业经营权与消费者选择权的冲突。经营者和消费者是平等的法律主体，法律也平等地保护消费者的消费选择权和消费服务提供者的正当经营权。选择何种经营方式是经营者自己的权利。在“谢绝自带酒水”这个问题上，由于在餐馆发生的一切食品卫生安全方面的问题，餐馆都应负全部责任，如果任由消费者自带酒水，餐馆将无法进行有效的卫生监督，一旦发生问题，责任难以界定，因此餐饮企业的这种规定是合理的，也不违反法律的强制性规定。同时，餐饮业不是垄断性行业，而是充分竞争的行业。消费者完全可以选择允许带酒水的餐馆，也可以选择不允许带酒水的餐馆；也可以对餐馆内提供的酒水等商品自主进行选择。在这一体现市场竞争的行业里，消费者的自由选择权仍然能够得到充分行使，所以，在司法实践中，一般不将经营者已经明示的“谢绝自带酒水”以及在法律允许的范围内明码标价收取“开瓶费”视为对消费者选择权和公平交易权的侵害。

16. 酒店餐具要收费是否侵犯消费者权益?

案例16 王小姐与某酒店关于收费餐具和服务纠纷案

事情是这样的

王小姐不久前过生日，她请了一群好朋友在张自忠路上的一家酒店吃饭。酒店服务员十分热情，王小姐一行人刚坐下，服务员就麻利地给每位食客上茶、送小毛巾擦手，摆上餐具和纸巾。刚点好菜，服务员又过来主动把桌子上用塑料袋密封好的消毒餐具拆开，把餐具一一摆好。王小姐看到服务员动作熟练、服务周到，当时心里还挺高兴。饭桌上大家谈笑风生，宾主尽兴。用完餐该结账了，王小姐接过服务员送过来的账单，随便扫了一眼，这一眼却看出了问题。原来，账单上除了王小姐她们点的酒菜和主食，下面还有几行收费，分别是茶水每位3元，湿毛巾每位1元，餐巾纸每包2元，消毒餐具每位3元，王小姐她们一行人在餐费外还要多付近100块。王小姐觉得这100块出得有些冤枉，于是找来服务员交涉，服务员说，以前茶水是免费的，但最近天气炎热，给顾客提供的是清热解毒的菊花茶，这个茶成本也比普通绿茶高，是要收费的。湿毛巾也是针对炎热天气特别提供给顾客擦手擦脸的，至于每位一包的餐巾纸，没有拆开使用的可以退，已经被王小姐他们拆开用了的，还是要付钱。谁吃完饭，手边有现成的餐巾纸会不打开用呢？王小姐大概一看，只有两位朋友用了自己带的纸巾，其余都被打开用了一张、两张，就算退也只能退4块钱。“那这个消毒餐具呢？在你饭店吃饭，哪有不提供餐具的呢？餐具还要收钱？”服务员回答说：“我们这餐具是密封成套、严格消毒的，所以要收餐具费，我们店里都是这种餐具。”王小姐有心再和服务员争论，但是又担心朋友误会她小气，一帮子人还等着她付好款一起再去别的地方庆祝呢。再说当天又是王小姐的生日，何必给自己找气生呢？最后，王小姐还是按饭店的账单付了全款，那两包餐巾纸也懒得退了。

事后，王小姐始终觉得气不顺，忍不住向当地报社的民生热线打电话抱怨，王小姐说：“既然开饭店，就应该为顾客提供免费餐具。顾客消费，除了结算酒水、饭菜钱，饭店就不该再向顾客收取其他费用了。如果我不愿使用收费餐具，饭店又不提供免费的，这饭还怎么吃？这明摆着就是在强制消费。而且服务员事先也没有告知这是要收费的，一上来就主动把茶水、毛巾都递到手边，密封餐具也不问一声就帮你打开，我连一点选择的余地都没有，还好他们给我的是菊花茶而已，要是给我雨前龙井，那不是要付几百块茶钱了?!”

记者根据王小姐的反映，来到了那家酒店，发现餐桌上摆放的果然是“消毒餐具”。记者从该酒店服务员口中了解到，她们酒店确实不提供免费餐具。这位服务员介绍，这些餐具也不是酒店自己包装的，而是专门由一家公司提供，每次客人用完后，公司就会派人把使用过的餐具收回，经过消毒包装，然后再分送到各家餐馆，她们酒店周边好几家饭店都是联系这家公司进行餐具消毒的。“用这些餐具既保证卫生，又无需清洗，挺省事的。”这位服务员说。

记者又询问了酒店内几位正在进餐的顾客，第一次使用“消毒餐具”的李女士说，“四件套”用起来很卫生，也很方便，但不知道这需要另外付费，服务员摆上时也没有提醒。陈先生说，店内只提供收费的餐具，虽然费用不高，但没有选择的余地，心里还是不舒服。而旁边另外一位李先生则说，在某某大酒店吃饭，这些都是免费的，不过人家那里酒菜都贵些，这家店虽然收这收那，但饭菜倒是物美价廉，所以也觉得无所谓了。

记者随后打电话到消费者保护委员会咨询此事，工作人员向记者介绍，消费者到饭店用餐有权要求饭店经营者提供免费的卫生餐具。如果饭店强行推销收费的消毒餐具，市民可以向消协投诉。

律师专线

本案例是一起典型的侵犯消费者知情权和选择权的案例。在酒店、餐馆用餐时，经营者未经消费者的同意，提供茶水、果盘、纸巾，以及消毒餐具后，又要收取相关费用的情况，并不少见。服务员普遍都不会事先提醒这些东西是要收费的。消费者往往误以为这是商家配套服务中免费提供的，而实际上也确实有的酒店、饭店为了吸引消费者，提高服务质量而免费提供相关服务。这样就更让消费者容易误解，一旦事后得知这些东西需要付费，消费者也会认为只是这家酒店服务不如别家，还有消费者会觉得反正“羊毛出在羊身上”，免不免费一样是“花费”。实际上真是一样吗？本案中的经营者和免费提供餐具等用品的商家最大的不同就是它侵犯了消费者的知情权和选择权。《消费者权益保护法》第 8 条规定，消费者享有知悉其购买、使用的商品或者接受的服务的真实情况的权利。第 9 条规定，消费者有权自主选择商品品种或者服务方式，自主决定购买或者不购买任何一种商品、接受或者不接受任何一项服务。本案中，酒店在提供给王小姐一行人茶水、毛巾、餐巾纸、消毒餐具时，均应事先告知消费者需要收费以及具体单价。店内有免费茶水和收费茶水两种，这一情况也应告知王小姐一行，王小姐她们有权根据自己的需要和喜好来选择相关服务。至于收费的消毒餐具，其费用应当已包含在经营成本之内。根据我国《食品安全法》第 27 条第 5 款的相关规定，食品生产经营者必须提供洗净、消毒的餐具，这是法定义务，而非需要付费消费者才能享受的服务。餐饮企业给消毒餐具收费，是巧立名目重复收费，消费者即便使用了消毒餐具，也可以拒绝“买单”。如果经营者特别提供“高标准”的付费消毒餐具时，同时应提供免费合格的消毒餐具供消费者选择。如果不提供，就侵犯了消费者的选择权，属于《消费者权益保护法》中所述的强制消费。

法律规范

中华人民共和国消费者权益保护法

（1993 年 10 月 31 日第八届全国人民代表大会常务委员会第四次会议通过，自 1994 年 1 月 1 日起施行）

第八条　消费者享有知悉其购买、使用的商品或者接受的服务的真实情况的权利。

消费者有权根据商品或者服务的不同情况，要求经营者提供商品的价格、产地、生产者、用途、性能、规格、等级、主要成份、生产日期、有效期限、检验合格证明、使用方法说明书、售后服务，或者服务的内容、规格、费用等有关情况。

第九条　消费者享有自主选择商品或者服务的权利。

消费者有权自主选择提供商品或者服务的经营者，自主选择商品品种或者服务方式，自主决定购买或者不购买任何一种商品、接受或者不接受任何一项服务。

消费者在自主选择商品或者服务时，有权进行比较、鉴别和挑选。

中华人民共和国食品安全法

（2009年2月28日第十一届全国人民代表大会常务委员会第七次会议通过，自2009年6月1日起施行）

第二十七条　食品生产经营应当符合食品安全标准，并符合下列卫生要求：

……

（五）餐具、饮具和盛放直接入口食品的容器，使用前应当洗净、消毒，炊具、用具用后应当洗净，保持清洁；

……

专家释惑

根据《消费者权益保护法》第9条，消费者享有自主选择商品或服务的权利，称为消费者的自主选择权。它意味着消费者选择商品和服务的行为必须是自愿的。消费者出于自愿决定买或者不买，买这样的还是买那样的，买一件还是多件，从这里买还是从那里买。消费者的自主选择权具体包括以下几个方面：1. 有权自主选择提供商品或者服务的经营者；2. 有权自主选择商品品种或者服务方式；3. 有权自主决定购买或者不购买任何一种商品、接受或者不接受任何一项服务；4. 在自主选择商品或服务时，有权进行比较、鉴别和挑选。在实际生活中，由于消费者缺乏对具体商品和服务的认识和了解，经营者有义务向消费者介绍该商品或服务的知识，实事求是地进行推荐，但是这种介绍、推荐和帮助不能代替消费者的意志，更不能违背消费者的意愿。消费者自主选择权建立在民事法律行为意思自治的基础上，是民法自愿原则和订约自由原则在消费者权益保护领域的体现。

需要注意的是，消费者自主选择权和任何其他权利一样，也是相对的，并非可以无限行使。首先，必须要依照法律，遵守社会公德，不得侵害国家、集体和他人的合法权益。比如在批发商店，消费者就不能任意主张自主选择权，硬性要求经营者零售其商品；或者对原本成套的商品，要求经营者拆开销售。否则，其行为就成为不合法的行为，自主选择权也就失去了本来的法律意义。其次，自主选择权一般只限定在消费者与经营者就购买商品或接受服务达成合意之前，一旦确定了消费合同，消费者不得以自主选择权为由，任意单方变更合同，例如，购买了衣服之后以不喜欢为由要求退货，对约定好的接受服务的方式、地点随意变更等。

17. 无故被禁止入店购物，消费者应该怎样维护自己的权益?

案例17　某丝绸商店禁止中国人入店购物案

事情是这样的

大连人吴先生和女朋友一起到北京旅游，于2008年5月30日随团进行“北京一日游”活动，下午4点钟左右，大家来到位于朝阳区安定路1号的奥体中心游玩。吴先生和女朋友正打算走进中心内的某丝绸馆，这时一名40岁左右的男门卫，把他们拦下了，问他们是干什么的。当得知他们是游客时，门卫对他们明确表示：不能进去！可张先生却看到同一个团队的外籍游客没有经过任何询问就顺利进入丝绸馆。吴先生当时气愤不已，大声质问为何自己和女朋友不能入馆，得到的答案竟然是“因为你们是中国人!”吴先生愤怒了，与门卫起了争执。几分钟后，该团导游闻讯从馆内返回进行劝解，吴先生二人这才获准进入。尽管这样，吴先生早已没了旅游的兴致，门卫的话在他脑中挥之不去，“我简直不敢相信这句话出自一名中国人之口!”回到酒店的吴先生越想越生气，当天就向北京某报反映了此事。

次日，该报记者乔装成游客来到该丝绸馆，同样遭到门卫不客气地盘问。记者谎称有一名外国朋友正在馆内等自己，才得以进入。记者进店以后发现该丝绸馆主要陈列和出售丝绸制品，价格相当昂贵。虽然馆内看不到“中国人不许入内”的标识，但仍有一些售货员对她的到来表示惊讶：“这里中国人进不来!”售货员还告诉记者，该馆通常只接待外国团体客人，外国散客也准许进入，但国内散客想进去根本“没戏”。其中一个工作人员居然还建议记者：“你要真想进来，下次就假扮成港澳游客吧。”

中国人竟然进不了北京的一家商店，而随行同去的外国朋友却没有受到任何阻拦就轻松地进了店，这样的事情确实令人气愤，人们除了从道德上指责商家的崇洋媚外，能否从法律的角度，特别是消费者的角度来维护自己的合法权利呢？吴先生他们还没有进店购物，没有发生具体的消费关系，商家直接将消费者拒之门外的行为，是否构成对消费者权利的损害呢？在这个案例中，经营者还有哪些违反《消费者权益保护法》的行为吗？

律师专线

这个案例因为涉及民族情感而被广为议论，吴先生的气愤也是源于同样作为中国人的经营者对民族尊严的伤害，除了从道德上谴责商家，其实吴先生和其女朋友还可以拿起法律的武器，从消费者的角度来捍卫自己的合法权益。任何对外营业的商家都无权限制消费者进行消费的权利。丝绸馆只允许外国人进入，对中国人却拒之门外的做法，是一种严重的歧视行为，侵害了消费者的受尊重权。根据《消费者权益保护法》第14条的规定，消费者在购买、使用商品和接受服务时，享有其人格尊严、民族风俗习惯得到尊重的权利。人格尊严是公民人身权的重要组成部分，《宪法》第38条规定，公民的人格尊严不受侵犯。禁止用任何方法对公民进行污辱、诽谤和诬告陷害。消费者受尊重权是宪法规定的公民人格尊严不受侵犯在消费法律关系中的体现。本案中，经营者以国籍区分消费者，没有正当理由和合理解释而不平等地对待国内、外顾客，侵害了国内消费者的受尊重权。根据记者的暗访，我们可以推断，商家禁止国内消费者入内的一个原因，可能是担心熟悉国内物价的中国顾客对店内畸高的商品价格提出异议，使得外国游客了解商品实际价格。如果本案中经营者确实利用外国游客不熟悉国内市场价格的消费情况，以不合理的高价出售商品给外国游客，则同时侵犯了外国消费者的知情权和公平交易权。外国人在中国境内消费，其消费行为同样受到中国法律的保护，受欺诈的外国消费者也可以依靠《消费者权益保护法》来维护自己的合法权益。

法律规范

中华人民共和国消费者权益保护法

（1993 年 10 月 31 日第八届全国人民代表大会常务委员会第四次会议通过，自 1994 年 1 月 1 日起施行）

第十条　消费者享有公平交易的权利。

消费者在购买商品或者接受服务时，有权获得质量保障、价格合理、计量正确等公平交易条件，有权拒绝经营者的强制交易行为。

第十四条　消费者在购买、使用商品和接受服务时，享有其人格尊严、民族风俗习惯得到尊重的权利。

中华人民共和国宪法

（1982 年 12 月 4 日第五届全国人民代表大会第五次会议通过，1982 年 12 月 4 日全国人民代表大会公告公布实施，根据 1988 年 4 月 12 日第七届全国人民代表大会第一次会议通过的《中华人民共和国宪法修正案》1993 年 3 月 29 日第八届全国人民代表大会第一次会议通过的《中华人民共和国宪法修正案》1999 年 3 月 15 日第九届全国人民代表大会第二次会议通过的《中华人民共和国宪法修正案》和 2004 年 3 月 14 日第十届全国人民代表大会第二次会议通过的《中华人民共和国宪法修正案》修正）

第三十八条　中华人民共和国公民的人格尊严不受侵犯。禁止用任何方法对公民进行侮辱、诽谤和诬告陷害。

专家释惑

在生活消费活动中的人格尊严受到尊重是消费者享有的最基础的权利，属于消费者人身保障权的范畴。消费者的受尊重权，主要包括两方面的内容：一是消费者在购买商品或者接受服务时，享有人格尊严受到尊重的权利。人格尊严权包括姓名权、名誉权、荣誉权、肖像权、人身自由权等，任何人都无权以任何方式加以污辱、诽谤和歧视，不得以任何借口限制、妨碍消费者的人身自由，不得强行搜查消费者的身体，也不得公开宣扬有损消费者名誉的言论。二是消费者在购买、使用商品或接受服务时，享有民族风俗习惯得到尊重的权利。我国有56个民族，是一个统一的多民族国家，由于经济、文化发展水平和地域的差异，形成了民族间语言文字、生活方式、风俗习惯、心理状态和宗教信仰等多方面的差异。各民族在饮食、服饰、居住、婚丧、节庆、娱乐、礼节、禁忌等很多方面都有所不同。尊重少数民族的风俗习惯是国家民族政策的一项重要内容，也被《消费者权益保护法》特别强调，因此经营者应当尤其注意。

18. 影楼未经允许用顾客的照片印发广告，侵犯了消费者的什么权利？

案例18　咪咪诉某影楼侵犯肖像权案

事情是这样的

3岁的小女孩咪咪是中美混血儿，长得胖乎乎的，就像个可爱的小天使。2006年春节前夕，咪咪和妈妈一起回到丹东的姥姥家过年。妈妈带咪咪出门购物时，在一条繁华商业街看见一家影楼，便领着咪咪走进去，给咪咪照了艺术照。这家影楼的摄影技术真不错，人物表情的瞬间抓拍格外精妙，把咪咪拍得活泼可爱。

咪咪的照片不但咪咪的家人喜欢，这家影楼的老板也对自己的“艺术杰作”十分满意。2006年10月，咪咪的妈妈又逛到这条商业街时，无意中发现，这家影楼把咪咪的照片制作成了广告宣传单公开在影楼门前散发。咪咪的妈妈立即找到影楼老板交涉，要求影楼停止散发印有咪咪照片的广告宣传单。影楼老板自知理亏，连忙答应以后不再散发，咪咪的妈妈也同意对此不予追究。

如果事情到此为止也就罢了，谁知这家影楼的老板却并没有信守自己的承诺。2007 年春节前夕，咪咪和妈妈逛街时，在这家影楼门前发现印有咪咪照片的广告宣传单仍然继续公开散发。咪咪的妈妈心里很生气，但她仍不动声色地上前要了一张，然后又到影楼去找老板交涉。进到影楼又发现，影楼内还摆放着咪咪的相册和大幅照片。这次交涉的结果没有上次那么顺利，影楼的老板有点不讲道理。到后来，影楼老板竟然给咪咪的妈妈扔过来一句：你愿上哪告上哪告，照片我就用了，你能把我怎么样！

女儿的照片被影楼私自用于广告宣传，影楼的态度还蛮横无理，咪咪的妈妈实在咽不下这口气。思前想后，她决定拿起法律武器，维护女儿的肖像权，一纸诉状把这家影楼的老板告上法院，请求依法判令对方立即停止侵权，赔礼道歉，赔偿精神损害抚慰金 3000 元，并承担本案诉讼费用。

法院经过审理认为，公民享有肖像权，未经本人同意，不得以营利为目的使用公民的肖像。某影楼未经咪咪法定监护人的同意，擅自将咪咪的照片制作成广告宣传单，构成对咪咪肖像权的侵犯，影楼老板对此应承担全部民事责任。在法官的主持调解下，双方自愿达成和解协议：影楼立即停止侵犯咪咪肖像权的行为，并向咪咪公开赔礼道歉，赔偿咪咪精神损害抚慰金 1000 元。

律师专线

这是一起侵犯消费者肖像权的纠纷案件。《消费者权益保护法》第 14 条规定，消费者在购买、使用商品和接受服务时，享有其人格尊严、民族风俗习惯得到尊重的权利。《民法通则》第 100 条规定，公民享有肖像权，未经本人同意，不得以营利为目的使用公民的肖像。最高人民法院《关于贯彻执行〈中华人民共和国民法通则〉若干问题的意见》第 139 条明确指出，以营利为目的，未经公民同意利用其肖像做广告、商标、装饰橱窗等应当认定为侵犯公民肖像权的行为。《广告法》第 25 条也规定，广告主或广告经营者在广告中使用他人名义、形象的，应事先取得他人的书面同意；使用无民事行为能力人、限制民事行为能力人的名义、形象的，应当事先取得其监护人的书面同意。本案中，影楼将未成年人咪咪的照片印制成广告宣传单公开散发，并在店内大幅张贴，没有取得其监护人的同意，已经构成对咪咪肖像权的侵犯。咪咪的妈妈作为其法定监护人，有权代表咪咪要求该影楼交出底版胶卷、停止侵害、赔礼道歉，并赔偿损失。

法律规范

中华人民共和国消费者权益保护法

（1993 年 10 月 31 日第八届全国人民代表大会常务委员会第四次会议通过，自 1994 年 1 月 1 日起施行）

第十四条　消费者在购买、使用商品和接受服务时，享有其人格尊严、民族风俗习惯得到尊重的权利。

中华人民共和国民法通则

（1986 年 4 月 12 日第六届全国人民代表大会第四次会议通过，自 1987 年 1 月 1 日起施行）

第一百条　公民享有肖像权，未经本人同意，不得以营利为目的使用公民的肖像。

最高人民法院关于贯彻执行《中华人民共和国民法通则》若干问题的意见（试行）

（最高人民法院 1988 年 1 月 26 日公布并施行）

139. 以营利为目的，未经公民同意利用其肖像做广告、商标、装饰橱窗等，应当认定为侵犯公民肖像权的行为。

中华人民共和国广告法

（1994 年 10 月 27 日第八届全国人民代表大会常务委员会第十次会议通过并公布，自 1995 年 2 月 1 日起施行）

第二十五条　广告主或者广告经营者在广告中使用他人名义、形象的，应当事先取得他人的书面同意；使用无民事行为能力人、限制民事行为能力人的名义、形象的，应当事先取得其监护人的书面同意。

专家释惑

《消费者权益保护法》第14条规定，消费者在购买、使用商品和接受服务时，享有其人格尊严、民族风俗习惯得到尊重的权利，简称为人格尊严和民族风俗习惯受尊重权。其中，消费者的人格尊严就包括肖像权。肖像权的内容包括肖像制作专有权、肖像使用专有权和肖像利益维护权。公民有权禁止他人未经自己允许制作、使用自己的肖像；有权禁止他人对自己的肖像进行毁损、玷污、丑化和歪曲。

《民法通则》第100条规定，公民享有肖像权，未经本人同意，不得以营利为目的使用公民的肖像。这一法条对侵犯公民肖像权的认定规定了两个要件，一是未经本人同意，而使用他人的肖像；二是以营利为目的的行为侵犯了他人的肖像权，即使用者在主观上，希望通过对他人的肖像的使用，获得经济利益。值得注意的是，此“营利”非彼“盈利”，只要有谋取利益的意图，采取了谋利的行为，无论行为人是否实现营利目的，都构成“营利”事实。需要特别说明的是，这一条款是对侵犯公民肖像权的一种特定情况的规定，并非是指只有在这种情况下才构成对公民肖像权的侵犯。肖像权是一种专有权，对于自己的肖像的占有、使用和处分，只能归公民本人所有，未经本人同意，他人不得享有。侵犯肖像权的行为，不在于以营利为目的使用公民肖像，而在于不尊重公民对其肖像的专有权。因此，无论出于何种目的，将公民肖像予以复制、传播、展览等，都应征得公民的同意，否则就构成对肖像权的侵害。侵犯肖像权民事责任的构成同一般侵权责任相同，即有损害事实的发生、侵权行为人存在过错、侵权行为与损害事实之间存在因果关系，只要满足这三个条件就构成了对公民肖像权的侵害。

《民法通则》第120条第1款规定：公民的姓名权、肖像权、名誉权、荣誉权受到侵害的，有权要求停止侵害，恢复名誉，消除影响，赔礼道歉，并可以要求赔偿损失。当消费者的肖像权受到侵害时，可以要求侵权者承担相应的民事责任。承担责任的方式主要包括：停止侵害、消除影响、赔礼道歉和赔偿损失。其中停止侵害、消除影响、赔礼道歉为非财产性责任方式，赔偿损失为财产性责任方式。

在我国的司法实践中，认定侵犯公民肖像权，需要承担赔偿损失这种财产性责任的一般有两种情况：一是未经本人许可而为营利之目的使用公民的肖像，在这种情况下，侵权人除了应当适当赔偿受害人的损失以外，其非法所得还应当被予以收缴；二是未经本人许可，虽然非以营利为目的使用公民的肖像，情节严重的。情节轻微不造成严重后果的，一般只判定停止侵害、消除影响、赔礼道歉等，而不判定物质方面的赔偿。这是根据最高人民法院《关于确定民事侵权精神损害赔偿责任若干问题的解释》第 8 条的相关规定：因侵权致人精神损害，但未造成严重后果，受害人请求赔偿精神损害的，一般不予支持，人民法院可以根据情形判令侵权人停止侵害、恢复名誉、消除影响、赔礼道歉。因侵权致人精神损害，造成严重后果的，人民法院除判令侵权人承担停止侵害、恢复名誉、消除影响、赔礼道歉等民事责任外，可以根据受害人一方的请求判令其赔偿相应的精神损害抚慰金。根据该《解释》第 10 条，精神损害的赔偿数额根据以下因素确定：（一）侵权人的过错程度，法律另有规定的除外；（二）侵害的手段、场合、行为方式等具体情节；（三）侵权行为所造成的后果；（四）侵权人的获利情况；（五）侵权人承担责任的经济能力；（六）受诉法院所在地平均生活水平。

19. “衣冠不整禁止入内”是否侵权?

案例19　周某诉罗杰斯公司侮辱人格案

事情是这样的

罗杰斯公司中关村分店系西式餐厅，其店门玻璃上有“衣冠不整者禁止入内”的告示，在该店内有“为了维护多数顾客的权益，本餐厅保留选择顾客的权利”为内容的店堂告示。某日，周某身穿短裤、脚穿塑料拖鞋到该店就餐。该店当日值班经理向周某出示了上述告示，请其改日再到该餐厅用餐，并附送两张“买一送一”餐券。周某先后两次被拒绝用餐，于是起诉罗杰斯公司。

原告周某认为，依据《消费者权益保护法》只有消费者选择经营者的权利，而没有经营者选择消费者的权利，而且自己的穿着不属衣冠不整之列，亦未侵犯其他顾客的权益；罗杰斯公司中关村分店拒绝其用餐的理由不能成立，同时，这种做法伤害了其作为一个中国人的自尊心，并侵害了其名誉权。

被告罗杰斯公司中关村分店辩称，为维护在本餐厅就餐顾客的权益，向顾客提供文明有序的就餐氛围，本公司专门设立“为维护多数顾客的利益，本店保留选择顾客的权利”为内容的告示牌，对少数衣冠不整或举止粗鲁，明显影响其他顾客的客人进行劝阻。周某身穿短裤及塑料凉鞋到公共场所就餐，有影响其他顾客的可能，故礼貌地拒绝其用餐，行为并无不当，亦未构成对其名誉权的损害，不应对其进行精神损害赔偿。

法院经审理认为，被告的工作人员根据他们的经营习惯和周某衣着情况，指出其衣着不符合到该店消费的基本要求，在赠送两张“买一送一”餐券的同时请其改时间再来用餐。这种做法无论在言语、动作上均不构成对原告人格的侮辱，被告的行为并没构成对其名誉权的侵害，故判决驳回起诉。

律师专线

最高人民法院《关于贯彻执行〈中华人民共和国民法通则〉若干问题的意见（试行）》第140条第1款规定："以书面、口头形式宣扬他人的隐私，或者捏造事实公然丑化他人人格，以及用侮辱、诽谤等方式损害他人名誉，造成一定影响的，应当认定为侵害公民名誉权的行为。"本案中罗杰斯公司中关村分店的工作人员根据他们的经营习惯和周某衣着情况，指出原告衣着不符合到该店消费的基本要求，在赠送两张"买一送一"餐券的同时请其改时间再来用餐。这种做法既没有宣扬原告的隐私，更没有捏造事实公然丑化原告人格，更加没有给原告造成一定的影响，所以被告罗杰斯公司中关村分店的行为并没构成对原告名誉权的侵害。原告以名誉权受侵害提出诉讼，其诉讼请求被法院驳回是当然的。

《消费者权益保护法》第14条规定" 消费者在购买、使用商品和接受服务时，享有其人格尊严、民族风俗习惯得到尊重的权利。"那么，原告若以其人格尊严受到侵害为由提出诉讼，其诉讼请求能否得到法院的支持呢？人格权是指民事主体所固有的、以维护主体的独立人格所必备的生命健康、人格尊严、人身自由以及姓名、肖像、名誉、隐私等各种权利。从本案中被告的行为来看，其行为尚不构成侵害原告人格权中的任何一种权利，因而原告若以《消费者权益保护法》第14条规定起诉被告侵害其人格权，而提出精神赔偿，或赔礼道歉的诉讼请求也是难以得到法院支持的。

法律规范

最高人民法院关于贯彻执行《中华人民共和国民法通则》若干问题的意见（试行）

（最高人民法院1988年1月26日公布并施行）

139. 以营利为目的，未经公民同意利用其肖像做广告、商标、装饰橱窗等，应当认定为侵犯公民肖像权的行为。

140. 以书面、口头形式宣扬他人的隐私，或者捏造事实公然丑化他人人格，以及用侮辱、诽谤等方式损害他人名誉，造成一定影响的，应当认定为侵害公民名誉权的行为。

中华人民共和国消费者权益保护法

（1993 年 10 月 31 日第八届全国人民代表大会常务委员会第四次会议通过，自 1994 年 1 月 1 日起施行）

第十四条　消费者在购买、使用商品和接受服务时，享有其人格尊严、民族风俗习惯得到尊重的权利。

专家释惑

本案案情虽然简单，却折射出消费者权益的保护及其界限的重大理论问题，而法院的处理无疑是通过司法实践对消费者权益与企业经营权二者作了较好的平衡。

一、消费者权益的保护及其界限

消费者权益保护源于消费者与经营者之间经济地位尤其是信息在一般意义上的不对称。但是，消费者权益与任何其他权利或权益一样，都必须有一定的界限。法治的一个基本原则是：权利不得滥用，权利的行使应当善意；权利主体在行使自己权利的同时，不得侵犯他人的合法权利。这就是权利或权益的界限。

《民法通则》第 5 条规定："公民、法人的合法的民事权益受法律保护，任何组织和个人不得侵犯。"根据《消费者权益保护法》，消费者享有自主选择权、公平交易权、受尊重权等各项基本权利。而企业作为经营者也享有合法的经营权，有按照自身的经营理念来运作日常管理活动和面向社会提供商品、服务的自主权利。公民作为消费者时依法享有的权利与企业的经营权受到法律的同等保护。在经济交往过程中，消费者和企业应遵守法律、法规，尊重社会公德，不得损害对方的合法权利或权益，并在法律赋予的限度内行使其权利。法律禁止任何权利主体以行使自己的权利为由侵犯其他权利主体的合法权利或权益。

二、消费者权益与企业经营权的平衡

消费者享有自主选择商品或者服务的权利。同样，企业作为经营者，享有在合法基础上自主选择有利于其经营的方式、方法，如同企业可以自主选择其经营的地点或其他经营条件。消费者与经营者在行使其权利或权益的同时，都应承担相应的义务。

经营者在享有经营自主权的同时，有义务满足选择其商品或者服务的消费者对其商品或者服务的正当要求。消费者对消费的选择包括对消费环境的选择，尤其选择服务方式的消费者对消费环境的要求往往包含在其消费目的之中。故经营者创造及维护独具特色的消费环境，已经成为其经营方面不可分割的组成部分。因此，经营者出于主观目的选择最有利于盈利的经营方式，客观上为所有的消费者提供了良好的消费选择。消费者在消费过程中亦负有尊重公序良俗及经营者合理、正当经营习惯的义务。

就本案而言，罗杰斯公司中关村分店作为西餐式快餐店，其食品特点及环境具有西式餐饮特色，营造了罗杰斯公司特有的饮食文化氛围。其将“衣冠不整者禁止入内”和“为了维护多数顾客的权益，本餐厅保留选择顾客的权利”以店堂告示的方式告知来此消费的消费者，目的是为所有消费者创造一种文明有序的良好消费环境。从一般人的理解来看，应认为罗杰斯公司只是为了限制那些诸如衣冠不整和行为举止不文明的消费者进入其经营场所，而非对一般消费者消费权益的限制，也并非针对特定主体而作出。该做法在行使经营权方面具有一定的合理性。周某作为选择在该店用餐的消费者，就应尊重该餐厅一贯形成的文化氛围。

周某以其当日的穿着虽为短裤及塑料拖鞋，但干净整洁，不属衣冠不整之列为由，认为罗杰斯公司不应拒绝其消费。那么衣冠不整由何人认定呢？周某的衣着是否属于衣冠不整，是否影响其他消费者的消费，应当由经营者根据法律有关规定及其经营过程中所形成的公序良俗和一般人的通常理解来认定。显然，罗杰斯公司根据周某当日的衣着情况拒绝其消费，并不违反法律规定和违背常人的理解。

第三编 经营者的义务

20. 经营者未按约定履行义务，应当承担什么责任？

案例20 打工者与长途客车公司纠纷案

事情是这样的

某周五下午，那天正好是中秋节，刘某等5名打工者欲回老家与家中亲人团聚，他们拿着前一天预购的该市客运公司某车站售出的回城班车客票，赶往长途车站。车票标明发车时间为当天下午5点钟，他们为了能够准时上车，特意提前20分钟到达车站，但是该班车已于当日下午4时30分开走了。刘某等找到车站工作人员，工作人员回答说，今晚司机有急事，乘客也坐满了，车就发了，没有别的办法。刘某等要求车站为他们租车来送他们回家，车站不同意，说只能帮助联系住宿、吃饭，费用得自理，然后可改乘第二天的班车。刘某等人不愿意在车站附近住宿以等待第二天的班车，于是他们租了出租车回了家。后来，他们5人拿出租车车票要求车站赔偿损失，但车站拒不给付。

刘某等人于是投诉到县消费者协会，消协派人调查后，确认车站违约，应该承担刘某等人回城所乘出租车费用。经消协工作人员向客运站宣传有关法律精神，车站最终同意报销刘某等5人的出租车费。

律师专线

上述案例为一起公路旅客运输服务合同纠纷案。根据《合同法》第293条规定："客运合同自承运人向旅客交付客票时成立，但当事人另有约定或者另有交易习惯的除外。”上述案例中，在5名打工者购票之后，公路旅客运输合同即告成立。5名旅客从客运公司某车站购买的车票，既是一种无记名有价证券，又是客运合同凭证，是当事人双方约定运送旅客的书面定式合同凭证。5名乘客按照规定预购车票，就取得了按客票记载的日期、时间、车次乘坐该车站发的客运班车的权利，客运站负有按票面载明的日期、时间、车次、载明的到达站，将其安全运送到的义务。提前发车，属于拒绝履行合同义务的行为。客票载明发车时间为该日下午5时，但因司机有急事，便在下午4时30分发车，对此客运站应负违约责任。因为，预售客票以后，客车提前发车，属于变更合同行为。按《合同法》规定，一方变更合同应当通知另一方，并经协商一致。因此，客运站如果同意司机提前发车，必须向乘客提前发出发车通知，并且使每一个预购车票的旅客都知道变更后的时间，否则，不得变更。《合同法》第299条规定：“承运人应当按照客票载明的时间和班次运输旅客。承运人迟延运输的，应当根据旅客的要求安排改乘其他班次或者退票。”

上述案例中，车站承认自己违约，提出承担责任的方式是继续履行，即改乘次日的班车，这种履行的方式，如果合同一方同意也是可以的。但上述案例中的车次是当天最后一班，5名打工者周末回城，就是与亲人团聚，归心似箭，要求车站为他们租车回城这一要求是正当的，是可以理解的，是有道理的，符合客运合同的要求。按照履行合同义务的要求，5名旅客雇出租车的费用，属于客运站违约行为造成的损失。在当时无车可回城，乘出租车是唯一的可行办法，因此，客运公司应赔偿出租车费。如果5名打工者不能回城，由此支出的食宿费用，客运公司也应当给予赔偿。

注意：实务中经常出现法律竞合的情况，消费者可以根据情况选择最有利的法律来维护自己的合法权利。本案中既可以依据《消费者权益保护法》来维护自己的权益，又可以依据《合同法》来主张违约责任。

法律规范

中华人民共和国消费者权益保护法

（1993年10月31日第八届全国人民代表大会常务委员会第四次会议通过，自1994年1月1日起施行）

第十六条　经营者向消费者提供商品或者服务，应当依照《中华人民共和国产品质量法》和其他有关法律、法规的规定履行义务。

经营者和消费者有约定的，应当按照约定履行义务，但双方的约定不得违背法律、法规的规定。

专家释惑

《消费者权益保护法》规定经营者首当其冲的义务就是“应当依照《中华人民共和国产品质量法》和其他有关法律、法规的规定履行义务”，如果有约定的，应当按照约定履行义务。这样规定的法律原理在于：经营者向消费者提供商品或者服务本质上是一种合同关系，《合同法》里最基本的原则就是当事人意思自治原则，所以当事人之间有约定的，就依照约定履行。但是当事人的意思自治不是无条件的，它必须是不违背法律的强制性规定，若违反法律的强制性规定则无效。依据上述条款，经营者应当依据《中华人民共和国产品质量法》、《民法通则》、《合同法》等来提供服务或者提供商品，如果经营者和消费者之间有约定的，只要不违背法律的强制性规定，从其规定。车票是交通运输合同的证明，本案中市客运公司提前发车，违反了与乘客约定的乘车时间条款，属于违约行为，应该承担违约责任。对于违约行为，《合同法》明确规定了承担责任的方式，“承运人应当按照客票载明的时间和班次运输旅客。承运人迟延运输的，应当根据旅客的要求，安排改乘其他班次或者退票”。本案中因为5名乘客实际上已经无公交车可乘，因此，该客运公司替5名乘客租车回城也是应当的。

21. 商家“假一赔十”的承诺有效吗？

案例21 夏某诉某商行销售假冒手机案

事情是这样的

夏某在离家不远的徐汇区田林街道某商行里，一眼相中了当时最时髦的三星 A288 双频手机，花了 4200 元人民币。他当晚就在聚会上亮出了自己的新手机。一位懂行的朋友看后起了疑心：“在中国大陆销售的三星 A288 双频手机，外壳上必定有‘Anycall’的刻印标记，这个手机怎么没有‘Anycall’的刻印标记?”看来多半是假货。据夏某称，为留下证据，他于当夜和次日两次前往这家商行门口拍下了“假一赔十”标牌的照片。随后，他又将手机送到市有关产品质量监测检验所，测试报告认定，该手机为假货。夏某愤然了：“我选择去这家商行买手机，是因为听朋友说这家商行向消费者承诺‘本店绝无水货，假一赔十’，去买时，亲眼看到这些话写在了商行门口公开竖着的标牌上。”就此，他向徐汇区人民法院递交了起诉状，要求身为被告的这家商行兑现“赔十”的承诺，“否则，告示牌还会继续竖下去，还会有更多的人上当”。徐汇区人民法院依法判决：依照《中华人民共和国合同法》第 8 条的规定，被告商行赔偿原告人民币 4.2 万元。

律师专线

本案是一件开创性的案例，面对商家作出的“假一赔十”的承诺，曾有过消费者告到法院要求商家履行“假一赔十”的承诺，但法院一般不予支持，多半以双倍赔偿了事。本案判决开创了这个先例，对商家的警示力量不可小视，对市场诚信的树立也是有帮助的。

“假一赔十”标牌作为一项店堂告示，是商家为取信于消费者而作出的承诺，应当理解为买卖合同内容之一，商家应当诚实守信兑现合同。否则，“假一赔十”告示将成为商家诱引消费者购物的商业欺诈伎俩。此前之所以类似案例没判“赔十”，与消费者很少像本案原告这样坚决要求兑现“赔十”承诺有关，也与诚信问题还不像今天这样被社会高度重视有关。而在诚实守信日益为公众所重视、为市场所呼唤的今天，不这样从重判罚，就不足以告诫商家守信重诺，不足以保护消费者的合法权益，不足以维护“诚实守信”的市场运作之根本，不足以促进社会主义市场经济的健康发展。

法律规范

中华人民共和国合同法

（1999 年 3 月 15 日第九届全国人民代表大会第二次会议通过，自 1999 年 10 月 1 日起施行）

第八条　依法成立的合同，对当事人具有法律约束力。当事人应当按照约定履行自己的义务，不得擅自变更或者解除合同。

依法成立的合同，受法律保护。

第一百一十四条　当事人可以约定一方违约时应当根据违约情况向对方支付一定数额的违约金，也可以约定因违约产生的损失赔偿额的计算方法。

约定的违约金低于造成的损失的，当事人可以请求人民法院或者仲裁机构予以增加；约定的违约金过分高于造成的损失的，当事人可以请求人民法院或者仲裁机构予以适当减少。

当事人就迟延履行约定违约金的，违约方支付违约金后，还应当履行债务。

专家释惑

"假一赔十"现象曾引起人们的许多讨论，反对的人认为，"假一赔十"作为合同条款的一部分，有"显失公平"的嫌疑，商家可以行使撤销权。我不这样认为，"假一赔十"承诺并没有"显失公平"，坚决履行"假一赔十"的承诺，具有十分重要的社会功用，法院应该支持消费者要求商家兑现"假一赔十"的承诺的请求。理由如下：

从培养理性的市场主体这方面而言，一方面应该加大对消费者的保护，另一方面，应该加大对经营者欺诈行为的制裁力度，使得经营者对自己的欺诈行为付出较大的代价。只有这样，才能培养起理性的市场主体。由于现在的假冒伪劣现象的普遍存在，经营者打出"假一赔十"的承诺，正是为了获得消费者的信赖，从而完成交易，得到自身的经济上的利益，这是合理的；而作出这种承诺之后，再出售假冒的产品，显然是属于违法的行为，并且出售假冒伪劣产品是一种暴利行为，因此交易完成之后其所得利益远远超出了其应该得到的利益。但对这种违法的行为制裁时，究竟是适用于《消费者权益保护法》中对欺诈行为的规定，还是适用于《合同法》中的违约行为的规定？在选择所适用的法律时，还应当考虑从对违法一方的制裁力度与社会公平两个方面均衡地考虑，兼顾对理性市场主体的培养和社会公平两个方面来确定当事人之间的权利义务关系。从培养理性的市场主体、减少违法行为的发生这方面看，显然将“假一赔十”适用《合同法》的约定，可以通过加大对经营者的制裁力度更好地防止违法现象的发生。商家作出的“假一赔十”的承诺，应当认定其和商品的价格、质量一起作为要约行为；消费者在商家发出了这种要约之后，购买其商品的行为也就成为一种承诺；交易的完成，“假一赔十”的承诺就成商家与消费者之间买卖合同的一个组成部分，对于商家就具有法律上的约束力；当出现假冒伪劣现象之后，商家应当按照双方的约定赔偿消费者。并且，这种现象和《消费者权益保护法》的规定并不矛盾。虽然该法第49条规定了对欺诈行为的双倍赔偿，但这种赔偿是法定的最低限度的赔偿；同时《消费者权益保护法》第16条还规定，“经营者和消费者有约定的，应当按照约定履行义务，但双方的约定不得违背法律、法规的规定”。而市场交易作为一项民事行为，按照民法学原理，民法的规定大部分为任意性规范，只要当事人之间的约定不违背公众利益及他人利益，市场主体间的约定应当优先于法定适用。既然“假一赔十”属于双方当事人的一项约定，并且该约定并不违反公众利益及其他人利益，因此应当优先于法定的两倍赔偿的法定标准。同时，从目前社会的实际情况来看，现在大量的假冒伪劣产品存在，说明用《消费者权益保护法》中两倍的赔偿已不足于遏制这种现象的发生。因此，从这个意义上说，法院在审理此类案件时也应当优先适月《合同法》关于违约的规定。

另外，对经营者“假一赔十”的承诺，不能适用民法中的“显失公平”原则。为了培养理性的市场主体，显失公平只能对交易主体之间均是善意的情况下，即自己主观上没有违法的故意时所造成的显失公平，当事人才有权利向人民法院主张要求撤销或者变更合同。而凡是出现假冒伪劣产品这种现象时，显然经营者已经违反了有关法律的规定，因此对于经营者的承诺而言，其主观上明显地具有恶意或者应当推定其具有恶意，从这个意义上说，不能适用《民法通则》中的“显失公平”原则而减少其对消费者的赔偿数额。

从社会公正的角度讲，应当适用过失责任而不应适用过错责任。一是如果适用过错责任，让消费者举证商家具有故意欺诈行为是很困难的，并且经营者与供货方具有利益上的一致性，他们共同伪造过失的证据相对比较容易，这样会造成人民法院在审理此类案件时无法查清事实，从而使得“假一赔十”的承诺难以履行；二是即使商家的欺诈行为是过失形成的，即经营者不知道其所出售的是假冒伪劣产品，由于自己的过失对于消费者履行了“假一赔十”的承诺之后，依照《合同法》的有关规定，其还具有向供货方追偿的权利，对经营者而言也并不会造成明显的不公平；同时还会使经营者在进货时增强责任感。

因此，法院在审理此类案件时，应当判决经营者按照自己的承诺履行“假一赔十”的约定，这样不仅有利于保护消费者的合法权益、完善健康的市场秩序，同时，通过加大对这种现象的制裁力度，减少经营者的欺诈行为、培养理性的市场主体，为我国市场经济的发展与社会的进步起到应有的作用。

22. 在招待所游泳池内游泳溺水身亡，招待所应按其过错承担赔偿责任吗？

案例22 董某等诉某招待所损害赔偿案

事情是这样的

2000年5月2日晚20时许，董淑庆之夫，张显志、张显杰之父张某在其女婿耿某陪同下，持编号为071号的游泳池月卡到某部队招待所游泳池游泳。该游泳池长23米、宽12米，分深水区和浅水区，深水区水位1.8米，浅水区水位1.2米，深水区与浅水区之间无隔离设施。在游泳过程中，张某溺水沉入池底，此时陪同张某游泳的耿某不在其身边。其他人发现有人溺水后急向场边工作人员呼救。当晚协助值班的救生员杨某随即下水救生，并在游泳池边与前来游泳的某医院的工作人员庞某、韦某一起对张某实施人工呼吸等抢救措施，并叫救护车将张某拉到医院抢救，经抢救无效死亡，张某家属支付抢救费747.6元。2000年5月3日凌晨，北京急救中心根据张某家属的要求，将张某的尸体运送回原籍青岛市并于5月4日火化，对此，共支付运输费人民币14000元，丧葬费人民币1340元。此外，张显杰及董淑庆等因赴青岛处理张某后事的往返路费582元。董淑庆、张显杰和张显志对张某的死非常悲痛，认为某部队招待所对张某的死负有不可推卸的法律责任，应当承担相应的赔偿责任。因此将某部队招待所告上了法庭。

原告董淑庆、张显志、张显杰诉称：张某在被告处游泳时溺水死亡，被告应承担相应责任，故请求法院判令：被告向董淑庆、张显志、张显杰赔礼道歉；支付抢救费747.6元、丧葬费1340元、交通费14582元，支付死亡赔偿金157320元，退还游泳票款150元，并承担本案的诉讼费用。被告辩称，其作为经营者已尽必要的义务，在此次事故中无任何过错，不同意原告的诉讼请求。

法院通过调查发现，被告的游泳馆于2000年4月20日开始试营业，

5月1日正式营业。在此之前被告委托持有北京市游泳救护人员上岗证的人员开办救生员培训班，对杨某等人进行了岗前培训，杨某等人经内部考核合格后担任该游泳馆救生员工作，但未取得北京市游泳救护人员上岗证。

法院经审理认为，被告提供服务存在缺陷，对张某溺水死亡存在明显过错，应对损害的发生承担主要责任；张某的亲属在陪同其游泳的过程中，对张某疏于照顾，对导致老人溺水死亡的后果，亦有一定的责任。依照《中华人民共和国民法通则》第119条和《中华人民共和国消费者权益保护法》第18条第1款、第42条之规定作出如下判决：1. 被告向原告董淑庆、张显志、张显杰予以书面致歉；2. 被告赔偿原告董淑庆、张显志、张显杰各种费用共计人民币12402.64元（其中：抢救费672.84元、丧葬费1206元、交通费523.80元、死亡赔偿金10000元）；3. 驳回原告董淑庆、张显志、张显杰其他诉讼请求。

律师专线

本案的审理主要涉及以下三个问题：

第一，被告主观上是否存有过错及其责任承担问题。公共游泳场馆系人身危险多发区，国家有关管理机关对此颁布了相关的强制性经营、管理规章，对救生人员实施特殊许可证制度。被告虽然取得了游泳场馆营业许可证，并配备了一定的救生人员和器械，但其在提供服务中却存在疏忽管理的过错：一是在游泳池的深、浅水区之间无任何标识及警告标志，当游泳者进入深水区时，对游泳者游泳技能也没有查验审核，无法保障游泳者的安全；二是被告配备的救生员未取得北京市游泳救护人员上岗证，且在张某溺水时未能及时发现，未尽到救生员的注意义务。可以认定被告提供的消费服务有瑕疵，被告应对张某溺水死亡承担主要责任。

第二，死者张某及其近亲属是否有过错的问题。我国《民法通则》第131条规定："受害人对于损害的发生也有过错的，可以减轻侵害人的民事赔偿责任。"在本案中，死者张某已年逾花甲，退休在家，在其未拥有经过专业化测试取得的深水游泳合格证的情况下，到具有高度危险的游泳池游泳，本应格外谨慎小心，但在陪伴者不在身边时，贸然进入水深达1.8米的深水区游泳，以致溺水死亡。其女婿在陪伴老人游泳的过程中，远离老人，使张某处于一种孤立无援的状态，甚至在张某溺水沉入水底时，其女婿仍无察觉。由此可见，张某的亲属也存在着疏于对行动迟缓的老人给予有效帮助和监管的过错。因此，对损害结果，张某及其亲属应自行承担一定的责任。

第三，关于本案赔偿数额的确定问题。人身损害赔偿诉讼，在确认了赔偿责任和承担者后，在计算具体赔偿数额时，一方面要根据民法理论中的"填平原则"，判令侵权者对受害人的经济损失予以补偿；另一方面还要严格审核证据，减除原告方不合理或人为扩大的经济损失。本案中，原告所主张的丧葬费、亲属往返交通费、抢救费等三项为合理开支，应由被告方按过错责任的比例予以承担；根据有关规定，原告主张的死亡赔偿金数额显属过高，法院可依法确定相应的数额；死者亲属雇用专车将死者尸体运回原籍的行为违反了《北京市殡葬管理暂行条例》的规定，因此而支出的费用属人为扩大的经济损失，理应由原告自行承担。

综上，法院对本案双方当事人过错责任的认定及赔偿数额的承担是正确的。

法律规范

中华人民共和国民法通则

（1986年4月12日第六届全国人民代表大会第四次会议通过，自1987年1月1日起施行）

第一百一十九条　侵害公民身体造成伤害的，应当赔偿医疗费、因误工减少的收入、残废者生活补助费等费用；造成死亡的，并应当支付丧葬费、死者生前扶养的人必要的生活费等费用。

中华人民共和国消费者权益保护法

（1993年10月31日第八届全国人民代表大会常务委员会第四次会议通过，自1994年1月1日起施行）

第十八条　经营者应当保证其提供的商品或者服务符合保障人身、财产安全的要求，对可能危及人身、财产安全的商品和服务，应当向消费者作出真实的说明和明确的警示，并说明和标明正确使用商品或者接受服务的方法以及防止危害发生的方法。

第四十二条　经营者提供商品或者服务，造成消费者或者其他受害人死亡的，应当支付丧葬费、死亡赔偿金以及由死者生前扶养的人所必需的生活费等费用；构成犯罪的，依法追究刑事责任。

专家释惑

经营者为什么应当对消费者、潜在的消费者乃至实际进入服务场所的人承担安全保障义务呢？我们认为具有以下法理依据：

第一，收益与风险相一致原理的要求。服务场所的经营者所从事的是一种营利性的活动，能够从中得到收益。尽管有的消费者并不一定接受服务并支付费用而只是参观甚至路过，但是作为整体的消费者群无疑会对经营者支付费用而使其获利，经营者当然要为每一位潜在的消费者尽安全保障方面的义务。而如果每个经营者都做到了“各扫门前雪”的话，虽然可能会增加经营成本，但也会改善消费环境，促进消费者走出家门进行消费，进而间接地促进了经济的繁荣。这样又会增进消费，从而有利于经营者作为一个整体获得更大的长远利益。这最终还是有利于经营者。可见法律要求他们承担这个义务是合理的。除了特定信任关系也受侵权行为法保护的法律观念外，从危险源中获取经济利益者也经常会被视为是具有制止危险义务的人。因此，根据收益与风险相一致的原则，经营者应当对服务场所的安全承担保障义务。

第二，危险控制理论的要求。经营者了解服务设施、设备的性能以及相应的管理法律、法规的要求，了解服务场地的实际情况，具有更加强大的力量和更加专业的相关方面知识和专业能力，更能预见可能发生的危险和损害，更有可能采取必要的措施（如警示、说明、劝告、救助）防止损害的发生或减轻损害。在属于不作为责任原始形态的对他人侵权行为之责任领域内，监督者控制潜在危险的义务通常来源于他对危险源的控制能力。因此，根据危险控制理论，经营者也应当对服务场所承担安全保障义务。

第三，节省社会总成本的要求。从经济学角度来看，由经营者承担这一义务更加具有经济合理性。如果一个损失一定会发生，那么由谁避免该损失发生的成本最低就应由他来承担这项义务。比如，储户到银行取一笔数额比较大的款项，如果不能确信银行大厅是安全可靠的，为了保证安全，就要带几个保镖前往。每天有很多的储户要来提款，这样很不经济也很不方便。而由银行配备专门的值班保安人员来保证营业大厅的安全，当然更加经济合理。从整个社会经济效益来说，由经营者承担服务场所的安全保障义务的成本耗费最低，这样的义务设定也就最合理。

第四，实质平等理念的要求。世界民事立法思潮，经历了一个由义务本位立法到权利本位立法，再由权利本位立法到社会本位立法的发展；经历了一个由所有主体一律形式上平等保护到立法注意对社会弱势群体的保护（比如消费者、劳动者），从抽象平等的人格到具体的人格立法的进程；经历了由形式平等到实质平等的变迁，消费者保护的立法和劳动者保护的立法即为其例。以往的立法一般都是基于双方地位平等的观念将经营者和消费者同视为交易双方给予平等的保护，它无视消费者的苦情，无视消费者和经营者的差别，旨在追求消费者和经营者的形式平等和权利义务对等。现代的消费者保护法则基于消费者具体人格识别，在充分认识到消费者弱者处境的前提下，站在消费者的立场上，对消费者给予特殊的保护。因此，它往往对消费者一方规定更多的权利，而对经营者一方则设置更多的义务。经营者和消费者的权利义务并不对等。现代消费者保护法具有与传统保护消费者的零星规定完全不同的价值取向。因此，在消费者立法中倾向于保护消费者，让经营者承担稍多的义务，使经营者承担对服务场所的安全保障义务，是符合这个世界立法思想潮流的。

联系本案

经营者在其服务场所对消费者等的人身和财产安全负有保障义务。这是一种法定义务，包括物质设施安全方面的内容和安全人员配备方面的内容。经营者违反该义务而发生消费者人身、财产损害的，一般应当承担侵权责任。具体到游泳项目的服务提供者，由于游泳活动本身的危险性，其经营者所负的安全保障的义务是很严格的。在现实中，许多游泳池的深、浅水区之间无标识及警告标志，配备的救生员未取得游泳救护人员上岗证等，应该引起经营管理者的注意，一旦因此发生人员伤亡，游泳馆是难逃赔偿责任的。

23. 摔倒于浴缸，能够向宾馆要求赔偿吗?

案例 23　张女士在某宾馆浴室摔倒赔偿纠纷案

事情是这样的

2001 年 5 月的一个下午，张女士因为谈生意入住了江苏省某市的某宾馆。因为忙碌了大半天，相当疲倦，于是就准备洗一个热水澡。谁料在入水的过程中在浴缸中滑倒，左手臂当场折断，疼痛难忍。后急忙前往医院治疗，花费了 500 元。张女士非常气愤，认为是宾馆的服务不当造成自己的受伤，应当承担损害赔偿责任。宾馆却认为，其所使用的产品，均是合格产品，是她自己不小心摔伤，与宾馆无关。于是张女士投诉到了市消费者协会。在消费者协会的主持下，宾馆认识到了自己的过错，与张女士达成赔偿协议。

律师专线

在本案中宾馆始终坚持自己使用的产品是合格产品，是张女士自己不小心造成了损伤，与宾馆无关，那么张女士的伤害真的与宾馆无关吗？答案是否定的。

根据《消费者权益保护法》的规定，消费者在购买商品和接受服务中享有人身、财产安全不受损害的权利。因此消费者有权要求经营者提供的商品和服务，符合保障人身、财产安全的要求。《消费者权益保护法》还规定了“经营者应该保证其提供的商品或者服务符合保障人身、财产安全的要求，对可能危及人身、财产安全的商品和服务，应当向消费者作出真实的说明和明确的警示，并说明和标明正确使用商品或者接受服务的方法以及防止危害发生的方法”。张女士在进入浴缸冲洗时滑倒，在这一过程当中消费者的洗浴动作并无不当，因此本身并不存在过错。浴缸光滑，在使用的过程中容易滑倒，因此在使用浴缸的过程中是有一定危险的，然而在浴室内却没有正确接受服务的说明和防滑警示，宾馆作为服务的提供者对此疏忽是有过错的，所以，该宾馆没有减轻或免除自己责任的理由，应承担主要赔偿责任。根据《消费者权益保护法》规定，赔偿的内容有：医疗费、治疗期间的护理费、因误工减少的收入等费用。

法律规范

中华人民共和国消费者权益保护法

（1993 年 10 月 31 日第八届全国人民代表大会常务委员会第四次会议通过，自 1994 年 1 月 1 日起施行）

第七条　消费者在购买、使用商品和接受服务时享有人身、财产安全不受损害的权利。

消费者有权要求经营者提供的商品和服务，符合保障人身、财产安全的要求。

第十八条　经营者应当保证其提供的商品或者服务符合保障人身、财产安全的要求，对可能危及人身、财产安全的商品和服务，应当向消费者作出真实的说明和明确的警示，并说明和标明正确使用商品或者接受服务的方法以及防止危害发生的方法。

专家释惑

本案反映了一个很重要的问题，那就是经营者在销售商品或者提供服务的过程中负有安全警示的义务。产品的生产者对自己生产的产品，服务提供者对自己提供的服务应当作真实的说明，对可能产生的危险和损害以及注意事项应当提出警示。警示亦作警告，一般是指对产品本身所具有的危险性所作的告诫性标记，可以使用标志（如剧毒品所使用的骷髅标志、高压电源使用的闪电形标志等）作为警示，也可以用文字作为警示。所谓说明，一般是指有关产品的主要性能、正确的使用方法及错误使用可能招致的危险等事项的文字。无论警示还是说明都应该是适当的。判断警示与说明适当与否的根本标准是：如果产品是为大众所消费、使用的，警示与说明应使社会上不具专门知识的一般人引起注意、知晓、理解；如产品是为特定人所消费、使用的，警示与说明应为具备专门知识的特定人所能引起注意、知晓、理解，标志与文字的内容应当通俗易懂。

同时，对于经营者的警示和说明义务也是有一定的限制的，那就是所应当说明或者警示的危险不是“不合理的危险”。对于“不合理的危险”，应从以下几方面理解：1. 生产者制造产品的预期用途。即考虑一个合理谨慎的生产者知道（或应当知道）其产品的危险时，不会将其投入市场。2. 一个具有社会一般认识的普通消费者，对其购买使用产品安全性的合理期望。如果某一种危险是一般消费者意识到，但仍愿意承担，不属于“不合理的危险”。3. 如果由于认识和技术水准所限，不能在产品效用不变的前提之下，将其制作得更安全或有其他的代替品，应该认为这些产品不具有不合理危险。4. 若产品的各项性能与标准都符合强制性标准时，不能就此认定不具有不合理的危险。例如新开发的商品，其构造或成分在现实工业标准未作规范时，若造成人身或财产上安全之损害时，应该认为是存在缺陷的产品。不合理的危险作为认定的标准，具有较大的弹性，需依个案认定。

24. 免费泳池也需要承担安全保障义务吗?

案例 24　董某在集美大学游泳死亡案

事情是这样的

2001 年 7 月 9 日下午 4 时许，厦门市集美大学学生董某在集美龙舟游泳池游泳时溺水身亡。龙舟游泳池是历史遗留下来的，长期免费向公众开放，长 100 米，宽 50 米，面积是标准泳池的两倍，深、浅水区无明显标志，能见度低，也没有配备安全设施和救助人员。2002 年 6 月，董某的父母以其子得不到及时发现和救助而丧失生命为由，向集美区法院提起诉讼，要求泳池管理人集美学校委员会支付死亡赔偿金 51810 元，精神损害赔偿金 30000 元。这起案件原、被告双方对溺水死亡、泳池管理现状等案件事实部分均无异议，争执的焦点是该由谁承担责任的问题，公益管理是否能成为免责的抗辩理由。

集美区人民法院公开审理并多次试图调解无效后，于 2002 年 12 月 5 日作出一审判决，确定原、被告按实际过错的大小以 8:2 的比例分担责任。

主审法官这样解释一审判决结果：之所以这样分责，一是因董某是完全民事行为能力人，曾多次到龙舟泳池游泳，对泳池的设施及管理现状已经熟知，其本来应根据泳池的特点及自身泳技选择较安全的水域游泳，发生不测与董某自己未尽谨慎注意义务有直接的因果关系，其过错是造成死亡事件的主要原因，应承担主要损失责任。被告作为泳池的管理人，负有必要管理的义务，但泳池入口处未设置安全警示标志，在深、浅水区间亦无明显的隔离标志，且未配备相应的救生塔台及救生员，泳池能见度低。由于这些疏忽致使险情发生时，董某未能被及时发现和救助，造成死亡悲剧，因此被告需要承担相应责任。不过，由于被告接管的泳池是免费向公众开放的，主观目的是为了发展公益事业，为广大师生和集美人游泳提供方便，可适当减轻其民事赔偿责任。

律师专线

这个案件关键的问题是怎样判断行为人的行为是否违反安全保障义务，应当怎样承担责任。

首先，行为人一定要负有安全保障义务，不负有这样的义务，就不能承担这样的侵权责任。其次，造成受害人的损害，没有直接的加害人，或者有了加害人而加害人没有能力承担侵权责任；如果有直接加害人并且其有能力承担侵权责任，则应当由直接加害人承担侵权责任，而不应当由行为人承担责任，因此这种侵权责任是一种补充责任，而不是连带责任。再次，行为人承担的责任是过错责任，承担责任的条件是一定要对损害的发生具有过失，也就是违反了安全保护义务；没有过错，也就是没有违反安全保障义务，行为人不承担责任。最后，行为人承担了侵权的补充赔偿责任之后，有权向损害的直接加害人追偿。

本案中，管理者由于没有尽到对他人的安全保障义务，应当承担侵权赔偿责任。至于发生事故的游泳池是不是免费，并不是重要的问题。重要的是被告提供了游泳池的服务，却没有提供安全保障措施，当然是违反了安全保障义务，也当然是有过错，因此应当承担赔偿责任。法院考虑到死者自己有过失责任，同时也是免费服务，因此减轻被告的责任，也是有道理的。

法律规范

中华人民共和国消费者权益保护法

（1993 年 10 月 31 日第八届全国人民代表大会常务委员会第四次会议通过，自 1994 年 1 月 1 日起施行）

第七条　消费者在购买、使用商品和接受服务时享有人身、财产安全不受损害的权利。

消费者有权要求经营者提供的商品和服务，符合保障人身、财产安全的要求。

第十八条　经营者应当保证其提供的商品或者服务符合保障人身、财产安全的要求，对可能危及人身、财产安全的商品和服务，应当向消费者作出真实的说明和明确的警示，并说明和标明正确使用商品或者接受服务的方法以及防上危害发生的方法。

经营者发现其提供的商品或者服务存在严重缺陷，即使正确使用商品或者接受服务仍然可能对人身、财产安全造成危害的，应当立即向有关行政部门报告和告知消费者，并采取防止危害发生的措施。

中华人民共和国民法通则

（1986 年 4 月 12 日第六届全国人民代表大会第四次会议通过，自 1987 年 1 月 1 日起施行）

第一百零六条　公民、法人违反合同或者不履行其他义务的，应当承担民事责任。

公民、法人由于过错侵害国家的、集体的财产，侵害他人财产、人身的，应当承担民事责任。

没有过错，但法律规定应当承担民事责任的，应当承担民事责任。

第一百三十一条　受害人对于损害的发生也有过错的，可以减轻侵害人的民事责任。

专家释惑

应当说，公共场所受到侵权，其责任如何认定是一个很有普遍意义的话题。以往的司法实践中也出现过不少这方面的案例。比如，在饭店、宾馆发生的刑事犯罪案件，经营者要不要负责？比如在居民小区内发生住户被害，物业管理者要不要负责？比如，交通事故肇事者在交通警察的眼皮下溜掉，交警部门要不要负责？这里所说的负责，都是指赔偿责任，也就是说，在没有加害人（如泳池意外溺水）或者无法从加害人那里得到赔偿的时候，可不可以要求管理者承担赔偿责任？如果可以，界限在哪里？如何认定？这两个案件虽然各有不同，但都是同一种类型的侵权行为，即违反安全保障义务致人损害的侵权行为。这是一种最复杂的侵权行为类型。

一、违反安全保障义务的侵权行为的内容

《消费者权益保护法》第 18 条第 1 款规定："经营者应当保证其提供的商品或者服务符合保障人身、财产安全的要求，对可能危及人身、财产安全的商品和服务，应当向消费者作出真实的说明和明确的警示，并说明和标明正确使用商品或者接受服务的方法以及防止危害发生的方法。”经营者违反这样的安全保障义务，造成消费者人身、财产损害的，就构成违反安全保障义务的侵权行为。

二、违反安全保障义务的侵权行为的基本规则

确定违反安全保障义务的侵权行为责任，应当遵守以下规则：

第一，必要的保护义务。确定违反安全保障义务侵权行为的基本要求，就是行为人违反必要的安全保障义务。旅馆、饭店、银行等从事特殊经营活动的经营者，在经营的场地对顾客的财产和人身安全负有必要的保护义务。所谓必要，就是根据经营者提供的特殊经营活动的性质所应当达到的注意程度。例如，在提供旅馆服务的经营者，应当保障住宿者的人身安全。这就是必要的注意义务，违反者，就构成侵权责任。例如，旅客在宾馆住宿中，夜晚被潜入旅馆中作案的歹徒杀害，旅馆的行为就是未尽安全保障义务的侵权行为。某人被其妻子打伤住院，其妻又赶到医院，趁人不备用硫酸将其脸烧伤，受害人起诉医院未尽安全保障义务，请求医院赔偿。医院无法防止这种损害，已尽必要的安全保障义务，不应当承担责任。在这里，还有美国的两个麦当劳的案例可以参考。一个老太太到麦当劳吃饭，到洗手间洗手，由于洗手间的地板滑而摔倒致伤，向法院起诉之后，法院判决麦当劳承担责任。另一件在麦当劳发生的案件，是几名歹徒中午冲进麦当劳，向正在吃饭的人们开枪射击，打死数人。受害人家属向法院起诉，被法院驳回，原因是麦当劳无法防范这样的暴力袭击，麦当劳已尽必要的注意义务，不应当承担民事责任。

第二，责任方式。违反安全保障义务侵权行为的基本责任形式，是补充责任。这种补充责任有两种形式：第一种形式是典型的补充责任。首先，受害人在旅馆、饭店、银行等从事特殊经营活动的场

地受到人身或者财产损害后，应当由加害人承担民事责任。这是此种责任的基本形式。例如，受到其妻子伤害的丈夫，直接加害人就是其妻，应当由其妻承担责任。其次，在无法确认加害人或者加害人没有能力承担赔偿责任的情况下，由对其负有安全保障义务的经营者承担补充责任。再次，如果负有安全保障义务的责任人证明自己的行为没有过错的，也就是尽到了必要的注意义务，免除其责任。第二种责任形式是，造成损害的直接原因不是由于直接加害人的行为，而是负有安全保障义务的人没有尽到注意义务，是因为这种未尽注意义务的行为而直接产生的损害，这时候的责任，就是负有安全保障义务的人的直接责任，而不是补充的责任。

第三，负有安全保障义务的人承担责任后的追偿权。在前述两种责任形式之中的第一种责任形式，是真正的补充责任。在这种情况下，负有安全保障义务的人承担侵权责任，实际上是在为直接加害人的侵权行为承担责任，而不是自己的行为所直接产生的责任。既然如此，承担补充责任的经营者在承担了未尽安全保障义务的损害赔偿责任之后，在发现真正的行为人后，有权向该行为人追偿，以补偿自己的损失。

三、违反安全保障义务的侵权行为的形态

这种类型的侵权行为共分为三种类型：

1. 装备设施未尽安全保障义务

经营者装备设施未尽安全保障义务，就是在提供服务的场所，设置的硬件没有达到保障安全的要求，存在缺陷或者瑕疵，造成了他人的损害。因此，经营者应当对受害人承担损害赔偿责任。

例如，某商场在通道上安装的玻璃门未设置警示标志，一般人很难发现这是一扇门。顾客通过时撞在门上，造成伤害。对此，商场应当承担未尽安全保障义务的侵权损害赔偿责任。

2. 工作人员未尽安全保障义务

经营者的工作人员未尽安全保障义务，一般称为服务软件上的瑕疵或者缺陷，造成他人的损害，构成侵权责任。

例如，饭店服务人员没有擦干净地板，留有污渍，顾客踩在上面滑倒，造成伤害。这种行为构成侵权责任。

3. 防范制止第三人侵害的未尽安全保障义务

对于他人负有安全保障义务的经营者，在防范和制止他人方面未尽义务，造成他人损害的，构成侵权。未尽义务的一方应当承担补充的责任。

25. 未成年游客无票入园游泳淹死，公园承担赔偿责任吗？

案例 25　严某父母诉公园未尽安全保障义务淹死未成年人案

事情是这样的

2002 年 5 月 11 日中午，9 岁男童严某与同龄同学王某结伴外出游玩。两人来到居所附近的某公园，未买门票即从公园围墙空隙处入园，公园收费检票人员见状未予阻止。公园内有一个状似游泳池、无安全警示标志的景观池，曾有游客在池内游泳时淹死。严某和王某到该池边后，严某即下池游泳，王某因水冷而离去，当时园内无工作人员和其他游客。次日上午，严某尸体在公园景观池内被民警等人发现。为此，严某父母诉至法院，要求某公园赔偿死亡补偿费、丧葬费等损失 9 万元。

法院经审理后认为，严某虽无票擅入公园，但园方对此明知不予阻止，故双方在事实上已形成游客与公共服务场所间的关系。公园作为经营者，对消费者的人身、财产安全负有保障义务，其对存在有安全危险的景观池未采取任何安全防范措施，对独自游玩的未成年游客未尽安全注意义务，负有主要过错责任。严某父母放任严某外出，系未妥当履行监护责任；严某应注意自身安全，不该擅自游泳，也有过错。据此，判决某公园承担主要责任，赔偿严某父母损失5万余元。

律师专线

本案是一件经营者未尽到服务场所安全保障义务导致人身伤亡而被要求赔偿的案件。9岁男童严某与同龄同学王某未买门票即从公园围墙空隙处入园，公园收费检票人员见状未予阻止，故双方在事实上已形成游客与公共服务场所间的关系。根据《消费者权益保护法》第7条与第18条之规定，公园这时就需要承担起服务场所的安全保障义务。需要注意的是，这种安全保障义务并不以消费合同存在为前提，即服务场所的安全保障义务并不是约定的义务，而是法定的义务。公园需要对买了门票的消费者或没买门票而进入公园的潜在消费者以及其他进入公园服务场所的人承担安全保障义务，没有履行这一安全保障义务的，即构成侵权，需要承担赔偿责任。本案中，公园对存在有安全危险的景观池未采取任何安全防范措施，对独自游玩的未成年游客未尽安全注意义务，负有主要过错责任，应该根据《消费者权益保护法》第42条规定承担赔偿责任。

另外，根据《民法通则》第131条之规定，受害人对于损害的发生也有过错的，可以减轻侵害人的民事责任。本案中，严某父母放任严某外出，系未妥当履行监护责任；严某应注意自身安全，不该擅自游泳，也有过错。故此，公园得以减轻部分赔偿责任。

法律规范

中华人民共和国消费者权益保护法

（1993年10月31日第八届全国人民代表大会常务委员会第四次会议通过，自1994年1月1日起施行）

第七条　消费者在购买、使用商品和接受服务时享有人身、财产安全不受损害的权利。

消费者有权要求经营者提供的商品和服务，符合保障人身、财产安全的要求。

第十八条　经营者应当保证其提供的商品或者服务符合保障人身、财产安

全的要求，对可能危及人身、财产安全的商品和服务，应当向消费者作出真实的说明和明确的警示，并说明和标明正确使用商品或者接受服务的方法以及防止危害发生的方法。

经营者发现其提供的商品或者服务存在严重缺陷，即使正确使用商品或者接受服务仍然可能对人身、财产安全造成危害的，应当立即向有关行政部门报告和告知消费者，并采取防止危害发生的措施。

第四十二条　经营者提供商品或者服务，造成消费者或者其他受害人死亡的，应当支付丧葬费、死亡赔偿金以及由死者生前扶养的人所必需的生活费等费用；构成犯罪的，依法追究刑事责任。

中华人民共和国民法通则

（1986 年 4 月 12 日第六届全国人民代表大会第四次会议通过，自 1987 年 1 月 1 日起施行）

第一百三十一条　受害人对于损害的发生也有过错的，可以减轻侵害人的民事责任。

专家释惑

本案争议的焦点问题在于如何正确认识作为经营者的公园对作为消费者的严某负有的安全保障义务。

一、经营者对消费者的人身、财产安全负有法定的保障义务

根据我国《消费者权益保护法》第 7 条、第 18 条第 1 款的规定，消费者在接受服务时享有人身、财产安全不受损害的权利，经营者应当保证其提供的服务符合保障人身、财产安全的要求，对可能危及人身、财产安全的服务，应作真实的说明、明确的警示。本案中，某公园景观池内曾有游客游泳时淹死，公园应当知道该池对游客存在安全危险，理应实施设置明确警示标志的措施，但公园没有采取任何安全防范措施，致使严某下池游泳而淹死。因此，某公园未履行对游客法定的安全保障义务，已构成侵权。

二、经营者对消费者的人身、财产安全负有约定的保障义务

根据我国《合同法》第60条的规定，在经营者与消费者之间还存在由诚实信用原则派生之互相照顾、通知、保密、保护等与游乐合同内容相关的附随义务。双方之间还可能基于约定或经营者的单方承诺而存在高于法律规定的安全保障义务。某公园默认严某入园游乐，双方即建立合同关系，公园就负有注意游客安全并予以合理保护等附随义务，尤其是在游客为未成年人且无监护人在场的情况下，公园应对其履行较之于成年游客更谨慎的安全保障义务。因此，某公园让严某入园游玩，且发现后不阻止其在有安全危险的水池内独自游泳，系未履行对游客约定的安全保障附随义务，已构成违约。

三、经营者对消费者安全保障义务的内容

经营者对消费者的安全保障义务可分为硬件方面的义务和软件方面的义务。在硬件方面，经营者应当持证合法经营，对消费者开放的经营场所及其配套设施、设备应当安全可靠，符合国家强制标准或行业标准，并应当配置有数量足够的、合格的安全保障人员。在软件方面，经营者提供的服务内容及服务过程应当是安全的，包括对不安全因素的提示、警示、劝告，制止第三方对消费者的侵害，对消费者已经或正在发生的危险予以积极救助等。考察经营者是否已履行了安全保障义务，主要看是否达到了法律、法规、规章、操作规程等所要求达到的程度，是否达到了同类经营者所应当达到的通常注意程度，是否达到了一个诚信、善良的经营者应当达到的注意程度。

四、违反安全保障义务与损害结果间的因果关系

在经营者违反安全保障义务致使消费者人身或财产损害的案件中，经营者大多没有实施积极的行为作为，而是消极不作为。对经营者不作为行为与损害后果之间的因果关系，应当从“如果经营者达到了应有的注意程度，实施了其应当实施的作为行为，是否可以

避免或者减轻损害后果”的角度来理解。如果经营者实施了其应当实施的作为行为，损害后果就不会发生或者可以减轻，则应认为存在因果关系；否则，不认为存在因果关系。因此，在举证责任上，受害人无须证明经营者消极不作为行为与损害后果间存在因果关系，只需证明经营者负有特定的作为义务，即法定的或约定的安全保障义务；经营者不履行该义务与损害发生间存在高度的可能性，即如果履行，则损害极有可能被避免。

综上所述，经营者对消费者负有侵权法上的安全保障义务，同时也负有合同法上的安全保障义务。在损害后果发生后，受害方可选择侵权责任或违约责任向经营者主张损害赔偿。一般情况下，选择侵权赔偿更有利于对受害消费者的保护。

联系本案

在本案发生时，我国法律尚未对经营者的安全保障义务的对象进行明确的规定，发生此类案件，通常依据《消费者权益保护法》中消费者安全权和经营者保障义务的条款，以及《合同法》中诚信信用原则下的缔约过失责任或合同附随义务等相关理论进行处理。2004年5月1日起实施的最高人民法院《关于审理人身损害赔偿案件适用法律若干问题的解释》将经营者安全保障法定义务的对象扩大到了消费者以外的他人，即安全保障义务的保护对象，不仅包括经营活动中的消费者、潜在的消费者以及其他进入经营活动场所的人，还包括虽无交易关系，但出于合乎情理的方式，进入可被特定主体控制的对社会而言有某种开放性的场所的人。该《解释》的出台也使受害人在维权时有了更直接的法律依据。

26. 消费者在迪吧人身遭第三人伤害，能否要求迪吧赔偿?

案例 26 华某诉“聚点”迪吧人身损害赔偿案

事情是这样的

1999 年 3 月 15 日晚 8 时许，华某与几位朋友在福州市津泰路上的“聚点”迪吧聚会玩乐，至 16 日凌晨 1 时许结账时，因对消费金额有异议，与“聚点”迪吧的工作人员进行了交涉。但是，过了几分钟，从迪吧大门外冲进来几个不明身份的人，冲着华某的朋友乐乐叫喊“想闹事是不是”，并打了乐乐。华某起身阻拦，随即就有几个人上来对他围打，当场将他打得昏迷不醒。整个事件发生仅数分钟时间。此后，110 警车赶到，华某也被 120 急救车送往医院抢救脱险。福州市鼓楼公安局于接警当日即立案侦查，但至今尚未侦破，无一人归案。经福州市检察院法医鉴定，华某的伤势为“重伤”。福州市协和医院的诊断结论为：急性重性颅脑外伤，左额、颞、顶硬膜下血肿，左顶、颞颅骨骨折，脑疝，并引发后遗症，致使其失去工作、生活能力，语言含糊不清，理解力低下，左眼视力丧失，右眼视力模糊，并时有癫痫发作。华某原为福州某大酒店的经理助理，受伤后即失去了这份报酬优厚的工作，其妻也因长期护理他而失去工作，孩子又年幼。为抢救华某的生命，全家举债支付巨额治疗费及后续治疗费用，家庭生活陷入困境。不仅华某本人及幼儿生活无保障，还给全家带来了巨大的经济负担和精神痛苦。

1999 年 9 月 28 日，华某将“聚点”迪吧与聚点娱乐有限公司一同诉至法院，要求被告赔偿医疗费、误工费、生活补助费、精神损害赔偿费及本案律师代理费等 614157.5 元。福州市鼓楼区法院一审开庭审理此案后，于 2000 年 4 月 10 日作出了一审判决。判决认为，依据《消费者权益保护法》的有关规定，由于被告安全措施不力，致使肇事者于案发后逃逸，应当承担相应的责任。但被告“聚点”迪吧的行为显然不属于服务上的侵害，鉴于目前刑事案件尚未侦破，事件发生的原因、加害人加害的动机、目的等均未查明，因此原告要求被告赔偿全部费用的请求不能完全予以支持，遂判决被告“聚点”迪吧一次性赔偿原告华某3万元，聚点娱乐有限公司承担连带赔偿责任，诉讼费1210元由被告方承担。

一审宣判后，原告华某不服提出上诉，被告方未提出上诉。2000年8月4日，福州市中级人民法院二审公开开庭审理此案。同年11月，经调解双方达成一致，“聚点”迪吧一次性支付赔偿金16万元。

律师专线

本案是一件经营者未尽到服务场所安全保障义务而承担侵权损害赔偿的案件。华某与其几位朋友在“聚点”迪吧聚会玩乐，他们之间形成一种服务与被服务的关系，根据《消费者权益保护法》第7条与第18条之规定，作为消费者，华某与其几位朋友享有在消费时人身、财产安全不受损害的权利；作为经营者，“聚点”迪吧负有依法保障顾客人身和财产安全的义务。而在本案中，伤害发生时“聚点”迪吧尚未领取《特种行业许可证》就开始经营；没有依法配备保安人员；事发后迪吧对受伤人员施救不力，造成受害人伤情加重；报案后迪吧经理无法提供事发当晚当班服务员名字，使破案工作陷入困境。据此，原告认为被告不履行义务，严重侵害了原告的合法权益，应当承担责任。

至于一审判决中认为：鉴于目前刑事案件尚未侦破，事件发生的原因、加害人加害的动机、目的等均未查明，因此原告要求被告赔偿全部费用的请求不能完全予以支持，是值得商榷的。本案虽然同时也是一起刑事案件，但原告没有对刑事被告人即直接加害人提起附带民事诉讼，且本案的民事诉讼被告侵害的客体是原告享有的接受服务时人身安全不受损害的权利。这是一起性质完全有别于刑事附带民事诉讼的独立的民事诉讼。因此，不适用《刑事诉讼法》的有关规定。二审中，这个错误认识得到改正，赔偿数额从3万增加到16万，这是合理的。

法律规范

中华人民共和国消费者权益保护法

（1993年10月31日第八届全国人民代表大会常务委员会第四次会议通过，自1994年1月1日起施行）

第七条　消费者在购买、使用商品和接受服务时享有人身、财产安全不受损害的权利。

消费者有权要求经营者提供的商品和服务，符合保障人身、财产安全的要求。

第十八条　经营者应当保证其提供的商品或者服务符合保障人身、财产安全的要求，对可能危及人身、财产安全的商品和服务，应当向消费者作出真实的说明和明确的警示，并说明和标明正确使用商品或者接受服务的方法以及防止危害发生的方法。

经营者发现其提供的商品或者服务存在严重缺陷，即使正确使用商品或者接受服务仍然可能对人身、财产安全造成危害的，应当立即向有关行政部门报告和告知消费者，并采取防止危害发生的措施。

第四十一条　经营者提供商品或者服务，造成消费者或者其他受害人人身伤害的，应当支付医疗费、治疗期间的护理费、因误工减少的收入等费用，造成残疾的，还应当支付残疾者生活自助具费、生活补助费、残疾赔偿金以及由其扶养的人所必需的生活费等费用；构成犯罪的，依法追究刑事责任。

专家释惑

本案的焦点问题主要有以下三个方面：

一、刑事案件尚未侦破，可否依照《消费者权益保护法》寻求民事救济？对于本案，被告方认为，案件的基本事实能确定的仅仅是原告人身伤害的损害结果，但加害人的身份、加害的行为动机、加害人与原、被告之间的关系等问题尚未查明。据此，被告方认为，在本案的基本事实尚未查清的情况下，原告将民事赔偿从刑事案件中分割出来单独提起民事诉讼，不仅不符合法律规定，也不利于本案事实及当事人责任的正确认定，因而本案人民法院应裁定由公安机关处理，或依据《民事诉讼法》之规定中止诉讼。原告方则认为，本案虽然同时也是一起刑事案件，但原告没有对刑事被告人即直接加害人提起附带民事诉讼，且本案的民事诉讼被告侵害的客体是原告享有的接受服务时人身安全不受损害的权利。这是一起性质完全有别于刑事附带民事诉讼的独立的民事诉讼。本案不同于刑事附带民事责任，因为被告是经营者而不是直接实施侵权行为的加害人，原告追究的是经营者未尽人身保障义务的民事责任，而不是针对加害人的刑事责任及其民事责任。这是两个不同的法律关系，不适用《刑事诉讼法》的有关规定。

二、对消费场所内发生的外来侵害，经营者是否应对损害结果承担民事责任？原告方认为，本案被告提供的是有偿娱乐休闲消费服务，原告是在被告的娱乐场所付费进行娱乐休闲消费活动，二者之间建立的是消费法律关系，适用《消费者权益保护法》的规定。该法第7条规定，消费者在购买使用商品和接受服务时享有人身、财产安全不受损害的权利；第18条规定，经营者应当保证其提供的商品或者服务符合人身、财产安全的要求。因此，原告作为消费者依法享有在被告处的人身、财产不受损害的权利，被告作为经营者即负有依法保障顾客人身和财产安全的义务。原告方还认为，“聚点”迪吧作为一种营业性的娱乐消费公共场所，属于公安机关管理的特种行业。特种行业的经营者在提供商品和服务时，应当确保消费者的消费安全，其消费安全不仅包括来自提供商品和服务的设施、场所，也应包括不受第三人伤害的安全的消费环境。否则，连基本的人身生命、健康权都不保证，还怎么保障享受其他的消费服务呢？那么，被告“聚点”迪吧是否尽到了保障消费者华某人身、财产安全的义务呢？原告方提供了下列事实：伤害发生时“聚点”迪吧尚未领取《特种行业许可证》就开始经营；没有依法配备保安人员；

事发后迪吧对受伤人员施救不力，造成受害人伤情加重；报案后迪吧经理无法提供事发当晚当班服务员名字，使破案工作陷入困境。据此，原告认为被告不履行义务，严重侵害了原告的合法权益，应当承担责任。被告方则认为，依照《消费者权益保护法》第18条之规定，经营者的责任是应当保证其提供的商品、服务符合保障人身、财产安全要求，其立法目的主要在于制裁商业欺诈行为和商业不法行为。由此可见，法律所规定的经营者应保证的责任范围是有限的，而不是无限的，应以其自身所提供的商品或者服务为限，对于原告在经营场所遭受的第三人加害的意外事件，不属于经营者所应保证的责任范围。被告方认为，对消费者的保护是多方面、多层次的，既包括国家、社会对消费者的保护，也包括消费者的自我保护，而且后者更为重要，若片面强调经营者一方的保护责任是不客观的。至于原告所主张的“聚点”迪吧是否领取证照问题，与原告所造成的人身伤害之间没有必然的直接的法律上的因果关系。因此，被告方认为，原告要求无过错的一方当事人承担因第三人加害造成的损害赔偿责任，不仅缺乏相应的法律依据，而且没有先例。目前经营场所发生消费者遭受外来不法侵害的事件屡见不鲜，如果都由经营者来承担这种由于无法预见和防止的巨大风险引致的责任，那么经营者有负不完的责任，显然有失公允。对此，厦门大学法律系柳经纬教授认为，从狭义角度来看，本案中的加害行为不同于一般意义上的服务上的侵害。但是，从保护消费者权益的角度出发，对《消费者权益保护法》第7条、第18条中的“安全”应从广义上理解。它不仅包括产品与服务本身的安全，还应包括消费过程的安全，即场所安全。当然，经营者承担的也不是绝对的、无限的义务。它以尽职为限，即经营者有没有配备保安等安全防范措施，保安有没有尽职尽责地履行安全保卫义务等。如果经营者尽职，就不承担责任，相反就要承担责任。比如，歹徒持枪闯进经营场所时，经营者本身也是受害者，要求经营者在这种情况下继续承担安全保卫工作，既不现实也不合理。

三、如何确定赔偿责任？原告方认为，华某所遭受的严重伤残及后遗症，是因被告“聚点”迪吧无证照经营、未配保安人员等重大过失造成的，被告对原告的损害后果负有不可推卸的过错，应当承担全部赔偿责任。况且，对一个原本年轻有为的月薪收入不菲的大酒店经理助理来说，再多的赔偿都无法弥补伤害造成的终生痛苦。原告还在上诉状中称，一审判决既然确定适用《消费者权益保护法》，承担侵权损害赔偿的民事责任主体就应为经营者即被告方，怎么又能以刑事案件尚未侦破、加害人责任未查明为由，认定原告要求赔偿全部费用的请求不能完全予以支持呢？此外，3 万元的赔偿数额不知从何计算而得。被告方则说，本案中被告不应承担赔偿责任，但这 3 万元是出于道义上的援助，所以没有提出上诉。与刑事案件不同的是，民事案件中法官享有更大的自由裁量权。从本案的事件起因、相关证人证言和经营者的种种表现来看，可以合理地认定经营者对事件的发生是有过错的，即使在刑事上现有证据尚不足以定罪，但仍然可以判令其承担相应的民事责任。辛普森一案中，辛普森虽然在刑事上被判无罪，但在民事上却被判令承担巨额赔偿责任，其原因就是刑事案件与民事案件对证据证明程度的要求不同，刑事无罪并不等于民事无责。对于本案直接加害人与作为经营者的被告之间的关系是否适用共同侵权的连带责任，厦门大学法学博士张照东持否定意见。因为，共同侵权应是对受害人的同一种权利所实施的行为，而本案直接加害人侵害的是原告的生命健康权，被告侵害的是原告享有的接受服务时人身安全不受损害的权利，前一种为绝对权，后一种为相对权。直接加害人应对自己的侵权行为承担全部赔偿责任，不存在和本案被告分担的问题；被告也应对其不履行职责的行为造成的后果承担全部赔偿责任，与直接加害人也不相干。

联系本案

2004年5月1日起最高人民法院《关于审理人身损害赔偿案件适用法律若干问题的解释》正式实施，其中第6条第2款规定的就是第三人侵权时负有安全保障义务的经营者的赔偿责任。该责任的性质属于过错责任，责任的范围应当在其能够防止或者制止损害的范围内，且经营者承担责任后还可以向该直接侵权人进行追偿。2004年5月1日之后发生的经营者安全保障义务补充赔偿责任均可以直接据此进行认定。

27. 影楼可以以"著作权"为由要求消费者额外付款购买底片吗?

案例27　张先生与婚纱影楼关于备用底片额外付费纠纷案

事情是这样的

张先生与李小姐是一对情侣，2005年两人一起购置了住房打算结婚。为了给自己的新婚留下美好的记忆，他们准备拍一套精美的婚纱照作纪念。从2005年6月初起，两人跑了市区多家影楼，最后选择了一家装修豪华、档次较高的影楼。在众多朋友的陪同下，张先生和李小姐选择了一套3000元的婚纱套系。影楼的工作人员承诺将选40张相片入册，并免费赠送绢质的挂照和小礼品。此外，在新人结婚当天免费为新娘化妆，并可免费租用婚纱一套。听起来一切都很美好，两人觉得挺满意。为了取得良好的拍摄效果，张先生和李小姐选择了很多场景，设计了很多动作。经过两天的紧张拍摄，终于圆满完成了拍摄任务。

6月15日，张先生接到影楼的电话通知，前去选照片。摄影师总共拍摄了200张，照片中的张先生英俊潇洒，李小姐美丽大方，两人对冲洗出的照片非常满意。不仅如此，剩余未冲洗的160张底片，其中很多效果也挺不错，张先生于是要求影楼将这部分底片拷入光盘中交给他们。不料影楼方面提出，除了做入相册的40张照片的底片可以拿走外，剩下的160张底片如果想要，需要另外加钱，每张底片10元，那就是1600元。张先生觉得十分不合理，明明已经为拍摄照片支付了费用，为何属于自己的底片却还需要额外用钱买呢？既然花了3000元钱拍一套婚纱照，除了入册的照片外，当然还包括底片在内，未入册照片的底片原本就应该给他们。而影楼方面却坚持认为，张先生所支付的费用并不包括其余底片的费用，影楼对这些底片是有著作权的，因此不同意将入册以外的底片免费交给张先生。张先生多次找影楼交涉无果，于是将此事反映给了当地媒体。

记者通过调查得知，该影楼的做法在当地婚纱和艺术摄影行业几乎已经是不成文的行规。如果顾客想要购买入相册以外的其他底片，必须要另外购买，有的时候还会发生顾客购买底片的钱超过实际拍摄费用的情况。在一家影楼，记者以消费者的身份提出：载有顾客肖像的底片，如果留在摄影店内，顾客也不放心。对此，影楼的门市小姐告诉记者，一般第一次会让顾客在电脑上选照片，摄影师会在确认顾客不要其余照片底片的前提下，将这些底片删除。另据业内人士透露，婚纱摄影的成本大体来自化妆师、摄影师、工作人员的工资，摄影器材、婚纱、礼服、化妆品以及首饰的成本、胶片、洗印、装裱费用等。在一些中高档影楼，摄影师的收入主要是工资加购买底片的提成，多卖底片可以赚取提成。假设消费者拍摄套系的入册照片是60张，摄影师实际拍摄的照片一般都会超出这个数量。用摄影师的话说就是“这可以使新人有充分的挑选余地”。但事实上，多出来的照片底片，影楼不会提供，需要消费者花钱购回，许多新人不得不花钱将自己的底片购回，摄影师就可从中提成。

律师专线

有关备选底片的所有权问题，几乎拍过艺术照或婚纱照的消费者都曾遇到。

假如案件发生在北京地区，则比较容易解决，因为按照《北京市照相业关于对服务质量和价格投诉的处理办法》（以下简称《处理办法》）第 12 条的规定，经营者为消费者摄制的任何种类、规格的照片和底片应归消费者所有，经营者未获消费者本人书面文字同意，不得以任何名义和理由截留或挪作他用。该《处理办法》对于北京市内的照相经营者都是适用的，如果是北京的消费者可以据此要求获得全部的拍摄底片。那么当地尚没有相关摄影规定的消费者遇到这种情况，该如何维护自己的合法权益呢？如果拍摄前，影楼未告知消费者备选底片需要额外付款购买，消费者可以根据《消费者权益保护法》对消费者知情权保护和经营者告知义务的相关规定，要求影楼承担侵权赔偿责任。在实际中，消费者可以主张的权利通常包括：拒付费用，要求退还已付款项等。但是，采用这种方法通常的后果是，消费者与影楼的拍摄合同中止，消费者即使获得退款却也拿不到任何照片。在实际案例中，也有消费者曾经提出影楼此举涉嫌欺诈，但涉及具体举证和认定却还有重重困难。

实际上，摄影服务是一种应客户要求，由摄影人进行拍摄并向客户交付摄影成果，客户支付报酬的承揽活动。根据国家版权局在《关于对影楼拍摄的照片有无著作权的答复》中规定，顾客与影楼的关系，属于《民法》中的承揽合同关系。除了要求影楼承担侵犯消费者知情权的责任，摄影消费者还可以从合同角度主张自己的合法权益。根据承揽合同的特点，消费者作为定作人，依法享有摄影成果的所有权。摄影成果既包括拍摄过程中形成的底片（包括传统底片和数码底片）这样的初期成果，也包括经冲洗或后期制作形成的照片这样的最终成果，当然也应该包括被客户选中并要求后期制作以及放弃的底片。因此，客户既有权要求摄影人删除其底片，也有权带走其底片。影楼对底片内容主张著作权不能对抗客户对定作物的所有权。另外，根据《合同法》第 41 条和第 61 条关于合同约定不明和对格式条款的解释原则，消费者还可以主张“备选底片需要额外付费”的条款属于“霸王条款”，当无法律效力。我国司法实践中，已有法院对此类条款作出过确认为无效条款的判决。

有经营者主张，备选底片中包含了摄影师和化妆师等人的劳动，还有店内的婚纱、布景等成本支出，顾客拿到了他定作的相册等事先议定之物，就表示影楼已为顾客服务完毕，多出的照片应当属于影楼。但实际上消费者已预先交付了费用，所有底片由消费者的委托拍照行为而产生，应该归消费者所有。影楼支付的婚纱、场景、灯光等费用，均是其履行承揽合同的必要支出，并非因仅拍摄备选底片而额外发生。经营者的成本核算不应成为其不履行合同义务的借口。如果合同本身约定价款非常低，经营者事后又明确表示拍摄原本约定的价款之所以低廉是因为不包括备选底片的相关成本，消费者若想取得委托拍摄的全部照片必须另付高价，则涉嫌成立价格欺诈，消费者可以注意收集相关证据，向有关部门进行投诉，并且要求经营者承担双倍赔偿责任。

法律规范

中华人民共和国消费者权益保护法

（1993 年 10 月 31 日第八届全国人民代表大会常务委员会第四次会议通过，自 1994 年 1 月 1 日起施行）

第七条　消费者在购买、使用商品和接受服务时享有人身、财产安全不受损害的权利。

消费者有权要求经营者提供的商品和服务，符合保障人身、财产安全的要求。

第十六条　经营者向消费者提供商品或者服务，应当依照《中华人民共和国产品质量法》和其他有关法律、法规的规定履行义务。

经营者和消费者有约定的，应当按照约定履行义务，但双方的约定不得违背法律、法规的规定。

中华人民共和国合同法

（1999 年 3 月 15 日第九届全国人民代表大会第二次会议通过，自 1999 年 10 月 1 日起施行）

第四十一条　对格式条款的理解发生争议的，应当按通常理解予以解释。对格式条款有两种以上解释的，应当作出不利于提供格式条款一方的解释。格式条款和非格式条款不一致的，应当采用非格式条款。

第六十一条　合同生效后，当事人就质量、价款或者报酬、履行地点等内容没有约定或者约定不明确的，可以协议补充；不能达成补充协议的，按照合同有关条款或者交易习惯确定。

专家释惑

本案中其实还有一个备受争议的地方，即影楼是否对其拍摄的婚纱、艺术照片拥有著作权，并且能否据此拒绝免费交付备用底片给消费者。我们从三个方面来分析这个问题：

第一，婚纱和艺术照片是否能够成为著作权的标的物。

消费者去照相馆拍摄普通证件照时，照相馆只收照相费，并且把底片和冲洗的胶片一并交付给消费者，从来没有听说过照相馆主张对此类照片的著作权，为什么影楼会对婚纱、艺术照片主张著作权呢？首先需要明确的是，著作权的保护对象是作品，只有法律认为是作品的，才会给予法律上的保护。作品是指文学、艺术和科学领域内，具有独创性并能以某种形式复制的智力成果。认定一件智力成果是否为作品主要有两个标准：其一，具有独创性；其二，可以复制。对于照片来说，一般都可以满足第二项要求，因此认定一张照片是否是法律上认为的作品主要是看它是否具有独创性。独创性是指一件作品是经作者独立创作完成的，是作者独立构思的产物。具体到摄影作品，是反映了作者对角度的取舍、光线的应用、画面布局的设计，只要是反映了作者独立取舍空间的照片都可以被视为摄影作品。如婚纱摄影作品：摄影师精心安排画面布局以寻求体现最大限度的美感；运用灯光、服装等多种手段烘托出美妙的艺术氛围。摄影师的水平高低直接影响了最后拍摄出来的作品质量，充分体现了摄影师在其中的独创性劳动。相反，普通的照片以固定的角度、固定的取景来拍摄，则很难看出这一创作过程中有作者独创的成分，因此在法律上这一类照片一般不视为作品。因此，婚纱、艺术照片因为具有《著作权法》上“作品”的特殊性，可以成为著作权的保护对象。

第二，婚纱和艺术照片的著作权归属于谁。

影楼为顾客拍摄婚纱照，实际上是受顾客委托而创作摄影作品。根据《中华人民共和国著作权法》（以下简称《著作权法》）第17条的规定，受委托创作的作品，著作权的归属通过合同约定，未明确约定的，著作权属于受托人。因此，在事先未约定的情况下，婚纱照片、艺术照片的著作权确实归属于影楼。影楼对照片著作权的主张是合法的。

第三，影楼对照片的著作权能否对抗消费者的所有权。

要解决这个问题，首先需要明确著作权与著作权的载体是两个不同的概念。著作权是《著作权法》保护的客体，但它是一种非物质财富，属于无体物，需要一定的载体才能表现出来。小说著作权的载体是书籍、纸张，绘画作品的载体是画布，摄影作品的载体就是底片和照片。《著作权法》的保护对象是著作权，而不是著作权的载体。《著作权法》第18条规定，美术等作品原件所有权的转移，不视为作品著作权的转移。这表明著作权与著作权的载体是可以分离的。譬如，蒙娜丽莎的画像的著作权属于达·芬奇，但是其原件的所有权属于法国卢浮宫博物馆。在本案婚纱摄影作品上，存在承揽人（影楼）的著作权、定作人（消费者）的肖像权和所有权，影楼以拥有著作权为理由主张其对备选照片的所有权，正是混淆了著作权和著作权的载体这两个概念。拥有摄影作品的著作权不等于拥有具体载体底片的所有权。正如一本小说的作者不能以自己拥有著作权为由，阻止读者对具体书籍进行占有的所有权。

其次，著作权的法律性质是“准物权”。从著作权的法律性质来看，影楼对照片的著作权也不能对抗消费者的所有权。

最后，著作权是一种人身权与财产权复合的权利。根据法律的规定，财产权可以转让，但人身权是不能转让的。《消费者权益保护法》第16条规定，经营者向消费者提供商品或者服务，经营者和消费者有约定的，应当按照约定履行义务，但双方的约定不得违背法律、法规的规定。依照本案中影楼的逻辑，如果消费者对备选部分的底片再次付费即能对抗影楼的著作权主张，亦即消费者出钱买下了影楼的全部“著作权”，这显然是不符合法律规定的。实际上，本案中的影楼对照片的著作权本身并不了解也并不在乎，只不过利用消费者对著作权保护的了解不深，藉此机会想方设法拿著作权来当做获利的手段和借口罢了。

联系本案

不合理的“行规”应当被打破。目前，一些城市的摄影项目经营者已经开始认识到额外收取底片费用的不合法性。这些影楼明确表示底片拍多少送多少，吸引了大量的顾客前往消费，也使普通消费者在面对影楼的不合理条款有了更多的选择空间。鉴于目前婚纱、艺术等摄影行业中还存在着加收服装费、强制推销化妆品等其他多种侵犯消费者权益的行为，消费者应当在进行拍照付款之前，详细了解经营者提供的各项服务以及收费标准，最好以书面的形式与之事先确定，尽量避免拍摄过程中后期出现纠纷，即使出现了纠纷也有证据在手，方便主张自己的合法权益。

28. 不合格电暖器引起火灾由谁负责?

案例 28　欧某与某无线电厂就不合格电暖器导致财产损失纠纷案

事情是这样的

1997 年 1 月的一个清晨，某文化局工作人员欧某准备用刚买的某无线电厂生产的电暖器来烘干因为阴雨连绵而一直无法干的棉大衣。他一面将电暖器接上电源，一面做上班前的各种准备。眼看就到了上班的时间，欧某心想不能再开电暖气了，于是将插头拔下，看到电暖器上指示灯不亮了，就放心锁门上班去了。上午 12 时许，欧某家中突然失火，虽然邻居及时叫来了消防车，但卧室内的家具、家用电器等财物仍然全部化为灰烬，损失达 2 万元左右。欧某认为事故是电暖器质量问题所致，于是向消费者协会投诉。

消费者协会接到投诉后，立即通知经销企业和生产厂家，并邀请公安消防等部门参加调查。经查验现场，一致认定造成失火的重要原因是由于电暖器不能自动控温，以致大大超过 100 度的标准温度，导致烤燃棉大衣，引起火灾。经消协调解，欧某与无线电厂达成协议，由厂家一次性赔偿欧某经济损失 16225 元。

律师专线

这是一起因不合格产品造成的消费者财产损害案。

本案中的生产厂家违反了提供可能危险的商品应当加以警示和说明的义务。《消费者权益保护法》第 18 条明确规定："经营者应当保证其提供的商品或者服务符合保障人身、财产安全的要求，对可能危及人身、财产安全的商品和服务，应当向消费者作出真实的说明和明确的警示，并说明和标明正确使用商品或者接受服务的方法以及防止危害发生的方法。"经营者发现其提供的商品或服务存在严重缺陷，即使正确使用商品或接受服务仍然可能对人身、财产安全造成危害的，应当立即向有关行政部门报告和告知消费者，并采取防止危害发生的措施。《产品质量法》第 27 条规定，使用不当，容易造成产品本身损坏或者可能危及人身、财产安全的产品，应当有警示标志或者中文警示说明。本案中，生产厂家生产的这种电暖器不能自动控温，不能自动控温的电暖器极容易因为温度过高而引发危险，因此应当对这种可能的危险作出适当的警示。违反这种警示义务，给不明所以的消费者造成损失的应当承担相应的责任。

法律规范

中华人民共和国消费者权益保护法

（1993 年 10 月 31 日第八届全国人民代表大会常务委员会第四次会议通过，自 1994 年 1 月 1 日起施行）

第十八条（第一款）　经营者应当保证其提供的商品或者服务符合保障人

身、财产安全的要求，对可能危及人身、财产安全的商品和服务，应当向消费者作出真实的说明和明确的警示，并说明和标明正确使用商品或者接受服务的方法以及防止危害发生的方法。

中华人民共和国产品质量法

（1993 年 2 月 22 日第七届全国人民代表大会常务委员会第三十次会议通过，1993 年 9 月 1 日起施行）

第二十七条　产品或者其包装上的标识必须真实，并符合下列要求：

……

（五）使用不当，容易造成产品本身损坏或者可能危及人身、财产安全的产品，应当有警示标志或者中文警示说明。

专家释惑

《消费者权益保护法》第 18 条规定："经营者应当保证其提供的商品或者服务符合保障人身、财产安全的要求，对可能危及人身、财产安全的商品和服务，应当向消费者作出真实的说明和明确的警示，并说明和标明正确使用商品或者接受服务的方法以及防止危害发生的方法。经营者发现其提供的商品或服务存在严重缺陷，即使正确使用商品或接受服务仍然可能对人身、财产安全造成危害的，应当立即向有关行政部门报告和告知消费者，并采取防止危害发生的措施。"

商品和服务的安全因素对于消费者来说，是进行消费活动时首先考虑的因素。安全权是消费者最重要的权利。所以，对于经营者来说，他们提供的商品和服务必须符合人体健康、人身和财产安全的要求，这是《消费者权益保护法》和《产品质量法》对经营者最基本、最起码的要求。可能危及人身、财产安全的商品和服务，是指对人身、财产安全具有潜在危险的商品和服务，主要包括食品、药品和家电、化妆品等。对这些可能危及消费者人身、财产安全的商品和服务，国家是有强制性标准要求的。经营者必须严格按照法律规定的标准和要求，进行生产、销售。经营者如果发现其提供的商品或者服务存在严重缺陷，即使正确使用商品或者接受服务仍然可能对人身、财产安全造成危害的，应当立即向有关行政部门报告和告知消费者，并采取防止危害发生的措施。在此，判定商品或服务是否存在缺陷，主要以是否符合保障人体健康，人身、财产安全的国家标准、行业标准为依据，如果没有国家规定的安全标准，也没有行业安全标准时，应参照通行的行业惯例，以该行业通常的安全要求作为判断的依据。

29. 产品说明警示不充分，经营者违反了《消费者权益保护法》的何种义务？

案例 29　蛋糕店店主诉某化工厂杀虫剂爆炸损害赔偿案

事情是这样的

2005 年夏天，又到了蚊虫肆虐的时候，蛋糕店店主张先生为了保证操作间和店铺的环境卫生，从当地一家超市购买了美乐化工厂生产的碧沙牌杀虫气雾剂 10 瓶。这天打烊之后，张先生带着 3 名工人在蛋糕店制作间、营业厅和二楼清扫卫生，打扫完毕之后，大家把门窗都关好，由工人小李用该杀虫气雾剂在屋内进行喷洒灭虫。小李非常仔细地用杀虫剂在楼上楼下各个角落喷洒了一遍，一共用了两瓶半杀虫剂。等小李收拾好，大家也都准备下班了。张先生看大家今天工作都很卖力，而且天色已晚，于是去车库取车，准备顺路送两位家远的工人一程，并叫已经出了大门的工人小方进去喊一下。工人小李和小张一边答应一边穿外套就往外走，小张顺手去关灯，就在他按下开关的一瞬间，突然一声巨响，竟然发生了爆炸。巨大的气浪将房子窗户的玻璃全部震碎，连铝合金的窗框也变形了，室内家具更是被气浪掀得乱七八糟，来不及走出房屋的小张被炸成重伤，小李和小方在靠近门口的位置，被炸成轻伤。面对突如其来的惨祸，张先生在邻居的帮助下，赶紧将受伤工人送往医院救治，并且拨打了110和119报警电话。后经119现场勘验，事故为空气爆炸，爆炸原因正是空气中的杀虫气雾剂浓度过高。张先生在事故发生后又仔细查看了这种杀虫气雾剂的说明，上面有产品质量检验合格证、检验报告、农药临时登记证、注册商标，产品包装上还注明“可按10平方米房内喷射15秒的剂量做空间喷射，喷后若关闭门窗约20分钟效果更佳”，产品有易燃品标识，但没有易爆品及切勿接触电源等字样。张先生代表受伤的员工咨询了律师后认为，该杀虫剂没有适当的禁止性、警示性说明，一般消费者不可能知道把杀虫剂喷洒到常温的室内也可能产生爆炸，这是造成事故发生的根本原因，因此一纸诉状将销售该杀虫剂的超市和生产厂家都告上了法庭。

法院经过审理，认为被告生产的碧沙牌杀虫气雾剂产品尽管有质量合格证，但是由于该产品的主要成分为液化石油气，本身具有一定的危险性，而生产者仅在用量上做了建议性的使用说明，没有做适当的禁止性、警示性说明，使其存在危及人身及他人财产安全的不合理危险，故该产品属于缺陷产品，由此造成人身及财产的损害，生产者应当承担损害赔偿责任；原告在使用该产品的时候也有不当之处，使用的剂量大大超出了一般常规，也是发生此损害的原因之一，因此可以适当减轻生产者的责任。

律师专线

这是一起产品缺陷的侵权损害赔偿案件。产品侵权案件在实践中经常遇到，但是像本案中产品因为说明、警示不充分而构成侵权，并且形成法院判例的则相对少见。《消费者权益保护法》第7条赋予了消费者在购买、使用商品和接受服务时人身、财产权不受侵犯的安全权，同时第18条规定，经营者应当保证其提供的商品或服务符合保障人身、财产安全的要求。根据《消费者权益保护法》的要求，对可能危及人身、财产安全的商品和服务，经营者应当向消费者作出真实的说明和明确的警示，并说明和标明正确使用商品或接受服务的方法以及防止危害发生的方法。凡使用不当，容易造成产品本身损坏或者可能危及人身、财产安全的产品，都应当有警示标志或者中文警示说明。本案中的杀虫气雾剂产品正是存在着这种警告缺陷。因此，经营者需要承担产品缺陷侵权的赔偿责任。《产品质量法》第41条和第42条分别规定了生产者和销售者对产品缺陷责任的承担，其中销售者对产品缺陷造成的损害承担的是过错责任，生产者承担的则是严格责任。本案中，超市在销售杀虫剂的过程中并无明显过错，也就是说该产品缺陷的产生并非是发生在超市销售期间，因此超市作为经营者虽然需要承担连带赔偿责任，但最终是可以向生产者追偿的。

本案的另一个问题是，员工小李在使用该杀虫剂的过程中确实存在超量使用的情况，存在一定过失，那么是否可以根据《民法通则》第131条规定过失相抵原则，因此减轻生产者的责任呢？在最高人民法院《关于审理人身损害赔偿案件适用法律若干问题的解释》第2条第2款的规定，当依严格责任原则确定赔偿义务人的赔偿责任时，受害人有重大过失的，才可以减轻赔偿义务人的赔偿责任。本案中，小李过量喷洒杀虫剂的行为是一般过失还是重大过失还值得讨论，如果认定为一般过失，则不产生过失相抵，生产者应该承担全部赔偿责任。

产品说明或者警示不充分的具体侵权责任承担，与其他产品侵权责任的承担是一样的，应当按照《民法通则》第122条的规定，承担人身损害赔偿、财产损害赔偿和精神损害赔偿的责任。造成人身损害的，应当承担人身损害赔偿责任，造成财产损害的，应当承担财产损害赔偿责任。如果造成了受害人的精神痛苦的损害，还应当赔偿精神损害抚慰金。

法律规范

中华人民共和国消费者权益保护法

（1993年10月31日第八届全国人民代表大会常务委员会第四次会议通过，自1994年1月1日起施行）

第七条　消费者在购买、使用商品和接受服务时享有人身、财产安全不受损害的权利。

消费者有权要求经营者提供的商品和服务，符合保障人身、财产安全的要求。

第十八条　经营者应当保证其提供的商品或者服务符合保障人身、财产安

全的要求，对可能危及人身、财产安全的商品和服务，应当向消费者作出真实的说明和明确的警示，并说明和标明正确使用商品或者接受服务的方法以及防止危害发生的方法。

经营者发现其提供的商品或者服务存在严重缺陷，即使正确使用商品或者接受服务仍然可能对人身、财产安全造成危害的，应当立即向有关行政部门报告和告知消费者，并采取防止危害发生的措施。

中华人民共和国产品质量法

（1993 年 2 月 22 日第七届全国人民代表大会常务委员会第三十次会议通过，自 1993 年 9 月 1 日起施行）

第二十七条　产品或者其包装上的标识必须真实，并符合下列要求：

……

（五）使用不当，容易造成产品本身损坏或者可能危及人身、财产安全的产品，应当有警示标志或者中文警示说明。

……

第四十一条　因产品存在缺陷造成人身、缺陷产品以外的其他财产（以下简称他人财产）损害的，生产者应当承担赔偿责任。

第四十二条　由于销售者的过错使产品存在缺陷，造成人身、他人财产损害的，销售者应当承担赔偿责任。

中华人民共和国民法通则

（1986 年 4 月 12 日第六届全国人民代表大会第四次会议通过，自 1987 年 1 月 1 日起施行）

第一百零六条　公民、法人违反合同或者不履行其他义务的，应当承担民事责任。

公民、法人由于过错侵害国家的、集体的财产，侵害他人财产、人身的，应当承担民事责任。

没有过错，但法律规定应当承担民事责任的，应当承担民事责任。

第一百三十一条　受害人对于损害的发生也有过错的，可以减轻侵害人的民事责任。

最高人民法院关于审理人身损害赔偿案件适用法律若干问题的解释

（2003年12月4日最高人民法院审判委员会第1299次会议通过，2003年12月26日公布，自2004年5月1日起施行）

第二条 受害人对同一损害的发生或者扩大有故意、过失的，依照民法通则第一百三十一条的规定，可以减轻或者免除赔偿义务人的赔偿责任。但侵权人因故意或者重大过失致人损害，受害人只有一般过失的，不减轻赔偿义务人的赔偿责任。

适用民法通则第一百零六条第三款规定确定赔偿义务人的赔偿责任时，受害人有重大过失的，可以减轻赔偿义务人的赔偿责任。

专家释惑

产品说明警示不充分是产品缺陷的一种特定形式。产品缺陷主要有三种：制造缺陷、设计缺陷和产品说明或者警示不充分，最后一种也被称作经营缺陷。它是指对与产品有关的危险或产品的正确使用没有给予适当警告或指示，致使产品存在不合理的不安全性。什么叫做不合理的不安全性呢？一般认为，如果没有或缺乏恰当的警告和指示，消费者对上述危险及正确使用、避免危险的方法一无所知或没有足够了解，危险就是不合理的，产品就因此构成警告缺陷。我国《消费者权益保护法》第18条第1款，规定了经营者的产品说明警示义务。产品说明警示包含了三层含义。第一，警示说明的对象是存在致害危险的产品。这种危险应当是“合理危险”的概念，即该产品存在危险，但是只要按照正确的使用方法使用，就会避免危险的发生。如果一个产品没有危险，就不必进行警示说明；如果一个产品存在高度危险，那么就不会让这种产品投入普通消费流通领域（如果一项产品具备高度危险，则是危险物品，不再适用产品侵权责任，而是应当适用高度危险作业侵权责任的规定），因此，存在合理危险的产品可以生产，可以进入流通，但是必须进行警示说明，以避免危险的发生。第二，警示说明的要求。对具有合理危险的产品在投入流通时就必须进行警示说明，对警示说明的要求是真实、明确和充分。说明、警示是否充分的标准，应当根据产品的具体情况确定。一般的要求是，正确说明产品存在的危险，以及正确使用该产品、避免产品存在的危险，达到使用的合理安全的要求。第三，警示说明的效果。首先，普通消费者要能够理解，例如，如果产品是为大众所消费、使用的，警示与说明应为社会上不具有专门知识的一般人所能引起注意、知晓、理解。其次，消费者如果按照说明和标明正确使用商品或接受服务即能防止危害的发生。

那么，具体怎么认定一个产品的警示说明到底有没有缺陷呢？我国的相关法律对此规定并不明确，国外的立法则相对完善。比如，德国侵权法认为，警示说明缺陷是产品侵权责任的多发问题，对认定这种产品缺陷应有更为具体的要求，包括：对产品存在的危险的警示和说明必须是便于用户理解的，用户能看懂的，并且是用户便于阅读的；其次，不仅要说明使用的方法，而且必须说明产品潜在的危险，以及避免危险发生的正确使用方法。其中：

一、对于警示说明必须“便于理解”的要求是：1. 印制说明书使用的字体、字号，都必须便于阅读，重点部分必须用黑体字、下划线等方式予以突出，必须能够引起用户的足够注意；2. 应当加以必要的图表进行说明，以便于用户掌握；3. 产品要向其他国家或者民族地区销售时，必须用当地用户能够知晓的语言进行说明。

二、对于必须说明产品“危险存在”的要求是：1. 要警示该产品危险的存在；2. 说明能够有效避免危险发生的正确的使用方法，警示不正确使用的危险所在；3. 如果在危险提示中具有误导性的说明，导致用户按照误导性的使用方法使用，并发生损害的，同样也应当承担侵权责任。

在实践中，产品的质量缺陷和设计缺陷是相对显见和受重视的，但对产品说明、警示不充分的缺陷，生产者和消费者都没有足够认识。随着经济的发展，人类生产的产品越来越多样化、科技化、专业化、创新化，仅仅不具有制造缺陷和设计缺陷的合格产品，还远远不够。必须要对产品和警示作充分的说明，防止消费者在使用中发生危险，造成损害。这是现代社会对人身安全和财产安全的重视，也是人权观念在产品领域和消费领域中的普及。

30. 对免费商品造成的损害，经营者是否承担责任？

案例 30 李某诉某火锅城免费酒水造成人身损害赔偿案

事情是这样的

元旦期间，李某接受好友的邀请，到一家自助火锅店吃饭。这家自助火锅店只对顾客从餐台拿取的食物收取费用，饮料、啤酒等酒水则全部免费提供。李某和朋友谈到高兴处，乘兴与同桌划拳斗酒，可惜拳技不佳，频频输酒，被罚将瓶中的啤酒一饮而尽。李某拿起瓶子，还没喝两口，突然觉得喉咙似乎被什么东西卡住了，并不时有阵阵的刺痛。朋友立即送李某到附近医院就诊，经过医生的仔细观察，发现李某的喉咙竟然被一细铁丝卡住，只有通过手术才能取出。李某因此在医院躺了一个星期，前后共花去各项费用 5000 多元。李某出院以后，直接找到火锅店讨说法，要求赔偿损失。火锅店却说，李某虽然是在火锅店吃饭，但酒水是免费的，客户因此受到伤害，是因为生产厂家提供的酒水有问题，李某应该去找酒水的生产厂家承担赔偿责任，因此拒绝赔偿。李某于是向法院提起诉讼，请求法院判决火锅店赔偿他的损失。

法院合议庭在经过认真的审理之后认为，李某接受朋友邀请，到火锅店进餐，已经与该酒店形成了消费服务合同关系。根据《消费者权益保护法》第 7 条、第 18 条和第 35 条的规定，消费者在购买、使用商品和接受服务时，享有人生、财产安全不受损害的权利。火锅店作为服务一方的经营者应当保证其提供的各种服务（不管是有偿还是无偿）不会危害消费者的人身或财产安全，消费者合法权益受到损害的，可以向销售者要求赔偿。啤酒本身的质量缺陷造成本案原告李某的损害，消费者有权按照自己的意愿选择向销售者还是生产者提出赔偿请求。火锅店在对原告作出赔偿后，依照过错责任原则可向酒水的生产厂家进行追索，但这属于另一民事法律关系，不在本案审理范围内，火锅店不能据此推卸自己对消费者应负的责任。最终，依法判决该自助火锅店在限期内赔偿李某医疗费、护理费、误工费等各项损失共计人民币 2860 元，并承担本案的诉讼费用。

律师专线

本案的焦点有两处。一是免费提供的商品或者服务造成损害，经营者是否需要承担赔偿责任。二是无过错的销售者或服务者是否可以免除对消费者的赔偿责任。

我们先来看第一个问题。在本案中，尽管酒水是免费使用的，但取用免费酒水的前提是购买店内其他菜肴和主食。因此，这酒水实际上包含在消费者付费的一系列产品和服务中，属于火锅店所提供服务的一部分。实践中，也存在其他例如提供免费试用品、赠品等经营行为，和提供免费酒水一样，是商家为了扩大自身知名度，从长远角度吸引更多消费者的一种经营促销手段。从这个意义上说，没有哪种经营者提供的产品或服务是真正“免费”的，经营者也不能以“免费”为由，逃避相应的法律责任。

对于第二个问题，无过错的销售者或服务者是否可以免除对消费者的赔偿责任。答案是否定的。为了体现对消费者弱势群体的保护，便于消费者及时有效地行使索赔权利，《消费者权益保护法》第 35 条规定，消费者在购买、使用商品或服务时，其合法权益受到损害的，其索赔的直接对象是销售者或服务者。因此，销售者或服务者不能以自己没有过错来对抗消费者的赔偿请求权。无过错或部分过错的销售者或服务者，在向消费者承担了责任、履行了赔偿之后，可以再向有过错的其他销售者、服务者或生产者进行追偿。

法律规范

中华人民共和国消费者权益保护法

（1993 年 10 月 31 日第八届全国人民代表大会常务委员会第四次会议通过，自 1994 年 1 月 1 日起施行）

第七条　消费者在购买商品和接受服务时享有人身、财产不受损害的权利。

第十八条　经营者应当保证其提供的商品或者服务符合保障人身、财产安全的要求……

第三十五条　消费者在购买、使用商品时，其合法权益受到损害的，可以向销售者要求赔偿。销售者赔偿后，属于生产者的责任或者属于向销售者提供商品的其他销售者的责任的，销售者有权向生产者或者其他销售者追偿。

第四十一条　经营者提供商品或者服务，造成消费者或者其他受害人人身伤害的，应当支付医疗费、治疗期间的护理费、因误工减少的收入等费用，造成残疾的，还应当支付残疾者生活自助具费、生活补助费、残疾赔偿金以及由其扶养的人所必需的生活费等费用；构成犯罪的，依法追究刑事责任。

专家释惑

在实际生活中，“免费”、“赠品”常常被经营者拿来作为逃避责任的借口。自由、平等和公平是民法中的基本原则。根据公平原则，在民事法律责任体系中，确实存在“无对价”则“无责任”或“少责任”的理论和实践。经营者和消费者是平等的民事主体，通常情况下，消费者支付对价（经常是货币），而经营者提供商品或者服务。那么，当消费者没有对某件具体商品或者服务支付实际货币，是否就意味着消费者未支付对价呢？显然不是这样。在现代消费生活中，绝大部分消费已经不是突然的一次性选择，经营者在市场竞争的压力下也想方设法从消费心理、消费习惯等等各个方面吸引消费者的注意，调动消费者的欲望。“免费”和“赠品”作为营销手段是常见的。此时，消费者作为一个群体为这类所谓的“免费”和“赠品”支付了对价，即实际消费的机会。从具体法律规范的规定来看，《消费者权益保护法》第7条、第18条、第41条，分别从消费者权利、经营者义务和赔偿责任三个方面，规定并保护消费者的安全权。在这其中，没有任何一个地方提到提供的商品或服务免费与否。这正是因为，在《消费者权益保护法》调整的范围内，即消费者与经营者的消费法律关系中，实际上是不存在绝对免费的。同时，根据我国公司法、企业法以及工商管理条例等相关法律规范的规定，经营者是以营利为目的而存在的法律主体，也从另外一个角度证明了“消费无免费”的本质。

联系本案

在这个案例中，我们了解到“免费”不能作为经营者逃避责任的借口，但是否经营者提供的所有免费商品或服务，都必须同收费的商品和服务一样，承担完全同等的责任呢？在实际中，根据具体情况而有所不同，我们会在其他的案例中说明这个问题。

31. 商家拒绝履行兑奖承诺该怎么办？

案例31　孙某与某口香糖生产商兑奖纠纷案

事情是这样的

1999年12月30日，孙某领着孙子到市内某超市闲逛，孙子要买口香糖，孙某便从货架子上拿下两块某品牌口香糖，付款时售货员小姐给了他们两张中奖卡，孙某剥开中奖号码处的封皮后，惊喜地发现一张中了六等奖，奖品是照相机，另一张中了二等奖，奖品是一部手机。超市当时就将照相机兑现给了孙某，可要手机时，售货小姐告诉他因得的是大奖，得请示公司领导。于是孙某找到该口香糖生产厂家驻长春办事处，可是得到的答复是，已请示公司，奖面印刷有问题，中奖不算数，让孙某再抽一张。孙某认为印刷有问题是厂家的事，中奖就应该兑现，便投诉至市消协，经市消协调查，孙某投诉真实，依据《消费者权益保护法》的有关规定，消费者在超市购买了商品就与经营者达成了一种协议关系，这种关系是具有法律效力的。为此，市消协经依法调解，经营者最终履行了承诺。

律师专线

商家为了吸引消费者采取种种销售策略，而其中抽奖是很普遍的一种方式。问题是一些商家仅仅是为了吸引顾客，采取大量发售抽奖券、但实际上没有中奖的方法来达到既吸引顾客又不增加自身销售成本的方法，甚至在中奖后也采取种种理由不愿兑奖，本案就是一个典型案例。

提供商品的抽奖是生产厂家对购买或消费自己商品的消费者提供的随附服务，就是说生产厂家自愿向任何一位不特定的购买自己商品的消费者提供抽奖的服务，并且在中奖后按照事先的约定给予奖品。依据《消费者权益保护法》第 4 条，“经营者与消费者进行交易，应当遵循自愿、平等、公平、诚实信用的原则”。因此，作为经营者的商家既然已经作出了这样的承诺，就应当善意地如实履行自己的承诺，而不应该寻找种种借口拒绝履行。

同时《消费者权益保护法》第 16 条又规定：“经营者向消费者提供商品或者服务，应当依照《中华人民共和国产品质量法》和其他有关法律、法规的规定履行义务。

经营者和消费者有约定的，应当按照约定履行义务，但双方的约定不得违背法律、法规的规定。”消费者可以据此向经营者主张按约定履行兑奖的义务。

法律规范

中华人民共和国消费者权益保护法

（1993 年 10 月 31 日第八届全国人民代表大会常务委员会第四次会议通过，自 1994 年 1 月 1 日起施行）

第四条　经营者与消费者进行交易，应当遵循自愿、平等、公平、诚实信用的原则。

第十六条　经营者向消费者提供商品或者服务，应当依照《中华人民共和国产品质量法》和其他有关法律、法规的规定履行义务。

经营者和消费者有约定的，应当按照约定履行义务，但双方的约定不得违背法律、法规的规定。

专家释惑

在现实生活中，一些商家认为，既然是自己提供抽奖的机会，自然有权利决定给不给奖品或者怎么个给法，甚至给或不给都无所谓，反正自己交付了商品、消费者给了钱，已经两清了。实际上，商家销售商品作出抽奖承诺后就负有诚实地履行自己的兑奖的义务，否则就是违反了义务，损害了消费者的权利。

消费者的基本权利之一就是要求经营者按照约定履行提供商品或者服务的义务。《消费者权益保护法》第16条明确地规定了这项义务，因此经营者应当根据《产品质量法》或者其他法律（包括但不限于《合同法》、《民法通则》等）来善意地履行义务。经营者的抽奖和兑奖实际上是附随着产品的销售而提供的一种服务，是和消费者约定的一种义务。因此，在消费者要求兑奖时应当按照实现的约定立即给予奖品，而不是推脱和拒绝。否则，就是违反了法律规定的按约定提供商品和服务的义务，应当承担相应的法律责任。

32. 消费者购物没有索取发票或发票记载与实际情况不符会有什么后果？

案例 32　王某夫妇与某商场退货纠纷案

事情是这样的

王某夫妇俩一同去逛商场。在体育用品柜台上，夫妇俩看中了一套3000多元的多功能健身器材，觉得价格比较适中，而且功能也比较齐全。经过售货员的介绍和演示，夫妇俩觉得很满意，就购买了健身器。交款时，收银员问他们要不要发票。王某随口说道："又不是公家买的能报销，要发票有什么用！"收银员于是便没有开具发票。回到家后，二人将健身器装配完毕，王某就试练了几下，健身器一根主要拉杆居然变了形。夫妻俩觉得商品的质量太差，决定第二天就去退货。第二天一早，商场刚上班，二人就来到体育用品柜台说明缘由要求退货，但昨天的售货员不在。该售货员说："退货可以，请拿发票来！"王某忙解释说昨天没要发票。售货员说："没发票怎么办理退货手续呢？怎么销账呢？对不起，您这货不好退。"夫妇俩无奈，只好去找商场经理商量，没想到经理听了他们的陈述，竟然说："对不起，你们没有发票，无法证明商品是从我们这里购买的，这个问题不好解决。"夫妇俩说："售货员可以证明。"经理说："售货员可以证明，那就请你们让售货员写个证明来。"可是，没想到这么巧，卖货给他们的售货员休假了，根本找不到人。这事情就这样拖着，两个星期过去了，由于问题迟迟得不到解决，夫妇俩在邻居的建议下，直接向消费者协会进行了投诉。

消费者协会接到投诉后对此事十分重视，专门派人去某商场进行调查。此时，出售健身器材的售货员也已上班，她证明了王某夫妇的健身器材确实是在该商场所买。消协的同志还了解到，这种牌子的健身器材全市只有该商场一家有售。商场经理在消协工作人员的劝说下，终于同意将健身器材作退货处理。在费了这么多周折之后，事情才得以最终解决。

律师专线

本案争议的焦点是如果没有购货凭证是否可以向经营者主张退货权利。现结合本案的情况分析如下：首先，王某夫妇和某商场存在商品买卖的合同关系。王某夫妇在该商场购买了一套3000多元的多功能健身器材，交付了货款，也就在王某夫妇和商场之间形成了买卖合同关系。依据合同法的基本原理可知，合同有书面形式和口头形式等。售货员和王某夫妇就健身器材买卖达成一致后，支付了货款，合同就已经履行完毕。此时开具购货凭证不过是对合同关系的一种书面证明，即使没有开具购货凭证，合同关系仍然存在。其次，王某夫妇在商场里购物，与商场形成了消费者与经营者之间的消费关系。经营者应当承担《消费者权益保护法》所规定的相关义务。《消费者权益保护法》第21条规定："经营者提供商品或者服务，应当按照国家有关规定或者商业惯例向消费者出具购货凭证或者服务单据；消费者索要购货凭证或者服务单据的，经营者必须出具。”商场销售货物依据1986年财政部颁布的《全国发票管理暂行规定》的规定，商场应当向顾客开具发票，即使考虑到大型商场由于来往客流量很大，及时开发票影响顾客购物的效率，很不方便，但一般也要出具购物凭证，这早已形成一种惯例。其三，退货既是违反合同责任形式之一。又是经营者违反《消费者权益保护法》承担的责任形式之一，为了实现要求经营者承担责任的目的，一个必要的法律条件是证明合同关系的存在或者是证明王某夫妇消费者身份以及王某夫妇和商场之间的消费关系。购货凭证和服务单据，主要是指发票、收据等书面凭证，它是证明消费者与经营者的合同关系的直接证据，也是办理退货、换货、修理手续时必不可少的凭证。一旦双方发生纠纷，这些凭证将成为消费者依法挽回损失的关键物证。从法律实务角度证明这样的关系存在有多种手段：发票、收据、售货员承认、有其他的证人证明，或者健身器材上的条形码有该商场特殊的标注等等。总之，只要是能够证明《消费者权益保护法》合同关系的存在，而且确实经营者违背了法律所规定的提供合格的商品的义务，那么经营者就要承担相应的责任，包括修理、重作、退货等等。

注意：购货凭证或服务单据一般都记载了买卖合同或服务合同的基本内容：表明合同买卖的标的物、买卖的时间、支付的款项等，它是消费者购买商品或接受服务的直接证据，也是消费者在使用商品或接受服务过程中受到损害或与经营者发生争议时主张权利的要件。但经营者并非在任何情况下都负有向消费者开具购货凭证或者服务单据的义务。

法律规范

中华人民共和国消费者权益保护法

（1993年10月31日第八届全国人民代表大会常务委员会第四次会议通过，自1994年1月1日起施行）

第二十一条　经营者提供商品或者服务，应当按照国家有关规定或者商业惯例向消费者出具购货凭证或者服务单据；消费者索要购货凭证或者服务单据的，经营者必须出具。

专家释惑

根据《消费者权益保护法》第21条以及相关的法律规定，在以下三种情况，经营者负有出具购货凭证或服务单据的义务：（1）国家法律规定应当出具的。在我国有关法律、法规中，有相关的一些条文直接或间接地规定了经营者有出具购货凭证、服务单据的义务。如依据1986年财政部颁布的《全国发票管理暂行规定》的规定，凡销售商品、产品，提供劳务服务以及从事其他业务活动的单位和个人，在取得收入时，均应向付款方如实开具发票，并加盖印章。1988年机械电子工业部发布的《全国家用电子产品维修服务管理办法》中规定，对没有保修单和发票的产品，不实行“三包”或者免费维修。这就要求经营此类产品的经营者应当依法向消费者出具保修单和发票。（2）依照商业惯例应当出具的。商业惯例是指人们在商业活动中普遍遵守的准则，是人们在长期的交易活动中形成的习惯做法。商业惯例一经国家法律认可，便具有法律约束力。因此，在依照商业惯例应当出具购货凭证或者服务单据时，经营者也有义务出具，如大宗货物买卖和运输、住宾馆和旅店等则形成了开具发票的习惯做法。（3）消费者索要购货凭证或者服务单据的，经营者必须出具。经营者依法律规定或者商业惯例不必出具购货凭证或者服务单据，而消费者索要购货凭证或者服务单据时，经营者不得拒绝，应向消费者出具购货凭证或服务单据。

如果没有购货凭证或者发票，是否就一定不能退货呢？购货凭证是否是退货的唯一必要条件呢？退货是履行合同责任的形式之一。合同责任必须以合同关系的存在为前提，不存在合同关系也就没有合同责任。因此，消费者要使经营者承担退货的责任，就必须证明其与经营者之间存在合同关系。购货凭证或者服务单据就是这种合同关系存在的一种证据，但是购货凭证并不是合同关系本身。因此，没有购货凭证或者服务单据，不能必然否认合同关系的存在。如果消费者有其他证据（如证人证言等）能够证明合同关系存在时，也应当认定该合同关系。由此可以得出结论，购货凭证并不是退货的唯一必要条件，如果没有购货凭证，但有其他证据能够证明消费者与经营者之间有商品买卖合同关系的，也应当予以退货。在该案中，消费者虽然在退货时不能出示发票或者其他购货凭证，但是售货员证明了合同关系的存在。因此，问题最终得到了解决。

联系本案

在本案中，依国家规定的要求，该商场负有主动开具购货凭证的义务。但是，由于消费者自己的不慎，让经营者钻了空子，导致了退货时的诸多麻烦。消费者应当引以为鉴，不断加强索要购货凭证、服务单据以及妥善保管的权利意识，以免在发生争议时，因无凭无据而难以保护自身的合法权益。

33. 产品功能与产品说明书不符，消费者应当怎么办？

案例33　林某诉某商场销售产品功能与产品说明书不符纠纷案

事情是这样的

学生林某英语口语比较差，为了提高英语口语水平，他准备买一台多功能的复读机。3月8日，林某来到某电子城，想挑选一台合适的复读机。售货小姐热情地询问他需要什么样的复读机。林某说功能越多越好，最好能有最新的“选段复读”功能。售货员拿起一台复读机，说这是目前市面上出售的同类产品中功能最齐全的，除了具备一般复读机的功能外，还有选段复读功能。林某仔细挑了一台，要求当场试试其性能。售货员说：“你拿回去慢慢试。这机子的功能多，你看这么多人哪试得完？这产品的质量及其他情况和产品说明书上标明的一样，不会有问题的，好多顾客都买了，反映很好！”林某仔细看了一下产品说明书，便信以为真，就以150元的价格买了一台。没想到林某拿回家一试，却发现该复读机与普通复读机的功能并无不同，其产品说明书上声称的那些新功能根本就不具备。林某当即返回电子城，找到原售货员，要求退货。售货员问：“有质量问题吗？”林某回答：“质量倒没什么问题，只是它的功能……”没等林某说完，售货员就回答说：“没质量问题退什么货啊？我们卖的都是符合国标标准的合格产品！”

林某在退货无望后，以产品功能与说明书不符为由向某区人民法院提起诉讼，要求解除其与电子城的这一买卖合同关系，并以售货员的行为构成欺诈为由要求加倍赔偿购货款。法院开庭审理时，被告电子城辩称：我电子城销售的乃合格产品，无质量瑕疵，而且价格也是合理的。至于说明书内容与产品功能不符，这是厂家的错误，我商城并不知道。所以说我们欺诈是没有根据的，因此没有理由退货，更没有理由索赔。法院查明事实后，认为被告销售的产品的功能与说明书的说明不符，依照《消费者权益保护法》和《产品质量法》，判令电子城立即退货，退还林某的价款并赔偿损失150元。

律师专线

本案争议的焦点在于产品的功能与说明书所描述的不同，经营者或者生产者是否应承担法律责任呢？依据《消费者权益保护法》以及相关的法律规范，说明书与产品的实际情况不同，应当承担责任，理由如下：

首先，《消费者权益保护法》规定消费者享有知悉其购买的商品或者接受的服务的真实情况的权利。因此，消费者有权利要求经营者提供商品的价格、产地、生产者、用途、性能、规格、等级、主要成份、生产日期、有效期限、检验合格证明、使用方法说明书、售后服务，或者服务的内容、规格、费用等有关情况。经营者应当如实地进行说明，不得隐瞒或者编造。

其次，从《合同法》角度考虑，消费交易关系实际上就是消费者和经营者之间的一种合同关系。合同各方达成“合意”是合同的本质之所在，合同关系的各方主体必须对合同的内容明确知悉，要达成真实的意思表示一致。可见，消费者享有知悉真情权是消费交易合同的本质所决定的，它也是交易的诚信原则所要求的。依据诚信原则，经营者必须如实地向消费者提供有关商品或者服务的信息，而消费者有权要求提供有关商品和服务的情况，而且这些情况必须是真实的，不得有欺诈或者虚假的内容。

其三，说明书构成了经营者对消费者的有关产品质量的书面保证，产品不具有说明书所指出的标准，经营者或者生产者就违反了其质量担保义务，应承担相应的违约责任或者《消费者权益保护法》所规定的责任。本案中，经营者有义务在消费者要求的情况下，如实对产品的质量状况，包括具有的功能作出如实的说明。其以产品的说明书作为依据对产品的质量作出了保证，就要为质量的不符承担法律责任。

最后，本案的被告构成了欺诈。商场的售货员在林某购买时不让其对产品进行功能检验，并且极力主张“这产品的质量及其他情况和产品说明书上标明的一样”，事后又不肯承认产品有质量问题，明显地构成了对林某的欺诈。当然，对于消费欺诈问题举证的责任不在消费者，生产者不能证明自己没有欺诈的故意，那么就由其承担欺诈责任。

法律规范

中华人民共和国消费者权益保护法

（1993年10月31日第八届全国人民代表大会常务委员会第四次会议通过，自1994年1月1日起施行）

第八条　消费者享有知悉其购买、使用的商品或者接受的服务的真实情况的权利。

消费者有权根据商品或者服务的不同情况，要求经营者提供商品的价格、产地、生产者、用途、性能、规格、等级、主要成份、生产日期、有效期限、检验合格证明、使用方法说明书、售后服务，或者服务的内容、规格、费用等有关情况。

第二十二条（第二款）　经营者以广告、产品说明、实物样品或者其他方式表明商品或者服务的质量状况的，应当保证其提供的商品或者服务的实际质量与表明的质量状况相符。

中华人民共和国产品质量法

（1993年2月22日第七届全国人民代表大会常务委员会第三十次会议通过，自1993年9月1日起施行）

第二十六条　生产者应当对其生产的产品质量负责。产品质量应当符合下列要求：

（一）不存在危及人身、财产安全的不合理的危险，有保障人体健康和人身、财产安全的国家标准、行业标准的，应当符合该标准；

（二）具备产品应当具备的使用性能，但是，对产品存在使用性能的瑕疵作出说明的除外；

（三）符合在产品或者其包装上注明采用的产品标准，符合以产品说明、实物样品等方式表明的质量状况。

专家释惑

消费者在思想上往往有一种误解，认为只要销售的产品有合格证明，是合格产品，销售者即可免除其他一切责任；虽然消费者明知不合理，但却不知如何反驳；有些消费者受了损失后只好自认倒霉。其实，产品经检验合格，有合格证明，只是表明该产品符合了其所采用的质量标准所规定的各项技术指标，满足产品质量保证的一般要求，但并不等于合格产品就不存在质量问题。其实产品说明书中夸大宣传其产品的功能，从而使产品说明书与产品功能不符也是一种质量瑕疵。经营者在出售商品时隐瞒商品的真实情况更是对消费者依法享有的知情权的侵犯，其责任应由生产者或销售者承担。我国《消费者权益保护法》对此赋予了消费者以消费知情权。消费知情权对消费者有重大的意义：

首先，知悉商品或者服务的有关真实情况，是消费者选择购买商品或者接受服务，决定取舍的必不可少的认识前提和基本依据。只有当消费者了解了商品和服务的真实情况，才有可能选择最符合自己需要的商品或者服务。如果经营者不提供有关情况，或者提供的情况不真实，实际上限制了消费者的自主选择，导致消费者买到的商品或者接受的服务不符合自己的需求。在上述案例中，消费者林某想要购买的是具有选段复读功能的复读机，对于林某就商品的功能提出的特别要求，经营者电子城就有义务就功能情况向林某提供真实的情况。但是，经营者却故意提供虚假情况，导致林某买到了一台不为其所需的普通复读机，损害了林某的合法利益。

其次，消费者知悉商品和服务的真实情况，是正确使用商品或者接受服务、保证人身和财产安全的基础。也就是说，消费者的知情权是其享有的其他权益的基础和保证。现代社会随着技术的进步，产生了结构复杂、性能多样的产品，甚至一些产品还具有一定的危险性，因此就特别需要经营者对此进行如实的说明。此外，还应当根据商品或者服务的不同情况，积极主动地向消费者提供商品或者服务的有关知识，尤其是对于结构复杂、性能多样的电子产品或者危险的化工产品等，经营者不主动告知消费者操作要领和使用时的其他注意事项，实际上与蒙骗消费者无异。反之，当经营者没有履行这些义务时，就构成了对消费者知情权的侵犯，消费者有权获得《消费者权益保护法》的保护。

上述案例中，经营者电子城提供虚假的情况给消费者，已经侵犯了消费者林某的知情权。不仅如此，依照国家有关进货检验制度的规定，电子城如果经过产品进货检验，就应知道该复读机只具备一般功能，但他在出售时则声称具备包括选段复读的许多新功能，显然主观上存在欺诈的故意。所以，法院判决其构成了欺诈行为，电子城增加赔偿林某复读机价款的一倍，符合《消费者权益保护法》的规定。

34. 手机销售商已经关门，消费者应当找谁承担“三包”责任？

案例 34　戴先生与手机售后维修部的“三包”责任纠纷案

事情是这样的

2005 年 8 月 24 号，戴先生在一家通讯商店花 1550 元购买了一部品牌手机。11 月下旬，手机出现了自动关机现象。戴先生找到了售后维修，维修部调整了手机软件，没做维修记录。戴先生把手机拿回去用了没两天，发现调整后手机还是有问题存在，12 月初维修部又给手机换了一个模块，仍旧不管用。接着维修部又调整了手机的开机程序。这几次调整和更换部件，维修部都没有做维修记录，而且最根本的是手机的自动关机问题始终没有得到解决。戴先生第四次找到售后维修，维修部人员答应给手机更换主板，并于 2006 年 1 月中旬将手机返厂。按理说问题的解决已经大有希望了，可是手机返回戴先生的手里，仔细一看，毛病又来了。戴先生发现主板更换后，通讯录竟然存有 170 多个不认识的电话号码，而且都是外地的号，厂家显然是给戴先生的手机换了个旧的主板。戴先生气愤地又来到售后维修部，要求换新机。售后人员不答应，并且说从哪儿买的去哪儿换。戴先生只得再去找当初购买手机的商家，没想到却是人去楼空。那家通讯商家已经撤了。更令戴先生哭笑不得的是，手机经过几次调整维修后，由自动关机变成了重复开机和按键失灵。戴先生最终找到了消费者协会。在消协的调解下，售后维修部经过向厂家反馈，同意给戴先生更换新机。

律师专线

随着电子通信市场的飞速发展，手机市场也出现了众多品牌，其中有些销售者和厂家，把大量精力投入产品推销、抢占市场，但产品质量和售后服务却跟不上。随着移动通信的广泛使用和普及，针对手机方面的投诉也越来越多。

《消费者权益保护法》第 22 条规定，经营者应当保证在正常使用商品或者接受服务的情况下其提供的商品或服务应当具有的质量、性能、用途和有效期限。第23条规定，经营者提供商品或服务，按照国家规定或者与消费者的约定，承担包修、包换、包退或者其他责任的，应当按照国家规定或者约定履行，不得故意拖延或者无理拒绝。手机作为一种高科技的通信产品，国家质量监督检验检疫总局、信息产业部、国家工商总局2001年联合公布的《移动电话机商品修理更换退货责任规定》对其“三包”责任作出了专门规定。根据该规定，移动电话的主机三包有效期为1年（电池6个月，外接耳机3个月，充电器、移动终端卡、数据接口卡1年），自开具发货票之日起计算。在三包有效期内，移动电话机主机出现质量问题的，由修理者免费修理。修理者应当保证修理后的移动电话机商品能够正常使用30日以上。同时，如果在三包有效期内，移动电话机主机出现该《规定》附录3《移动电话机商品性能故障表》所列性能故障，经两次修理，仍不能正常使用的，凭三包凭证中修理者提供的修理记录，由销售者负责为消费者免费更换同型号同规格的移动电话机主机。

在本案中，戴先生的手机购买不到3个月即出现主机质量问题，属于“三包”责任范围内。当戴先生把手机交给维修点维修超过7天不能修好时，即可根据《规定》第15条，要求修理者免费提供备用机使用，待原机修好后再交回备用机。因本案提供的情况不足以确定修理者的修理时间具体是多少天，如果因修理者自身原因，使修理时间超过30日仍未修好手机，凭发货票和三包凭证中修理者提供的修理记录，戴先生也可以向销售者提出换货要求。根据案件提供的信息，已经确定维修部连续两次都不能使手机正常使用超过1个月以上，此时戴先生也可以提出要求免费更换主机。

我们注意到，在这个案件中，经营者还存在其他违反《消费者权益保护法》的行为，售后维修方故意屡次不填写维修记录，在将手机返厂维修时更换的又是一个旧的主板，这种行为已经构成对消费者的欺诈，戴先生可以根据《消费者权益保护法》第49条的规定，向经营者提出增加赔偿其受到的损失，增加赔偿的金额为手机价款的一倍。

法律规范

中华人民共和国消费者权益保护法

（1993年10月31日第八届全国人民代表大会常务委员会第四次会议通过，

自 1994 年 1 月 1 日起施行）

第二十二条　经营者应当保证在正常使用商品或者接受服务的情况下其提供的商品或者服务应当具有的质量、性能、用途和有效期限；但消费者在购买该商品或者接受该服务前已经知道其存在瑕疵的除外。

经营者以广告、产品说明、实物样品或者其他方式表明商品或者服务的质量状况的，应当保证其提供的商品或者服务的实际质量与表明的质量状况相符。

第二十三条　经营者提供商品或者服务，按照国家规定或者与消费者的约定，承担包修、包换、包退或者其他责任的，应当按照国家规定或者约定履行，不得故意拖延或者无理拒绝。

移动电话机商品修理更换退货责任规定

（国家质量监督检验检疫总局、信息产业部、国家工商总局 2001 年 9 月 17 日公布，2001 年 11 月 15 日起施行）

第八条　移动电话机主机三包有效期为一年……三包有效期自开具发货票之日起计算，扣除因修理占用、无零配件待修延误的时间。三包有效期的最后一天为法定休假日的，以休假日的次日为三包有效期的最后一天。

第十条　在三包有效期内，移动电话机主机出现质量问题的，由修理者免费修理。修理者应当保证修理后的移动电话机商品能够正常使用 30 日以上。

第十三条　在三包有效期内，移动电话机主机出现附录 3《移动电话机商品性能故障表》所列性能故障，经两次修理，仍不能正常使用的，凭三包凭证中修理者提供的修理记录，由销售者负责为消费者免费更换同型号同规格的移动电话机主机。

第十五条　送修的移动电话机主机在 7 日内不能修好的，修理者应当免费给消费者提供备用机，待原机修好后收回备用机。

第十七条　因修理者自身原因，使修理时间超过 30 日未修好的，凭发货票和三包凭证中修理者提供的修理记录由销售者负责免费为消费者更换同型号同规格的移动电话机主机。

专家释惑

在实际生活中，“三包”责任通常分别由销售者、经营者或销售者和经营者委托的第三方来实际承担。在国家《部分商品修理更换退货责任规定》、《移动电话机商品修理更换退货责任规定》、《微型计算机商品修理更换退货责任规定》以及《家用视听商品修理更换退货责任规定》等相关法规中都有“谁销售谁负责‘三包’”的规定。这些规定并不意味着“三包”责任仅由销售者来承担，立法的目的是为了更明确销售者与消费者之间的买卖关系，依法强化销售者对所销售产品的质量担保责任，避免或减少因责任不清、互相推诿而给消费者带来的麻烦和损失。销售者是消费者的直接交易对象，相较于生产者，消费者更容易接触联系。“谁销售谁负责‘三包’”的原则不是对生产者“三包”责任的免除，在我国《部分商品修理更换退货责任规定》的第 7 条，已经明确规定了生产者的“三包”义务：

第一，明确三包方式。生产者自行设置或者指定修理单位的，必须随产品向消费者提供三包凭证、修理单位的名单、地址、联系电话等；

第二，必须向负责修理的销售者、修理者提供修理技术资料、合格的修理配件，负责培训，提供用于产品修理所支付的修理费用，具体数额由生产者与承担修理业务的修理者或者销售者通过合同约定，并保证在产品停产后五年内继续提供符合技术要求的零配件；

第三，妥善处理消费者直接或者间接的查询，并提供服务。

35. 手机因质量问题需要更换，消费者需要支付折旧费吗？

案例 35　李先生与手机销售商关于手机退货收取折旧费纠纷案

事情是这样的

2004 年 1 月 18 日，消费者李先生在某通讯商场花 1498 元购买了一部手机，用了不到半个月，手机就出现屏幕无显示的故障，找售后服务维修之后正常使用了四个月，又发生非正常关机故障。经检查是手机主板质量问题，修理困难，这次销售商为李先生更换了一部同型号的新手机，并应李先生的要求在发票上进行了记载。更换新手机后，在不到三个月的时间里又出现了同样的故障，维修两次之后仍然不能正常使用，李先生忍无可忍，要求销售商予以退货。销售商的答复却是只能再给李先生更换一部同款的新机，或者李先生加钱更换该品牌的其他机型。由于李先生对该品牌的手机已经彻底失去了信心，因此坚持要退货。销售商说，如果李先生坚持要求退货，根据手机“三包”规定，必须要支付手机的折旧费，从最初购手机之日起，按每天0.5%收取。算下来李先生需要支付的折旧费有1600多元，比他当初购买手机的价格还要高出100多元。这样一来，销售商不仅根本无需为消费者退还任何费用，李先生还要交回手机。而李先生只同意按更换手机后的使用时间支付折旧费。双方争执不下，李先生拨打了“3·15”投诉电话。经过消费者协会工作人员的协调，该经销商对李先生购买的手机进行了退货，并退还了李先生货款1000元。

律师专线

本案是一起关于手机退货经营者收取折旧费引发的消费纠纷。根据现行的《移动电话机商品修理更换退货责任规定》，在三包有效期内，移动电话机主机出现性能故障，经两次修理，仍不能正常使用的，凭三包凭证中修理者提供的修理记录，由销售者负责为消费者免费更换同型号同规格的移动电话机主机。符合换货条件，且销售者有同型号同规格商品可供退换，但消费者不愿意调换而要求退货的，销售者应当予以退货，但对于使用过的商品应当按每日0.5%的折旧率收取折旧费。本案中，消费者李先生有权要求经销商对手机予以退货，经销商也有权要求李先生支付折旧费。双方争议的焦点是需要支付折旧费的实际天数。《移动电话机修理更换退货责任规定》第21条规定，换货后，商品三包有效期自换货之日起重新计算。由销售者在发货票背面加盖印章，注明更换日期，并提供新的三包凭证。因此，在新的三包有效期内，因产品质量原因，经两次修理后仍不能正常使用，折旧费的收取应按消费者现持有商品的取得日期起算。本案中即应按发票上注明的换机日期开始起算，并且扣除对第二部手机维修所花费的时间，才是李先生应当支付折旧费的实际天数。

法律规范

移动电话机商品修理更换退货责任规定

（国家质量监督检验检疫总局、信息产业部、国家工商总局2001年9月17日公布，2001年11月15日起施行）

第十三条　在三包有效期内，移动电话机主机出现附录3《移动电话机商品性能故障表》所列性能故障，经两次修理，仍不能正常使用的，凭三包凭证中修理者提供的修理记录，由销售者负责为消费者免费更换同型号同规格的移动电话机主机。

第二十一条　换货后，商品三包有效期自换货之日起重新计算。由销售者在发货票背面加盖印章，注明更换日期，并提供新的三包凭证。

专家释惑

退换货权是法律赋予消费者的权利之一。《消费者权益保护法》第45条规定，对国家规定或者经营者与消费者约定包修、包换、包退的商品，经营者应当负责修理、更换或者退货。在保修期内两次修理仍不能正常使用的，经营者应当负责更换或者退货。在这里，法律赋予了消费者进行更换或退货的选择权。《移动电话机修理更换退货责任规定》规定，商品出现性能故障，消费者享有退换货权的情况有如下三种：一是从购买之日起7日内，消费者可以要求退货或换货；二是购买后8至15日内可以要求换货；三是超过15日的，免费修理两次后仍不能正常使用的，可以要求更换或退货。

在上述三种情况中，消费者选择更换同款商品的，均为免费更换，经营者不得收取折旧费。符合换货条件的，但经营者没有同型号同规格产品可供更换，消费者因此要求退货的，经营者也不能收取折旧费，应当按照发票实际金额予以全额退款。只有当符合换货条件，且经营者有同型号同规格产品可供更换，但消费者不愿意换货而要求退货的，才收取折旧费。折旧费的具体计算时间应当是消费者对该部手机的实际使用时间，因此，应从消费者实际获得该部手机时计算，并扣除维修所花费的时间。

36. 超过“三包”规定的时间提出退换货要求，经营者可以拒绝吗?

案例 36　赵女士与经营者关于存在质量问题的冰箱退货纠纷

事情是这样的

2003 年 12 月 17 日，消费者赵女士购买了一台电冰箱，没想到使用新冰箱以后，家里的用电开始出现异常，起初是 4 至 5 天断一次闸，赵女士开始还认为是家中电器多，负荷大的原因，后来发现断电的次数不断增加，间隔的时间也变短了。究竟是哪里出了问题呢？赵女士想到采用排除法，一天换一样电器使用，最后终于发现是冰箱的问题。赵女士联系了冰箱的售后服务，厂家技术员于 2004 年 2 月 11 日上门检查，发现是冰箱的电路有故障，并当场进行了维修，可是仍然没有解决问题。最后，厂家技术员告诉赵女士是冰箱的某部位电路出现了问题，现场无法修理，需要运回厂家检查维修。赵女士认为所购的这台冰箱是不合格产品，要求直接退货。可是经营者以“三包”规定的退换货的 15 日时间已过为由，表示只能修理而拒绝退货。双方因此发生争议。

律师专线

本案是一起产品质量纠纷的案件。双方争议的焦点是消费者提出退换货要求时已经超过“三包”规定的 15 日退换货期限，经营者是否还有义务为消费者退换的问题。我国《部分商品修理更换退货责任规定》（通常被称为《“三包”规定》）第 9 条、第 10 条规定，产品自售出之日起 7 日内，发生性能故障，消费者可以选择退货、换货或修理；产品自售出之日起 15 日内，发生性能故障，消费者可选择换货或者修理。这里时间上的要求，是指产品发生性能故障的这一事实是发生在购买后的“7日”、“15日”内，而并不是指消费者必须在此时段内提出退换货的要求。本案中，经营者以超过15日退换货期限为托辞不予退换货，实际上就是将法律对故障发生时间的要求曲解为对消费者提出退换货的时间要求。

如果该冰箱的故障确实发生在“三包”规定的7日内，经营者就必须依照该规定为赵女士退货。现在消费者维权的关键点就在于如何证明冰箱故障确实发生在购买商品后的7天之内。《消费者权益保护法》第22条规定，经营者应当保证正常使用商品或者接受服务的情况下其提供的商品或者服务应当具有的质量、性能、用途和有效期限；但消费者在购买该商品或者接受该服务前已经知道其存在瑕疵的除外。由此可见，除消费者已知并认可的情况外，经营者应当向消费者提供质量合格的产品，这也是经营者作为卖方的合同义务。在本案中，消费者赵女士要证明冰箱故障确实发生在购买商品后的7天之内这一事实是比较困难的。鉴于本案中消费者一开始使用新冰箱家里用电就出现问题可以推断，冰箱的质量问题是购买之初就存在的，因此她可以根据《消费者权益保护法》对消费者知情权和经营者告知义务的相关规定，要求经营者提供冰箱售出时为合格产品的证明，如果经营者不能拿出相关证明，则可以认定该冰箱为不合格产品。另外，依据《消费者权益保护法》第48条的规定，“依法经有关行政部门认定为不合格的商品，消费者要求退货的，经营者应当负责退货”，赵女士也可以直接向有关行政部门要求对该冰箱进行质量检测，如果检测结果为非人为使用导致的不合格，赵女士就可以据此主张退货的权利。

法律规范

中华人民共和国消费者权益保护法

（1993年10月31日第八届全国人民代表大会常务委员会第四次会议通过，自1994年1月1日起施行）

第十八条　经营者应当保证其提供的商品或者服务符合保障人身、财产安全的要求，对可能危及人身、财产安全的商品和服务，应当向消费者作出真实的说明和明确的警示，并说明和标明正确使用商品或者接受服务的方法以及防止危害发生的方法。

经营者发现其提供的商品或者服务存在严重缺陷，即使正确使用商品或者接受服务仍然可能对人身、财产安全造成危害的，应当立即向有关行政部门报告和告知消费者，并采取防止危害发生的措施。

第二十二条　经营者应当保证在正常使用商品或者接受服务的情况下其提供的商品或者服务应当具有的质量、性能、用途和有效期限；但消费者在购买该商品或者接受该服务前已经知道其存在瑕疵的除外。

经营者以广告、产品说明、实物样品或者其他方式表明商品或者服务的质量状况的，应当保证其提供的商品或者服务的实际质量与表明的质量状况相符。

第四十八条　依法经有关行政部门认定为不合格的商品，消费者要求退货的，经营者应当负责退货。

部分商品修理更换退货责任规定

（国家经贸委、国家技术监督局、国家工商行政管理总局、财政部 1995 年 8 月 25 日起实施）

第九条　产品自售出之日起 7 日内，发生性能故障，消费者可以选择退货、换货或修理。退货时，销售者应当按发票价格一次退清货款，然后依法向生产者、供货者追偿或者按购销合同办理。

第十条　产品自售出之日起 15 日内，发生性能故障，消费者可选择换货或者修理。换货时，销售者应当免费为消费者调换同型号同规格的产品，然后依法向生产者、供货者追偿或者按购销合同办理。

专家释惑

《部分商品修理更换退货责任规定》是对《消费者权益保护法》和《产品质量法》的补充，“三包”规定适用的前提是经营者交付给消费者的产品至少在交付之初是合格产品。“三包”规定适用原本合格的产品在使用过程中出现故障的情况。向消费者交付自始不合格的产品是经营者对买卖合同卖方交货义务的违反，应当直接承担无过错的违约责任，而不能以合格产品的售后服务条款作为借口来免除自己的责任。

37. 格式合同、店堂告示可以免除经营者的责任吗？

案例 37　李先生与运营商因电话储值卡过期余额作废发生纠纷案

事情是这样的

北京 65 岁的李先生购买的有效期 3 个月的 50 元充值卡到期后，因 34 元余额被封存，不继续充值余额作废，与运营商交涉未果，被迫再次充值，但因使用率低，充值卡再次到期时，又被封存 75 元。与他们经历相同的还有上海的何先生、江苏的胥先生、辽宁的陈先生等。当仔细阅读《充值卡详细使用说明》时才发现，在众多的条款当中夹杂着这样的内容："从您的储值卡超过有效期起 3 个月内，我们会为您继续保留号码等待您充值，如果您及时充值，您将获得新的有效期，同时您原有的被封存的余额将被累加到新充值的金额中。如果 3 个月内您没有充值，将不能再进行充值，并被视为放弃号码和所封存余额。""请您在购买储值卡前要求经销商提供说明书并仔细阅读，您购买时将被视为同意说明书中所有条款。"消费者认为：卡上只标明"截止日期至某年某月某日"，不仅易引人误解，以为是发行截止期，而且未标明过期作废、余额不退等字样；经营者只用一般的文字标注，未尽提醒义务，消费者只有在耐心阅读完写得密密麻麻的《使用说明》后才能大致了解，而且必须时刻牢记，才不致违反规定；在任何提供给消费者的资料中均没有退款字样，如果充值卡内金额在续办的有效期内仍未用完，必须再次购买新的充值卡，如此循环往复，无穷无尽，就好像上了"圈套"，无法解脱，实在是强迫消费。

江苏十几位消费者反映使用的充值卡说明中标明"若从停机之日起 90 天内未进行充值，将被视为自动放弃该号码及所封存的余额"。消费者认为自己所付为预付款，不应被随意剥夺。

律师专线

消费者付费后获得卡的一个号码和密码的使用权，此时的买卖合同已经成立。经营者在卡上设置“有效期”是可以的，但“有效期”的标注必须明显、醒目，足以对消费者起到提醒注意的作用。而“有效期”的终止，实际上只是电信经营者对消费者提供的服务，而不能将消费者所付费用一并予以强制没收。依照民事法律关系的公平原则和《消费者权益保护法》赋予消费者的权利，消费者有权要求转存或退还余额。经营者不能以单方的意思表示，损害消费者的合法权益。充值卡过期后，经营者将卡中的余额全部侵吞，这种做法于法无据。

法律规范

中华人民共和国合同法

（1999 年 3 月 15 日第九届全国人民代表大会第二次会议通过，自 1999 年 10 月 1 日起施行）

第三十九条　采用格式条款签订合同的，提供格式条款的一方应当遵循公平原则确定当事人之间的权利和义务，并采取合理的方式提请对方注意免除或者限制其责任的条款，按照对方的要求，对该条款予以说明。

第四十条　格式条款具有本法第五十二条和第五十三条规定情形的，或者提供格式条款一方免除其责任、加重对方责任、排除对方主要权利的，该条款无效。

中华人民共和国消费者权益保护法

（1993 年 10 月 31 日第八届全国人民代表大会常务委员会第四次会议通过，自 1994 年 1 月 1 日起施行）

第八条　消费者享有知悉其购买、使用的商品或者接受的服务的真实情况的权利。

第十条　消费者享有公平交易的权利。

消费者在购买商品或者接受服务时，有权获得质量保障、价格合理、计量正确等公平交易条件，有权拒绝经营者的强制交易行为。

第二十四条　经营者不得以格式合同、通知、声明、店堂告示等方式作出对消费者不公平、不合理的规定，或者减轻、免除其损害消费者合法权益应当承担的民事责任。

格式合同、通知、声明、店堂告示等含有前款所列内容的，其内容无效。

专家释惑

根据《合同法》第39条，所谓格式条款是指当事人为了重复使用而预先拟定，并在订立合同时未与对方协商的条款。

我国《合同法》采用格式条款而不是格式合同的概念，无论在理论上还是实践中都具有极为重要的意义。因为从实践来看，格式条款有可能构成一个完整的独立的合同，也可能形成一个固定化的完整的书面合同。格式条款订入合同有几种不同情况：

一是将格式条款以公告的形式张贴于码头、仓库等公共场所，也可能通过“价目表”、“使用须知”、“通知”、“说明”等形式张贴于一定的营业场所，还可能通过简单的告示表现出来（如货物出门概不退换的告示）；二是格式条款由有关行政主管部门制定，有关企业直接采用而订入合同；三是格式条款由有关企业单独个别拟定而订入合同；四是将格式条款印刷于一定的文件（如车船票、飞机票、电报稿、保险单）之上。但绝大多数格式条款都是以一个书面合同中的某一条或者数个格式条款的形式表现出来的。在这些情况下，格式条款大多只是作为整个合同（如买卖合同、运输合同、保险合同等）的组成部分，或作为这些合同的部分条款存在的。假如在法律上将格式条款称为格式合同，则很难说明一个合同中存在部分格式条款的现象。

合同法适用格式条款的概念，意味着在一个合同中可以将所有的条款分为两类，即格式条款与非格式条款。即使不存在书面合同，那么对于已经纳入到合同中的和将要纳入到合同中的格式条款，也可以适用我国《合同法》第39条、第40条、第41条的规定。可见，《合同法》适用格式条款的概念扩张了《合同法》上述规定的适用范围，这对于保护消费者利益是极为有利的。因为区分格式条款与一般合同条款的主要意义，在于加强对消费者权益的保护。在加强对格式条款的规范、充分保护消费者的利益方面，设立了三项重要规则：一是明确格式条款制定者采取合理方式，提请对方注意免除或者限制其责任的条款；二是禁止格式条款的制定者利用格式条款免除其责任、加重对方责任、排除对方主要权利；三是在解释格式条款时应当作出不利于提供格式条款一方的解释。这些规定不仅对于经济上处于弱者地位的消费者的权利提供了有力的保障，而且也可以有效地防止和限制公司与企业滥用经济优势损害消费者的利益。扩大《合同法》对格式条款的适用范围，显然对消费者的保护是十分必要的。

38. 消费者在酒店泊车，形成车辆保管合同吗？

案例 38　紫江公司诉汤臣大酒店保管轿车不尽责案

事情是这样的

1998 年 1 月 17 日至 19 日，上海紫江企业有限公司借上海新亚—汤臣大酒店召开董事会，会前紫江公司向汤臣酒店预订了停车位，被安排在地下车库。1 月 17 日下午，汤臣酒店内因有大型会务活动而临时借用尚未开业的隔壁鑫联广场作为停车场，保安人员彭某当天下午被派在鑫联广场上执勤。17 日下午 5 时左右，紫江公司的总经理郭先生驾驶凌志 LS400（车号为沪 A—F5378）轿车驶入酒店，并被引导至鑫联广场停车。19 日中午，紫江公司会议结束，郭先生来到鑫联广场准备开车时发现车辆已不见踪影，立即向汤臣酒店保安部报了案，20 日郭先生又向浦东新区崂山西路警署报了案。

5 月 13 日，紫江公司向人民法院提起诉讼并由法院审查和予以立案。同年 7 月 8 日，中国太平洋保险公司上海分公司对紫江公司失车作了部分理赔后，申请以共同原告身份加入此案诉讼，要求被告对其理赔造成的损失予以赔偿。

紫江公司以汤臣酒店未尽安全保卫义务，致使其车辆被窃为由，要求汤臣酒店赔偿车辆价值65万元，其他损失（附加费）14余万元，后因已获得保险理赔，变更为赔偿车辆价值15.8万元及附加费损失。保险公司以该凌志轿车在保险期限内被盗，按保险理赔规定，因涉及第三者，故只赔偿80%，计49.2万元，其余20%待其与第三方的责任明确后再视情况理赔，现就已理赔部分取得了代理请求权，要求汤臣酒店赔偿其损失49.2万元。

汤臣酒店则认为，自己在经营中为客人提供住宿、餐饮等服务，但不经营停车业务，所以双方不存在车辆保管关系。

1998年12月17日，一审法庭认为：本案原告（紫江公司）所属人员到被告酒店开会住宿，是被告的消费者。被告是涉外饭店，已在申报五星级。按市旅游局的行业标准，涉外饭店和星级宾馆应具备为住店客人服务的停车场。酒店的服务行为应达到《消费者权益保护法》第7条、第18条规定的保障消费者接受服务时人身、财产安全的要求。其次，在被告自备的停车场因故停不下的情况下，被告的工作人员引导原告人员将车停于其指定的鑫联广场，对此，应认为是被告停车场的延伸，被告应对该处停车场所负责好安全保卫工作。现车辆丢失，被告负有不可推卸的责任。最后，被告以我国实行强制保险制度为由，认为应由保险公司承担赔偿责任的主张，也与《机动车辆保险条款》第19条的规定不符（该条规定，在应由第三方负责赔偿时，被保险人应当向第三方追偿的权利转让给保险人）。第二原告就已向第一原告理赔部分代位请求被告赔偿，符合《中华人民共和国保险法》第60条第3款的规定。据此，一审法院作出如下判决：

一、被告上海新亚—汤臣大酒店有限公司赔偿原告上海紫江企业有限公司车辆损失人民币12.3万元。

二、被告上海新亚—汤臣大酒店有限公司赔偿原告中国太平洋保险公司上海分公司已理赔的保险损失人民币49.2万元。两者合计为61.5万元。案件受理费人民币12942元，由被告上海新亚—汤臣大酒店承担12473元，由原告上海紫江企业有限公司承担469元。

被告对一审的判决不服，提起上诉。1999年10月29日上海市第一中级人民法院二审审理后作出终审判决：一、撤销一审法院民事判决；二、上海新亚—汤臣大酒店有限公司赔偿上海紫江企业有限公司失车的经济损失人民币132341元；三、中国太平洋保险公司上海分公司代位请求上海新亚—汤臣大酒店赔偿其已理赔的保险损失人民币49.2万元之诉，不予支持。

律师专线

虽然2009年2月28日修订了《保险法》，但是本案发生在1998年，所以适用当时保险法的相关条文是合法的。

一审判决适用法律错误，二审判决依法予以改判是正确的。理由如下：

（一）紫江公司与汤臣酒店之间不构成车辆保管合同关系。汤臣酒店主观上无保管车辆的意思表示，紫江公司的车辆停入鑫联广场后，亦未明确表示将车交付汤臣酒店保管，诉争轿车实际未置于汤臣酒店的控制之下，客观上汤臣酒店与紫江公司没有就车辆的停放、保管、领取、风险承担等权利义务关系订立过具有保管法律特性的书面合同或任何有关口头约定。因此，双方当事人之间不构成保管合同关系，故原审法院判决汤臣酒店承担全部赔偿责任缺乏事实和法律依据。

（二）汤臣酒店和紫江公司之间虽未形成车辆保管合同关系，但紫江公司人员到汤臣酒店开会住宿，双方之间形成了服务与被服务的关系，汤臣酒店理应依法及依约保证所有服务内容安全、周到。汤臣酒店对此具有一定的过错。紫江公司会前预定了车位，但未向保安人员讲明情况，导致其车辆停入外借的开放式广场，之后又未告诉保安人员房间号，使保安人员无法及时通知客人移动车辆，紫江公司也存在一定过错。据此，汤臣酒店、紫江公司对诉争车辆的丢失均承担相应的过错责任。

（三）保险公司按理赔规定向紫江公司进行了部分理赔后，以汤臣酒店对保险事故发生负有责任为由，要求汤臣酒店赔偿其理赔部分的损失缺乏法律依据。根据《中华人民共和国保险法》第 60 条第 1 款规定：“因第三者对保险标的损害而造成保险事故的，保险人自向被保险人赔偿保险金之日起，在赔偿金额范围内代位行使被保险人对第三者请求赔偿的权利。”该条款中的“第三者对保险标的的损害”是指第三者对保险标的有直接损害。本案汤臣酒店并非车辆的盗抢人，对车辆的丢失不存在直接责任。因此，汤臣酒店不构成作为保险公司代位追偿的对象，原审判决支持保险公司的诉讼请求缺乏依据，故应改判，保险公司只能向对保险标的造成直接损害的第三者（本案中是偷车者）要求赔偿。

法律规范

中华人民共和国消费者权益保护法

（1993 年 10 月 31 日第八届全国人民代表大会常务委员会第四次会议通过，自 1994 年 1 月 1 日起施行）

第七条　消费者在购买、使用商品和接受服务时享有人身、财产安全不受损害的权利。

消费者有权要求经营者提供的商品和服务，符合保障人身、财产安全的要求。

第十八条　经营者应当保证其提供的商品或者服务符合保障人身、财产安全的要求……

中华人民共和国保险法

（1995 年 6 月 30 日第八届全国人民代表大会常务委员会第十四次会议通过，根据 2002 年 10 月 28 日第九届全国人民代表大会常务委员会第三十次会议《关于修改〈中华人民共和国保险法〉的决定》修正，2009 年 2 月 28 日第十一届全国人民代表大会常务委员会第七次会议修订通过，自 2009 年 10 月 1 日起施行）

第五十九条　保险事故发生后，保险人已支付了全部保险金额，并且保险金额相等于保险价值的，受损保险标的的全部权利归于保险人；保险金额低于保险价值的，保险人按照保险金额与保险价值的比例取得受损保险标的的部分权利。

第六十条 因第三者对保险标的的损害而造成保险事故的，保险人自向被保险人赔偿保险金之日起，在赔偿金额范围内代位行使被保险人对第三者请求赔偿的权利。

专家释惑

本案事实虽然简单，但涉及的法律关系并不简单。其主要争论的焦点在于以下两点：

一、紫江公司与汤臣酒店就车辆停泊所形成的法律关系究竟是车辆保管合同关系还是经营者对消费者所负的财产安全保障义务关系？首先，紫江公司与汤臣酒店之间不构成车辆保管合同关系。汤臣酒店主观上无保管车辆的意思表示，紫江公司的车辆停入鑫联广场后，亦未明确表示将车辆交付汤臣酒店保管，诉争轿车实际未置于汤臣酒店的控制之下，客观上汤臣酒店与紫江公司没有就车辆的停放、保管、领取、风险承担等权利义务关系订立过具有保管法律特性的书面合同或任何有关口头约定。因此，双方当事人之间不构成保管合同关系，故原审法院判决汤臣酒店承担全部赔偿责任缺乏事实和法律依据。其次，根据《消费者权益保护法》第 8 条与第 18 条之规定，紫江公司人员入住汤臣酒店，他们之间存在消费合同关系，双方之间形成了服务与被服务的关系，汤臣酒店有义务承担起服务场所的安全保障义务。汤臣酒店理应依法及依约保证所有服务内容安全、周到。汤臣酒店对此具有一定的过错。紫江公司会前预定了车位，但未向保安人员讲明情况，导致其车辆停入外借的开放式广场，之后又未告诉保安人员房间号，使保安人员无法及时通知客人移动车辆，紫江公司也存在一定过错。据此，汤臣酒店、紫江公司对系争车辆的丢失均承担相应的过错责任。

二、关于保险公司的代位求偿权的问题。保险公司按理赔规定向紫江公司进行了部分理赔后，以汤臣酒店对保险事故发生负有责任为由，要求汤臣赔偿其理赔部分的损失缺乏法律依据。根据 2009

年修订的《保险法》第60条第1款规定："因第三者对保险标的损害而造成保险事故的，保险人自向被保险人赔偿保险金之日起，在赔偿金额范围内代位行使被保险人对第三者请求赔偿的权利。"该条款中的"第三者对保险标的的损害"是指第三者对保险标的有直接损害。本案汤臣酒店并非车辆的盗抢人，对车辆的丢失不存在直接责任。因此，汤臣酒店不构成作为保险公司代位追偿的对象，原审判决支持保险公司的诉讼请求缺乏依据。

39. 寄存贵重物品必须先声明吗？

案例39　高先生诉娱乐中心丢失被保管物损失赔偿案

事情是这样的

2000年5月4日上午，在洛阳市做生意的高先生到某娱乐中心的舞厅跳舞，将手提包和夹克衫存放在舞厅的存衣处，并交纳了保管费0.5元。可是，当高先生从舞厅出来领取衣物时，发现包和衣服已经被别人取走了。经该娱乐中心工作人员辨认，高先生手持的取物牌的确是舞厅工作人员发放的，而取走衣物者交的取物牌是伪造的。双方于是到当地公安机关报案，高先生同时向娱乐中心提出了赔偿要求。高先生表示，丢失的手提包里还有现金1.3万元以及身份证、票据等物品，要求娱乐中心赔偿全部损失，而娱乐中心则不肯承担包内物品的赔偿责任。由于双方不能就赔偿事宜达成协议，高先生于是将该娱乐中心告上了法庭，要求娱乐中心赔偿人民币1.3万元和衣服，并承担全部诉讼费。娱乐中心则辩称，存包处上方有"贵重物品自理，丢失概不负责"的醒目字样，高先生称包内有大额现金，但他既没有事先声明，也没有证据证明，因此只愿意承担高先生丢失的手提包和衣服的赔偿责任。

法院经审理查明：娱乐中心制作的取物牌是长条形铁牌，上面印有号码。与伪造的相比，真的取物牌由于使用时间较长，明显偏旧，而伪造的则较新、较薄，特别是牌上的数字，伪造的明显偏细。二者的这些区别，如果仔细辨认是不难发现的。因此，高先生寄存的物品遭到冒领，跟娱乐中心没有尽到足够注意义务有关，娱乐中心存在过失，应当承担赔偿责任。但高先生在寄存大量现金时没有向保管人声明，因此对于该现金的灭失，娱乐中心只按照一般物品予以赔偿。最后，在法院的主持下，高先生和娱乐中心双方达成了调解协议，由娱乐中心一次性赔偿高先生损失人民币 400 元。

律师专线

这是一起保管合同的法律纠纷案件。高先生将手提包和衣服交给舞厅的存衣处保管，存衣处收取了高先生的 0.5 元钱。双方行为构成了一个有偿保管合同。保管合同是保管人保管寄存人交付的保管物，并返还该物的合同。保管人应该妥善保管保管物，保管期间，因保管人保管不善而造成保管物毁损、灭失的，保管人应该承担损害赔偿责任。在本案中，保管凭证取物牌由保管人娱乐中心提供，保管人理应对自己提供的保管凭证有准确的辨别和认识。冒领者凭与真实凭证区别较大的假取物牌领走了高先生寄存的物品，保管方毫无疑问是存在过失的，应该承担因此造成的损害赔偿责任。本案中，高先生最终只获得了相当于衣服和手提包本身价值的赔偿，并不是因为高先生没有证据证明包内的实际物品，即使他能够拿出其他证据证明寄存的手提包内确实有他所称的现金等物，也只能获得目前的赔偿。这是因为高先生在寄存时，没有将包内存有贵重物品的情况事先向保管人声明。根据《合同法》第 375 条的规定，寄存人寄存货币、有价证券或者其他贵重物品的，应当向保管人声明，由保管人验收或者封存。寄存人未声明的，该物品毁损、灭失后，保管人可以按照一般物品予以赔偿。因此法院的判决是合法的。

法律规范

中华人民共和国合同法

（1999 年 3 月 15 日第九届全国人民代表大会第二次会议通过，自 1999 年 10 月 1 日起施行）

第三百六十五条　保管合同是保管人保管寄存人交付的保管物，并返还该物的合同。

第三百六十九条　保管人应当妥善保管保管物。

当事人可以约定保管场所或者方法。除紧急情况或者为了维护寄存人利益的以外，不得擅自改变保管场所或者方法。

第三百七十五条　寄存人寄存货币、有价证券或者其他贵重物品的，应当向保管人声明，由保管人验收或者封存。寄存人未声明的，该物品毁损、灭失后，保管人可以按照一般物品予以赔偿。

专家释惑

《合同法》第375条，规定了寄存人在寄存贵重物品时的告知义务。贵重物品一般是指货币、有价证券，比如股票、公司债券、国库券、仓单、提单、存单等，金银制品等具有重要价值的物品。与一般物品相比，具有体积小、价值高的明显特点，既不容易引起注意，又易丢失，而且一旦发生损毁、灭失，损失又比较大，有必要采取与一般物品有所区别的保管方式，保管人也承担了不同于保管一般物品的责任和风险。所以寄存人必须要在保管合同中将寄存货币、有价证券或其他贵重物品的情况向保管人声明，其声明的效果应达到足以使保管人知晓的程度，保管人只有在知晓保管物的特殊性质后，才能选择可靠、安全的保管场所和保管方法，并辅以高度的注意，以保证保管物的安全。否则，因寄存人未尽声明义务，使保管人无法采取相应的保管措施，对于寄存物毁损、灭失的后果，寄存人存在一定的过错，保管人因不知有贵重物品，而按照一般物品的保管方法进行保管，保管人也只按照一般物品予以赔偿。寄存人应自己承担一部分的损失，即超过“一般物品”以外的损失。这里，“按照一般物品予以赔偿”即赔偿的标准。一般物品标准，是指依保管物的外观，按社会一般人的认识标准所能确认的价值。法律、法规有特别规定的，适用特别规定。

本案中还有一个问题值得注意。本案中的高先生支付了娱乐中心0.5元保管费，与娱乐中心构成的是有偿的保管合同。妥善保管保管物是保管合同中保管人需要履行的重要义务之一。所谓妥善保管，是指保管人在保管保管物时，应当尽相当责任的注意。保管分有偿保管与无偿保管两种，保管人在注意义务上的要求也有不同。在无偿保管的情况下，保管人应当尽与保管自己物品相同的注意义务；而在有偿保管的情况下，保管人应尽善良管理人应当具有的注意义务。善良管理人的注意义务和管理自己事务的注意义务，两者对应不同程度的责任。

民法理论中，是否违反注意义务一般是判断行为人是否有过错的标准。注意义务一般分为三种：（1）普通人的注意义务。（2）同一注意义务，又称与处理自己事务同一注意义务。（3）善良管理人的注意义务。所谓自己事务的义务是指包括一切属于自己利益范围内的事务。该义务强调行为人在处理他人事务上应当尽到和处理自己事务一样的注意义务。这三种注意义务，从程度上分为三个层次，以普通人的注意义务为最低，同一注意义务次之，善良管理人之注意义务最高。而违反三种注意义务所体现的过失正好相反，违反普通人的注意义务为重大过失，违反同一注意义务和善良管理人之注意义务为一般过失。比如：从自家楼上往下扔砖头，击中行人，一般人都知道从居民楼上往下扔砖头会打中别人，因此其违反了普通人的注意义务。所谓自己事务的事务是指包括一切属于自己利益范围内的事务。该义务强调行为人在处理他人事务上应当尽到和处理自己事务一样的注意义务。善良管理人之注意义务来源于罗马法，它要求行为人管理他人事务，不是站在一般普通人的立场上，而是要站在一个有相当知识经验人的立场上。所以善良管理人之注意义务高于同一注意义务。比如，锅炉工有维护锅炉正常运转和使用的义务，此时锅炉工所应当有的注意义务就相当于善良管理人之注意义务，它要求锅炉工在职务工作中要有比一般更高的注意。义务对于普通人来说，只要其达到同一注意义务的标准，一般无重大过失就可以免责，而对于专业锅炉工其必须达到善良管理人之注意义务才可免责。回到保管合同中，无偿保管的保管人只要没有重大过失或故意，对保管物的毁损、灭失就不承担损害赔偿责任。而有偿保管的保管人则承担严格的无过错违约责任，只有不可抗力才能免除其相应责任。

假如本案中，高先生没有支付保管费用，娱乐中心是无偿为高先生保管衣物和手提包，那么是否可以以自己没有重大过失来免除赔偿责任呢？我们抛开对经营者过失程度的判断，对于发生在商业经营类场所的保管，如娱乐场所为顾客寄存物品、商店为顾客存包，保管人是不能因保管是无偿而主张免责的。因为在这类场所中，营业所得的利润已包含了替客人保存物品而应由客人支付的费用，因此，保管实质上并非是无偿的。从保护消费者权益的角度看，也应加重保管人的注意程度。所以，即使高先生没有支付0.5元的保管费，娱乐中心还是应当承担有偿保管责任。

第四编　侵犯消费者权益和违反消费合同义务的法律责任

40. 租赁的柜台已撤，消费者应该找谁承担商品质量责任？

案例40　余某诉某商场退换大衣赔偿损失案

事情是这样的

余小姐在某商场的服装专柜购买一件羊绒短大衣时，柜台边有“减价商品，一经售出，概不退换”的告示。在得到该柜台售货员对短大衣质量的确认之后，余小姐花380元购买了该大衣。但时隔不久，余小姐发现这件短大衣根本不是羊绒的，甚至连羊毛都不是，没穿几天就起球、脱线。更让余小姐气愤的是，等她两个多星期后到商场找销售这件大衣柜台的负责人理论时，该柜台已经撤柜。经向商场负责人咨询，余小姐才得知，销售这款羊绒短大衣的服装柜台乘着销售旺季与商场签订了一个为期半个月的短期租赁合同，前几天合同刚到期。对余小姐提出的退换短大衣的要求，商场负责人一口咬定此事与他们无关，余小姐应找短大衣的销售商协调解决，且余小姐购买此商品时，柜台边有“概不退换”的告示。余小姐将此事反映到消费者协会，在消协主持双方调解时，终因商场坚持自己“清白无辜”，双方存在根本性分歧而破裂。余小姐将商场起诉至昌平法院，要求商场退换短大衣，并赔偿交通费120元。最后，法院判令商场退换余小姐所购短大衣，赔偿其交通费120元。

律师专线

《消费者权益保护法》第24条规定，经营者不得以格式合同、通知、声明、店堂告示等方式作出对消费者不公平、不合理的规定，或者减轻、免除其损害消费者合法权益应当承担的民事责任。格式合同、通知、声明、店堂告示等含有前款所列内容的，其内容无效。《产品质量法》第39条规定，销售者销售产品，不得掺杂、掺假，不得以假充真、以次充好，不得以不合格产品冒充合格产品。本案中，羊绒短大衣的销售者销售不合格产品，以假充真，虽减价销售，但违反了上述法律规定，侵犯了消费者合法权益，其作出的“一经售出，概不退换”的单方声明，对消费者不公平、不合理，免除了自身应承担的责任，所以应属无效。

我国《产品质量法》第40条规定，售出的产品不符合在产品或者其包装上注明采用的产品标准的、不符合以产品说明、实物样品等方式表明的质量状况的，销售者应当负责修理、更换、退货，给购买产品的消费者造成损失的，销售者应当赔偿损失。羊绒短大衣的销售方在租赁商场的柜台向余小姐提供服务时，以假充真，致使余小姐权益受损，应当承担赔偿责任。

我国《消费者权益保护法》第38条规定，消费者在展销会、租赁柜台购买商品或者接受服务，其合法权益受到损害的，可以向销售者或者服务者要求赔偿。展销会结束或者柜台租赁期满后，也可以向展销会的举办者、柜台的出租者要求赔偿。展销会的举办者、柜台的出租者赔偿后，有权向销售者或者服务者追偿。因此，在短大衣销售方与商场之间的柜台租赁期满后，商场作为柜台的出租者应依照上述法律规定向余小姐承担赔偿责任。商场自身的损失，可以再向短大衣的销售者追偿。

法律规范

中华人民共和国消费者权益保护法

（1993年10月31日第八届全国人民代表大会常务委员会第四次会议通过，自1994年1月1日起施行）

第二十四条　经营者不得以格式合同、通知、声明、店堂告示等方式作出对消费者不公平、不合理的规定，或者减轻、免除其损害消费者合法权益应当承担的民事责任。

格式合同、通知、声明、店堂告示等含有前款所列内容的，其内容无效。

第三十八条　消费者在展销会、租赁柜台购买商品或者接受服务，其合法权益受到损害的，可以向销售者或者服务者要求赔偿。展销会结束或者柜台租赁期满后，也可以向展销会的举办者、柜台的出租者要求赔偿。展销会的举办者、柜台的出租者赔偿后，有权向销售者或者服务者追偿。

中华人民共和国产品质量法

（1993 年 2 月 22 日第七届全国人民代表大会常务委员会第三十次会议通过，自 1993 年 9 月 1 日起施行）

第四十条　售出的产品有下列情形之一的，销售者应当负责修理、更换、退货；给购买产品的消费者造成损失的，销售者应当赔偿损失：

（一）不具备产品应当具备的使用性能而事先未作说明的；

（二）不符合在产品或者其包装上注明采用的产品标准的；

（三）不符合以产品说明、实物样品等方式表明的质量状况的。

销售者依照前款规定负责修理、更换、退货、赔偿损失后，属于生产者的责任或者属于向销售者提供产品的其他销售者（以下简称供货者）的责任的，销售者有权向生产者、供货者追偿。

销售者未按照第一款规定给予修理、更换、退货或者赔偿损失的，由产品质量监督部门或者工商行政管理部门责令改正。

生产者之间，销售者之间，生产者与销售者之间订立的买卖合同、承揽合同有不同约定的，合同当事人按照合同约定执行。

专家释惑

我国《消费者权益保护法》赋予消费者以选择索赔对象的权利。

1．选择向销售者或者生产者索赔的权利。现实生活中，因产品缺陷而造成损害后，销售者与生产者互相推诿的现象屡见不鲜。根据《消费者权益保护法》第 35 条第 2 款规定，消费者或者其他受害人因商品缺陷造成人身、财产损害的，可以向销售者要求赔偿，也可以向生产者要求赔偿，而不管造成损害的责任属于销售者还是生产者。

2. 选择向分立合并后的任何一个企业索赔的权利。企业为了逃债，“金蝉脱壳”，消费者求偿找不着门槛。根据《消费者权益保护法》第36条规定，因原企业分立、合并的，消费者可以向变更后承受原企业权利义务的企业要求赔偿。

3. 选择向使用他人营业执照的违法经营者或者营业执照的持有人索赔的权利。违法出租、出借、转让营业执照或违法使用他人营业执照从事经营活动，易使消费者受到蒙蔽，一旦产生消费权益纠纷，难以确认求偿主体。根据《消费者权益保护法》第37条规定，消费者可以向使用他人营业执照的违法经营者要求赔偿，也可以向营业执照的持有人要求赔偿。

4. 在一定条件下，选择向销售者、服务者或者展销会的举办者、柜台的出租者索赔的权利。近年来，各种展销会上常发生侵害消费者权益的行为，有的销售者、服务者提供的商品、服务质量大大低于展示样品质量，有的参展单位收取消费者定金后溜之大吉，根本不再付货等等。展销会结束后，许多受害消费者找不到销售者或服务者。在租赁柜台销售商品或提供服务中，也有类似现象。根据《消费者权益保护法》第38条规定，在展销会进行期间或租赁柜台合同存续期间，消费者可以向销售者或者服务者要求赔偿。在展销会结束后或柜台租赁期满后，消费者有选择索赔对象的权利：在可以找到销售者或服务者时，消费者可以直接向其索赔；若找不到销售者、服务者或有其他不便条件的，消费者也可以向展销会的举办者、柜台的出租者要求赔偿。

5. 在一定条件下，选择向利用虚假广告提供商品、服务的经营者或者发布虚假广告的广告经营者索赔的权利。根据《消费者权益保护法》第 39 条规定，消费者可以向利用虚假广告提供商品或者服务的经营者要求赔偿。如果经营者没有提供真实名称、地址，则有权要求发布虚假广告的广告经营者提供经营者的真实名称、地址，广告经营者有义务如实提供；如广告经营者不能提供的，消费者即有权要求广告经营者赔偿。

41. 在展销会结束后，消费者发现商品问题找谁负责？

案例 41 于某与某体育馆瓷砖退货纠纷案

事情是这样的

2000 年 4 月，于某正为新房装修需要买什么样的瓷砖而犯愁。有一天，他看到晚报上刊登 5 月 1 日将在市体育馆举办瓷砖展就心动了，便和未婚妻商量去买几箱。5 月 1 日那天，他们来到了市体育馆，反复挑选后终于相中了浙江某地生产的某某牌瓷砖。几经讨价还价，最终以 1200 元的价格成交。于某对瓷砖很满意，可装修工在装修的过程中，出现了不少问题：瓷砖质量差，易碎，有的瓷砖没有使用就已经有了裂痕。这可把他们给急坏了，经过商量，他们决定马上退货。5 月 20 日他们来到市体育馆，令他们吃惊的是瓷砖展已经结束，四处又找不到出售瓷砖的公司。于是他们找到展销会的主办单位——市体育馆，要求退货。市体育馆说卖给你们瓷砖的又不是体育馆，让他们去找卖瓷砖的公司解决。于某据理力争，瓷砖展是你们体育馆举办的，现在瓷砖商人去楼空，体育馆当然应当承担赔偿。体育馆仍然拒绝赔偿。于某十分气愤，遂向市消费者协会投诉。

市消费者协会经过调查，向市体育馆宣传了我国《消费者权益保护法》的有关规定，说明了体育馆应负的法律责任，最后促使双方达成了协议：由体育馆退还于某的购货款，于某把瓷砖退给市体育馆，然后再由体育馆向瓷砖生产厂家进行追偿。

律师专线

这是一起间接责任消费纠纷案。本案的关键是展销会的主办者是否有义务承担展销期间的商家的产品质量责任，如果有，那么法律依据又是什么？《消费者权益保护法》第38条规定："消费者在展销会、租赁柜台购买商品或者接受服务，其合法权益受到损害的，可以向销售者或者服务者要求赔偿。展销会结束或者柜台租赁期满后，也可以向展销会的举办者、柜台的出租者要求赔偿。展销会的举办者、柜台的出租者赔偿后，有权向销售者或服务者追偿。"展销会或者租赁期间销售的产品或者提供的服务如果使消费者的权益受到损害，即使展销会结束或者柜台租赁期满了，消费者依然可以获得赔偿，赔偿的主体就是展销会的主办商和出租商。

在现实生活中，有大量的这种情况，即举办一个展销会短则几天长则半月，有来自天南地北的商家参加。活动结束之后，商家就各奔东西，消费者买了产品发现质量问题，想去与之理论却发现早已人去楼空，只好自认倒霉。其实不然，《消费者权益保护法》在制定的过程中，充分地考虑到了这个问题，规定了消费者对主办者和出租者的求偿权利。消费者应当充分地利用这个规定保护自己的合法权利。

注意：消费者对主办者和出租者的求偿权利是在展销会结束或者柜台租赁期满后的情况下行使，否则应当向产品的销售者或者服务者主张权利。

法律规范

中华人民共和国消费者权益保护法

（1993年10月31日第八届全国人民代表大会常务委员会第四次会议通过，自1994年1月1日起施行）

第三十八条　消费者在展销会、租赁柜台购买商品或者接受服务，其合法权益受到损害的，可以向销售者或者服务者要求赔偿。展销会结束或者柜台租赁期满后，也可以向展销会的举办者、柜台的出租者要求赔偿。展销会的举办者、柜台的出租者赔偿后，有权向销售者或服务者追偿。

专家释惑

消费者与经营者相比，他们始终处于弱势地位，这种弱势地位表现为，消费者不可能具有经营者那样的经济实力，也没有经营者那样的组织机构有充分的人力和物力，以及对商品的技术鉴别能力。特别是有些经营者，他们来自天南地北，在展销会或出租柜台上出售自己的商品，展销会结束或出租柜台到期，消费者便很难再找到他们。如果商品出了问题，即使知道商品的生产厂家的地址，但远隔千里之外，消费者也不可能有时间、精力和财力到外地去与商家周旋或者诉诸法律。

因此，《消费者权益保护法》专门规定了由展销会举办者和柜台出租者对消费者的赔偿责任。这种责任其实是一种经营者对消费者的质量的保证责任，展销会的举办者或者柜台的出租者向参与者或者租赁者提供销售的产地并且收取一定的费用，实际上构成了“准”经营者，因此，他们若对消费者履行了赔偿义务后，可以再向出售商品与提供服务的责任者追偿。法律的这一特别规定，能够维护消费者的合法权益。

联系本案

展销会举办者和柜台出租者构成了“准”经营者，消费者在销售者或者服务提供者人去楼空后可以向其主张权利，但是展销会举办者和柜台出租者的这种责任不是无条件的连带责任，在租赁期间或是展销会期间应当向销售者或者服务提供者主张权利。

42. 原销售商被合并，产品责任谁承担？

案例 42　张某诉某超市要求承担维修责任案

事情是这样的

一天，张某在A超市的一家分店里购买了某牌全自动洗衣机一台，价格为2580元。不到一个星期洗衣机就出现了故障，不能使用了，张某马上打电话与A超市维修部联系，A超市维修部也答应尽快来修，但是迟迟不见人影。原来在这一期间，A超市正在进行机构调整、清算，分店在半个月后被撤销了，该超市被另外一家B超市合并了，但A超市留有一个办事机构处理遗留事项。张某见维修部没有来修理，就再次去A超市联系修机，这时才了解分店已经被撤销，只好自认倒霉。至年底，听朋友说A超市留有机构，于是与维修部联系。维修部的工作人员答复：生产该机的厂家无生产许可证，已停止生产，现无配件，我们没有办法解决。听此答复后，张某认为其所购的某牌洗衣机是无生产许可证、无生产标准、无合格证的不合格产品，大吃一惊，心想自己是受骗上当了，于是向区人民法院起诉，要求合并了A超市的B超市对该无生产许可证、无合格证的洗衣机作退货处理。

在法庭审理中，被告B超市辩称：某牌洗衣机属浙江某集团下属国有企业某洗衣机工业公司生产产品，该产品有国家规定生产标准和生产许可证，随机均配有生产合格证，生产工厂仍有生产档案可以查询。A超市所售某牌洗衣机，由某集团洗衣机工业公司直接购入。此外，保修卡明文规定：如用户运输、使用不当或自行拆卸等不超过保修期，将酌情处理。希望该产品质量纠纷能在人民法院的协调下圆满解决。并提交了该某牌洗衣机的生产许可证、生产标准及质量合格证等有关的证明、文件。对于合并给用户张某带来的不便及烦恼表示理解，并表示负责保修，新的保修期从第一次修好起算。原告对被告的态度表示能接受，但对B超市现有的经营现状不放心。在法庭主持下，双方经调解协商，原告放弃退货要求，并不再由被告B超市继续维修，要求被告补偿维修费300元。最后，达成一致意见：由被告当庭支付原告修理费人民币300元。诉讼费人民币100元由原、被告各负担50元。

律师专线

在现实生活中，常有些消费者遇到所购商品发生质量问题，但是原经销单位已经变更、被注销或不便寻找的情况。我国《消费者权益保护法》第 36 条对此作了相应的规定："消费者在购买、使用商品或者接受服务时，其合法权益受到损害，因原企业分立、合并的，可以向变更后承受其权利义务的企业要求赔偿。"这里的分立合并应作宽泛的解释，其意义在于，企业并不因其形式发生变更而免除对消费者所承担的法律责任，变更后的企业应当承担变更前的企业的债权、债务以及其他法律关系。上述案例正是这样一个典型案例。A 超市因为被合并，致使消费者张某多次寻找维修部都因 A 超市人去楼空而无果。但是既然 A 超市是被 B 超市合并的，那么后者就继承前者的所有权利和义务，其中就包括对消费者的责任。B 超市必须承担起 A 超市在经营期间所产生的责任，在本案中，B 超市就必须担负起 A 超市销售的商品的售后服务责任。

法律规范

中华人民共和国消费者权益保护法

（1993 年 10 月 31 日第八届全国人民代表大会常务委员会第四次会议通过，自 1994 年 1 月 1 日起施行）

第三十六条　消费者在购买、使用商品或者接受服务时，其合法权益受到损害，因原企业分立、合并的，可以向变更后承受其权利义务的企业要求赔偿。

专家释惑

《消费者权益保护法》第 36 条所规定的消费者在购买、使用食品或者接受服务时合法权益受到损害，而原企业又分立、合并的，可以向变更后承受其权利义务的企业要求赔偿的规定的根本法理在于企业法人变更的法律后果：法人的变更，并不意味着法人所有义务活动的停止，也不意味着法人和债权人之间的债权债务关系的消灭。原法人的权利和义务由变更后的法人所承受，它对于债权人的债权并无影响。所以，《民法通则》第 44 条第 2 款规定："企业法人分立、合并，它的权利和义务由变更后的法人享有和承担。"这就是说企业法人合并和分立后，它的所有权、其他物权以及其他各项债权均由变更后的法人享有；它的各项债务和有关的民事赔偿责任由变更后的法人承担。这一基本原理同样适用于《消费者权益保护法》。企业不可以以其发生分立或者合并或者其他的变更，而逃避对消费者所承担的义务。

联系本案

消费者购买大型或贵重商品时，一定要慎重选择那些资信好、专业性强、售后服务好的商家购买。这些商家即便发生经营转向和机构变动，一般也能做好善后事宜的处理，一旦发生纠纷和诉讼，消费者也能得到法律的及时有效的保护。

43. 没有登记，入住旅馆，煤气中毒而死，旅馆负不负赔偿责任？

案例43　入住旅馆煤气中毒死亡赔偿案

事情是这样的

2003年1月3日，刘平与罗某出差到某镇并于当晚20时许入住王林、李玉经营的旅馆，罗某与李玉谈妥住宿价格，但未登记，未交款。因三楼已无热水，刘平经李玉同意到二楼公用浴室用液化气热水器洗澡。22时许，刘平死于该公用浴室。刘平经人抬出公用浴室时，该浴室内留有液化气味。王林即向公安机关报了案。法医鉴定结论为，刘平由于一氧化碳中毒而死亡。

事发后，刘平的亲属曾多次找店主王林、李玉夫妇协商刘平死亡后的补偿问题，但由于双方分歧较大，没有达成一致意见。刘平的家属遂诉至法院要求王林、李玉赔偿丧葬费、死亡赔偿金、被扶养人生活费、精神损失费，共计240867.7元。

法院经审理认为刘平、罗某与李玉就住宿费等事项达成口头协议，并一同入住旅馆，虽未登记、交款，但符合当地的住宿交易习惯，因此，刘平、罗某与王林、李玉之间形成了住宿服务合同关系，王林、李玉无照经营旅馆，旅馆内二楼公用浴室内置液化气钢瓶及液化气热水器，且该公用浴室与室外无通风孔，致使刘平在该公用浴室内用液化气热水器洗澡时一氧化碳中毒死亡，应承担民事赔偿责任。刘平正患感冒，并少量饮酒，在该公用浴室内较长时间洗澡，易致一氧化碳中毒，刘平未尽一定的注意义务，有一定的责任。依照《中华人民共和国消费者权益保护法》、《中华人民共和国民法通则》的有关规定，法院作出上述一审判决。

律师专线

本案主要有以下几个法律问题：

一、口头入住旅馆协议有没有效力？《合同法》第 10 条规定："当事人订立合同，有书面形式、口头形式和其他形式。法律、行政法规规定采用书面形式的，应当采用书面形式。当事人约定采用书面形式的，应当采用书面形式。"可见，订立合同可以采用书面形式、口头形式和其他形式。本案中，刘平、罗某与李玉就住宿费等事项达成口头协议，并一同入住旅馆，虽未登记、交款，但符合当地的住宿交易习惯，因此，刘平、罗某与王林、李玉之间形成了住宿服务合同关系，此合同是有效的。因此根据《消费者权益保护法》第 7 条与第 18 条之规定，店主王林、李玉负有服务场所的安全保障义务。

二、过错分担问题。本案中刘平系一氧化碳中毒而死亡，对这一死亡事件，旅店负有责任，因为王林、李玉无照经营旅馆，旅馆内二楼公用浴室内置液化气钢瓶及液化气热水器（为了安全，液化气钢瓶及液化气热水器应安置在浴室外面），且该公用浴室与室外无通风孔，致使刘平在该公用浴室内用液化气热水器洗澡时一氧化碳中毒死亡。店主王林、李玉对这一事件负有主要责任；此外，刘平正患感冒，并少量饮酒，在该公用浴室内较长时间洗澡，易致一氧化碳中毒，刘平未尽一定的注意义务，有一定的责任。根据《民法通则》第 131 条"受害人对于损害的发生也有过错的，可以减轻侵害人的民事责任"，店主王林、李玉可以减轻部分赔偿责任。

法律规范

中华人民共和国合同法

（1999 年 3 月 15 日第九届全国人民代表大会第二次会议通过，自 1999 年

10月1日起施行）

第十条　当事人订立合同，有书面形式、口头形式和其他形式。

法律、行政法规规定采用书面形式的，应当采用书面形式。当事人约定采用书面形式的，应当采用书面形式。

中华人民共和国民法通则

（1986年4月12日第六届全国人民代表大会第四次会议通过，自1987年1月1日起施行）

第一百一十九条　侵害公民身体造成伤害的，应当赔偿医疗费、因误工减少的收入、残废者生活补助费等费用；造成死亡的，并应当支付丧葬费、死者生前扶养的人必要的生活费等费用。

第一百三十一条　受害人对于损害的发生也有过错的，可以减轻侵害人的民事责任。

中华人民共和国消费者权益保护法

（1993年10月31日第八届全国人民代表大会常务委员会第四次会议通过，自1994年1月1日起施行）

第七条　消费者在购买、使用商品和接受服务时享有人身、财产安全不受损害的权利。

消费者有权要求经营者提供的商品和服务，符合保障人身、财产安全的要求。

第四十二条　经营者提供商品或者服务，造成消费者或者其他受害人死亡的，应当支付丧葬费、死亡赔偿金以及由死者生前扶养的人所必需的生活费等费用；构成犯罪的，依法追究刑事责任。

专家释惑

在这起纠纷中，一个重要的法律问题是口头合同能否产生法律效力，其内容是否受法律保护。这里说的口头合同就是指以口头形式订立的买卖合同。《中华人民共和国民法通则》第56条规定："民事法律行为可以采用书面形式、口头形式或者其他形式。法律规定用特定形式的，应当依照法律规定。"《中华人民共和国合同法》第

10条规定："当事人订立合同，有书面形式、口头形式和其他形式。法律、行政法规规定采用书面形式的，应当采用书面形式。当事人约定采用书面形式的，应当采用书面形式。"

口头协议是可以受到法律保护的。如果当事人没有订立书面合同，而又对合同内容各执一词，无法证明协商一致的，则应认定合同不成立。但如果当事人对合同内容没有争议，那么尽管合同采用口头形式，也一样说明当事人协商一致了，合同一样成立并具有约束力。在本案中，刘平、罗某与李玉就住宿费等事项达成口头协议，并一同入住旅馆，虽未登记、交款，但符合当地的住宿交易习惯，刘平、罗某已经入住，说明李玉已实际履行了其在协议中的义务，双方对合同的内容达到合意，没有争执，这个口头入住旅馆协议是真实有效的。《中华人民共和国合同法》第8条规定："依法成立的合同，对当事人具有法律约束力。当事人应当按照约定履行自己的义务，不得擅自变更或者解除合同。依法成立的合同，受法律保护。"

联系本案

入住旅馆，都需要登记，但在一些管理不规范的旅馆，旅客即便没有登记而入住旅馆的，这并不表示双方没有达成入住旅馆的协议，口头协议在这里也是有效的，但消费者也应当注意搜集和保留相关证据。

44. 代销人是否应该承担销售者的赔偿责任？

案例44　张守福诉张明志代销台安县辽西饲料加工厂的不合格产品致其饲养的猪死亡赔偿案

事情是这样的

张守福是辽宁省北宁市某村的一名养猪专业户，一共养了11头猪，每头猪重在115~120千克之间。1994年12月25日，张守福在黑山县某乡张明志个体饲料商店购买了台安县辽西饲料加工厂生产的“888猪料精”三袋（计60千克）。回家后，张守福将料精拌入饲料喂猪。1995年1月2日，11头猪全部发病，9日死亡1头，经北宁市畜牧兽医总站鉴定：“料精含氟量高，中毒死亡。”1月27日，另10头猪全部死亡。此料精经锦州市饲料产品质量监督站鉴定为不合格产品，系含氟量高。张守福为猪治病，共花药费3709元；卖死猪肉获款600元（当时市场生猪价格为每千克8.40元）。辽西饲料加工厂生产的“888猪料精”无生产合格证。猪死后，张守福向饲料商店和饲料加工厂索赔被拒。于是，1995年4月5日，张守福向辽宁省黑山县人民法院提起诉讼，称：由于张明志销售的辽西饲料加工厂生产的“888猪料精”不合格，含氟量高，致猪死亡，要求赔偿猪款10857.20元；药费3709.20元，交通费1148.50元，误工工资450元，合计为16164.90元。

在庭审中，张明志辩称：我是为厂家代销猪料精，卖出一袋给我一元钱，我不能承担原告的损失。从我这里购买猪料精喂猪的有十几户，其他人家里的猪都没有中毒现象。辽西饲料加工厂辩称：张明志与我厂是代销关系。猪料精含氟量高不一定造成猪死亡，再说从原告张守福家里提取的料样经化验系霉菌数超标，这应该才是他家猪病死的原因，因此我们厂不应当承担责任。

县法院经审理认为：张守福饲养的11头猪因食用了辽西饲料加工厂生产的含氟量过高的猪料精中毒死亡，所造成的经济损失，辽西饲料加工厂应负担赔偿责任。张明志为辽西饲料加工厂代销猪料精，与其形成委托代理关系，其民事责任应由被代理人辽西饲料加工厂承担。张守福提供为猪治病的药据矛盾重重，无法认定。辽西饲料加工厂提出猪死亡系食用发霉饲料所致，证据不充分，不予采信。根据《中华人民共和国民法通则》第122条、第63条之规定，判决被告辽西饲料加工厂负责赔偿原告猪款（11头×117.5千克/头×8.40元/千克）10857元，交通费252.50元。上述款项共计11109.50元，在判决生效后十日内给付。

张守福不服一审判决，向锦州市中级人民法院提起上诉，称：一审计算交通费有误，为猪治疗药费应予保护，漏判买猪和为猪治病的借款利息及误工费；张明志应赔偿我的损失，并负连带责任。

锦州市中级人民法院经审理认为：张守福11头猪死亡的原因是食用了台安县辽西饲料加工厂生产的“888猪料精”。该猪料精无生产合格证，经有关技术部门化验认为含氟量高，属不合格产品，生产厂家应赔偿由此造成的损失。而张明志为辽西饲料加工厂代销猪料精，是一种民事代理行为，张明志在保管和介绍猪料精使用方法上没有问题，因此不应承担民事责任，也不应承担连带责任。原审判决由辽西饲料加工厂赔偿张守福猪款损失正确，但应从中扣除张守福卖死猪肉获款的600元。原审对张守福为猪治病所花费用未予保护欠妥，应予纠正。原审对张守福交通费用在剔除其不合理部分后判决予以保护并无不当。关于张守福请求保护其买猪和为猪治病借款利息及误工损失一节，理由不充分，不能支持。依照《中华人民共和国民法通则》第63条、第122条第1、第2款和《中华人民共和国民事诉讼法》第153条第1款第2、3项的规定，辽宁省锦州市中级人民法院判决：一、维持一审民事判决关于交通费的判决；二、撤销一审民事判决中其他判决；三、台安县辽西饲料加工厂赔偿张守福猪款10257元；四、台安县辽西饲料加工厂赔偿张守福为猪治病药费3709元；五、上述款项合计14218.50元，于判决生效后十日内给付。

律师专线

本案是因产品质量问题引起的财产损害赔偿案。根据《民法通则》第122条规定，因产品质量不合格造成他人财产、人身损害的，属于六种特殊的侵权责任，实行举证责任倒置的原则，即需由被告举证证明原告的损失与被告的产品无关，方可不承担赔偿责任。《产品质量法》第41条规定：“因产品缺陷造成人身、缺陷产品以外的其他财产损害的，生产者应当承担赔偿责任。生产者能够证明有下列情形之一的，不承担赔偿责任：（一）未将产品投入流通的；（二）产品投入流通时，引起损害的缺陷尚不存在的；（三）将产品投入流通时的科学技术水平尚不能发现缺陷的存在的。”根据上述规定，本案中被告经营者无法证明自己的产品符合上述三种情形，因此，一审判决台安县辽西饲料加工厂承担原告张守福的财产损害赔偿责任是正确的。二审法院依据是法律上的损益相抵原则，在赔偿款中扣除了张守福卖死猪肉所得的款项600元也是正确的。

本案的难点在于，代销者张明志应否承担连带赔偿责任。两级法院均认为，张明志作为辽西饲料加工厂的代销人员，在法律上应认定为辽西饲料加工厂的委托代理人。根据《民法通则》关于代理行为的有关规定，代理人为被代理人的利益，在代理权限内以被代理人的名义实施民事法律行为，应由被代理人承担责任。《民法通则》明确规定了代理人的四种连带责任，即：（1）代理人和第三人串通，损害被代理人的利益的，由代理人和第三人负连带责任；（2）委托书授权不明的，被代理人应当向第三人承担民事责任，代理人负连带责任；（3）第三人知道行为人没有代理权、超越代理权或者代理权已终止还与行为人实施民事行为给他人造成损害的，由第三人和行为人负连带责任；（4）代理人知道被委托代理的事项违法仍然进行代理活动的，或者被代理人知道代理人的代理行为违法不表示反对的，由被代理人和代理人负连带责任。本案中，张明志的代理行为不符合法律规定需要代理人承担连带责任的情形，因此判决张明志不承担销售者的连带赔偿责任。笔者认为，这一判决是值得商榷的。

首先，代理行为的最大特点是代理人以被代理人的名义进行活动。本案中，并没有明确证据表明代销者张明志在进行销售时，将自己与饲料加工厂的委托代理关系明确告知了消费者张守福，无论其与饲料加工厂的内部法律关系为代理还是销售，都不能对抗不知情的第三者。其次，代销商或代理商是经济学产品营销领域的概念。在实践中，代销商是指生产厂家与销售商之间的联系方，一般以地域或佣金金额划分，通常不直接与消费者发生联系，与法律上代理人的概念相差很远。本案原告张守福是以一个普通的产品购买者身份向张明志购买猪料精的，与购买者相对应的只能是销售者，而不是什么代销者或者其他。最后，张明志个体饲料商店所有人的身份，符合《消费者权益保护法》中销售者的范畴，其直接销售商品给消费者并获取利益的行为，也表明他销售者的身份，根据法律对消费者权益的保护精神，张明志作为实际销售者应当承担销售者的赔偿责任。否则，任何一个销售者都可以借口自己是代销人而逃避对消费者的义务和责任。

《产品质量法》第33条规定："销售者应当执行进货检查验收制度，验明产品合格证明和其他标识。"张明志作为个体工商经营者，不论是从批发，还是从代销等渠道进货，都必须执行此项进货检查验收制度，验明产品合格证明和其他标识。而张明志销售的猪料精，并无生产厂家的生产合格证，且经鉴定又属不合格产品，其显然没有严格执行进货检查验收制度，说明其在履行此项义务上有过错，更应当直接对购买者承担产品质量责任。退一步讲，张明志代销辽西饲料加工厂没有产品合格证的产品，也应属"代理人知道被委托代理的事项违法仍然进行代理活动"的行为，也应当"由被代理人和代理人负连带责任"。本案中，消费者张守福将张明志和饲料加工厂作为共同被告起诉，因此，法院应当判决作为销售者的张明志和作为生产厂家的辽西饲料加工厂共同承担产品质量责任，并互负连带赔偿责任。

法律规范

中华人民共和国民法通则

（1986年4月12日第六届全国人民代表大会第四次会议通过，自1987年1月1日起施行）

第六十三条　公民、法人可以通过代理人实施民事法律行为。

代理人在代理权限内，以被代理人的名义实施民事法律行为。被代理人对代理人的代理行为，承担民事责任。

第一百二十二条　因产品质量不合格造成他人财产、人身损害的，产品制造者、销售者应当依法承担民事责任。运输者、仓储者对此负有责任的，产品制造者、销售者有权要求赔偿损失。

中华人民共和国产品质量法

（1993年2月22日第七届全国人民代表大会常务委员会第三十次会议通过，1993年9月1日起施行）

第三十三条　销售者应当建立并执行进货检查验收制度，验明产品合格证明和其他标识。

第四十一条　因产品存在缺陷造成人身、缺陷产品以外的其他财产（以下简称他人财产）损害的，生产者应当承担赔偿责任。

生产者能够证明有下列情形之一的，不承担赔偿责任：

（一）未将产品投入流通的；

（二）产品投入流通时，引起损害的缺陷尚不存在的；

（三）将产品投入流通时的科学技术水平尚不能发现缺陷的存在的。

第四十三条　因产品存在缺陷造成人身、他人财产损害的，受害人可以向产品的生产者要求赔偿，也可以向产品的销售者要求赔偿。属于产品的生产者的责任，产品的销售者赔偿的，产品的销售者有权向产品的生产者追偿。属于产品的销售者的责任，产品的生产者赔偿的，产品的生产者有权向产品的销售者追偿。

中华人民共和国消费者权益保护法

（1993 年 10 月 31 日第八届全国人民代表大会常务委员会第四次会议通过，自 1994 年 1 月 1 日起施行）

第三十五条　消费者在购买、使用商品时，其合法权益受到损害的，可以向销售者要求赔偿。销售者赔偿后，属于生产者的责任或者属于向销售者提供商品的其他销售者的责任的，销售者有权向生产者或者其他销售者追偿。

消费者或者其他受害人因商品缺陷造成人身、财产损害的，可以向销售者要求赔偿，也可以向生产者要求赔偿。属于生产者责任的，销售者赔偿后，有权向生产者追偿。属于销售者责任的，生产者赔偿后，有权向销售者追偿。

消费者在接受服务时，其合法权益受到损害的，可以向服务者要求赔偿。

专家释惑

本案中还有一个值得注意的法律问题。二审法院依据法律上的损益相抵原则在赔偿款中扣除了张守福卖死猪肉所得的款项 600 元。损益相抵原则是法官在侵权案件中确定当事人赔偿责任范围的一项制度。我国法律虽然对此没有明确规定，但司法实践中经常遇到该项法律制度的适用。它是指赔偿权利人基于发生损害的同一原因受有利益者，应由损害额内扣除利益，而由赔偿义务人就差额予以赔偿的确定赔偿责任范围的原则。禁止得利说是损益相抵原则的理论依据。

损益相抵的构成适用应当满足以下几个条件：

第一，以损害赔偿之债的成立为前提；

第二，权利人受有利益；

第三，构成损害赔偿之债的损害事实与受有利益间的因果关系。

一般认为，保险赔偿金、赠与的财产、基于亲属法的特殊身份关系所得利益、国家或企业发放的抚恤金、退休金、军人转业费等不适用损益相抵原则。

45. 染发引起皮肤过敏，理发店应否承担赔偿责任？

案例 45　刘某诉胡某染发导致人身损害赔偿案

事情是这样的

腊月二十九日下午，刘某高高兴兴地来到团部胡某开的理发店染发焗油，准备把头发做得漂亮点好过年。当天晚上回家后感觉不对劲了，头皮又痛又痒。第二天赶紧买了一盒肤轻松软膏涂上，可没有效。她想肯定是染发剂过敏，就用热水使劲洗头发，但还是没有用。大年初一病情加重了，症状扩大到脖子和额头。熬了几天，实在受不了，就到团职工医院就诊，结果诊断为过敏性皮炎和结膜炎。由于病情较重，转到阿拉尔医院住院治疗，七日后才出院。

刘某认为，自己生病住院是染发过敏引起的，理发师应该赔偿医疗费，就到理发店找胡某。但胡某却说："这事我不负任何责任，因为染发前我提醒过你可能会引起皮肤过敏，你说以前染过发没事的，我已经尽到自己的责任了；事情过去几天后你才来找我，你怎么证明皮肤过敏就是我给你染发引起的？现在你找我索赔，明着是敲诈！"两人在理发店里吵了起来。

协商未果，刘某将对方告到了法院。法庭认为，消费者在接受服务时享有人身安全不受损害的权利。刘某在接受胡某的染发服务后皮肤过敏，胡某没有证据证明是其他原因所致，依法推定是胡某的不安全染发服务造成的。胡某作为经营者，提供的服务造成消费者刘某人身损害，依法应当承担赔偿责任。最后，阿拉尔法院判决被告赔偿医疗费、误工费、交通费等合计 1376 元。

律师专线

本案情节比较简单，它涉及服务质量侵权责任的承担问题。我国《消费者权益保护法》第 7 条明确规定："消费者在购买、使用商品和接受服务时享有人身、财产安全不受损害的权利。消费者有权要求经营者提供的商品和服务，符合保障人身、财产安全的要求。"但是我国目前的法律还未明确规定因服务质量缺陷导致消费者人身、财产损害的服务侵权行为的责任归责原则。服务侵权责任到底是适用过错原则、无过错原则或是过错推定原则呢？我国法律在这方面还未有明确的规定，法院的实践一般适用过错推定原则。在《产品质量法》中，关于产品质量侵权行为的归责原则是实行过错推定原则的。其第 41 条规定：" 因产品存在缺陷造成人身、缺陷产品以外的其他财产（以下简称他人财产）损害的，生产者应当承担赔偿责任。生产者能够证明有下列情形之一的，不承担赔偿责任：（一）未将产品投入流通的；（二）产品投入流通时，引起损害的缺陷尚不存在的；（三）将产品投入流通时的科学技术水平尚不能发现缺陷的存在的。"鉴于《产品质量侵权法》与《服务质量侵权法》所调整的都是经营者与消费者之间的关系，都要保护作为弱者的消费者，因此二者间有许多可比性。故此，比照《产品质量法》中关于产品质量侵权的过错推定原则，在服务质量侵权领域，也应适用过错推定原则，这也是理论学界一贯的呼吁。因而法庭认为，"消费者在接受服务时享有人身安全不受损害的权利。刘某在接受胡某的染发服务后皮肤过敏，胡某没有证据证明是其他原因所致，依法推定是胡某的不安全染发服务造成的。胡某作为经营者，提供的服务造成消费者刘某人身损害，依法应当承担赔偿责任"。这一判决正是适用了过错推定原则。

法律规范

中华人民共和国消费者权益保护法

（1993 年 10 月 31 日第八届全国人民代表大会常务委员会第四次会议通过，自 1994 年 1 月 1 日起施行）

第七条　消费者在购买、使用商品和接受服务时享有人身、财产安全不受损害的权利。

消费者有权要求经营者提供的商品和服务，符合保障人身、财产安全的要求。

第四十一条　经营者提供商品或者服务，造成消费者或者其他受害人人身伤害的，应当支付医疗费、治疗期间的护理费、因误工减少的收入等费用，造成残疾的，还应当支付残疾者生活自助具费、生活补助费、残疾赔偿金以及由其扶养的人所必需的生活费等费用；构成犯罪的，追究刑事责任。

中华人民共和国民法通则

（1986 年 4 月 12 日第六届全国人民代表大会第四次会议通过，自 1987 年 1 月 1 日起施行）

第一百二十二条　因产品质量不合格造成他人财产、人身损害的，产品制造者、销售者应当依法承担民事责任。运输者、仓储者对此负有责任的，产品制造者、销售者有权要求赔偿损失。

中华人民共和国产品质量法

（1993 年 2 月 22 日第七届全国人民代表大会常务委员会第三十次会议通过，1993 年 9 月 1 日起施行）

第四十一条　因产品存在缺陷造成人身、缺陷产品以外的其他财产（以下简称他人财产）损害的，生产者应当承担赔偿责任。

生产者能够证明有下列情形之一的，不承担赔偿责任：

（一）未将产品投入流通的；

（二）产品投入流通时，引起损害的缺陷尚不存在的；

（三）将产品投入流通时的科学技术水平尚不能发现缺陷的存在的。

专家释惑

服务侵权责任的归责原则应采取过错推定兼公平原则。其理由是：1. 严格责任原则虽然有利于保障消费者的权益，但它是以加重经营者的负担为代价的，对生产的发展有一定消极影响。我国的服务业与发达国家相比还处于“发展中”，服务侵权责任如采取严格责任原则，势必加重服务经营者的负担，使其经营成本提高，经营效率下降，这不利于我国服务业的发展。2. 如果采取完全过错责任原则，势必要求受害人证明服务经营者具有过错，与产品责任采取过错归责原则一样，这对消费者来说往往是十分困难的，在一定程度上限制了消费者获得法律保护的机会，既不利于保护消费者的权益，也不符合现代国家保护消费者的法律政策。因此，采取完全过错责任原则是不可取的。从实践看，完全过错原则已经给消费者造成不利，如医疗事故赔偿存在的问题之一就是受害人难以证明医务人员在诊疗护理工作中存在“过失”。3. 如果采取过错推定原则，则兼顾了消费者和服务经营者双方的利益。一方面，只要服务缺陷致人损害，受害人无须证明经营者具有过错就可以获得赔偿，这有利于保护消费者的利益；另一方面，如果服务经营者确实能够证明自己没有任何过错，则可以免除（或减轻）责任，有利于保护经营者的积极性。采取过错推定，在侵害人能够证明自己没有过错的情况下，如果全部免除其赔偿责任，则受害人得不到任何补偿和救济，这在很多情况下对受害人来说并不公平。因此，笔者认为，采取过错推定应兼顾公平原则，即在服务经营者能够证明自己没有过错的情况下，并不当然地全部免除其责任，而是视具体情况，减轻、部分免除或者全部免除其责任，这样可以弥补过错推定之不足，更好地保护作为弱者的消费者的权益。

46. 乘客摔成植物人，司机担责任吗？

案例 46　欧某诉湘潭县运输公司人身损害赔偿案

事情是这样的

2002 年 9 月 12 日下午，欧某在湘潭市区的老 107 国道线高坪地段等候去湘潭易俗河镇的汽车，几分钟后，一辆湘潭县运输公司的车牌号为湘 C52611 的中巴车开了过来。欧某上车购买车票时，售票员何清平告诉她，车是开往湘潭县石潭镇的，不到易俗河镇。欧某发现搭错了车，在车辆行驶并未关车门的情况下跳车，因车门未关，欧某摔出车门到在公路旁。出事后，中巴车驾驶员周某及售票员何某马上将欧某送往附近的湘潭市第二人民医院进行抢救。经过医务人员的精心治疗，欧某总算从死亡线上捡回了一条命，但她一直持续昏迷，对外界刺激反应消失，右额、颞、顶部脑膨出，为植物状态生存。

欧某被摔伤成植物人后，她的家人为医好她的伤，不惜一切代价，甚至将家中值钱的东西全部变卖，还四处向亲戚朋友借钱。欧某住院两个多月，共花费了 10 多万元医疗费，家里已是负债累累，她的父亲为了筹钱给女儿疗伤，多次找湘潭县运输公司要求单位领导出于人道主义拿出钱来给受害者治伤，而湘潭县运输公司以与何义兵签订了承包合同为由不答应。湘潭县运输公司认为，他们不是湘 C52611 中巴车的车主，他们是根据湘潭县政府有关文件精神，将车辆纳入公司管理，仅仅是代为管理，何义兵才是该车的车主。这起交通事故，是何义兵聘请的驾驶员周某驾驶中巴车，欧某上车后发现上错了车，便要求售票员退票下车，并从售票员手中抢走两元钱，未告之司机便跳车，造成事故的发生。欧某是成年人，大学文化，具有完全民事行为能力，在当时也应该预见自己跳车这一行为的直接后果，却仍存侥幸心理，她跳车是这次事故的直接原因，应自负全部责任。同时，该公司又强调说，他们公司与何义兵是承包关系，公司只收取其每月 300 元的管理费，为其代办有关税费，实质上是一种代理关系，何义兵是承包人、直接受益人，而且在承包合同第 14 条中约定：安全事故费用由何义兵负责，司机周某、售票员何某是此次事故的直接肇事者，他们才是本案的被告。

在提起诉讼之前，为了取得有关证据，欧某的父亲首先向湘潭县公安局法医检验所申请交通事故伤残鉴定。2002 年 11 月 11 日，湘潭县公安局法医检验所鉴定结论为，欧某为一级伤残（植物人）。其次，欧某的父亲不服湘潭县交警大队下达的交通事故责任认定书上各负同等责任的认定，向湘潭市公安局交警支队申请重新认定。湘潭市公安局交警支队事故责任认定委员会经过调查，于 2002 年 12 月 4 日作出最终责任认定，维持湘潭县交警大队作出的《道路交通事故责任认定书》上的责任认定。

2003 年 1 月 3 日，欧某的父亲代替女儿向湘潭县人民法院提起民事诉讼，要求法院依法判令被告湘潭县运输公司赔偿目前医疗费 129407 元、一级伤残补助费 104380 元、交通费 600 元、误工费 1629 元、住院伙食费 1044 元、终身护理费 90180 元、营养费 1392 元七项费用，共计 31 万多元。

湘潭县人民法院受理此案后，法官在审理过程中，发现被告湘潭县运输公司（简称甲方）在 2002 年 8 月 8 日，与家住湘潭县石潭镇的何某（简称乙方）签订了一份《客运车辆承包合同书》，由乙方承包经营湘 C52611 中巴车，时间从 2002 年 8 月 8 日至 2003 年 12 月 31 日。乙方一次性向甲方交纳押金 3 万元，承包期内，乙方每月向甲方交承包费 3514 元，并在第 14 条中明确规定："承包期内乙方承包车辆发生车肇事及其他事故，甲方派人协助处理。事故费用全部由乙方自理。"被告湘潭县运输公司于 2003 年 2 月 22 日向法院请求追加第三人，经法院认可，何某、周某作为第三人出庭。

法院开庭审理后认为：一、2002 年 9 月 12 日 17 时 10 分，周某驾驶湘 C52611 中巴车从湘潭市西站至湘潭县石潭镇方向行驶，在行至老

107国道高坪长城加油站地段时，欧某示意搭车，欧某上车后，发现上错了车，在车辆行驶并未关车门的情况下跳车，造成其受伤的交通事故成立，法院予以确认。二、周某是经过专业培训取得驾驶资格的驾驶员，应当熟知交通管理法规中的安全规定，却忽视交通安全，驾驶客运车辆在未关门情况下行车，违反了《中华人民共和国道路交通管理条例》（以下简称《条例》）第26条的规定，同时客运车辆应当严格保障旅客的人身安全，但周某却在未关车门、有重大安全隐患存在时行车，是造成本次事故及原告受伤的主要原因，应当承担本次事故的主要责任。欧某忽视交通安全与自身安全，在机动车行驶过程中跳车，违反了《条例》第65条的规定，是造成本次事故的次要原因，应负本次事故的次要责任。交警部门对此次交通事故的事实经过认定客观真实，但责任划分不妥，法院不予采信。三、确认原告因事故造成损失合计302996.13元。四、道路交通事故造成的损失应当由交通事故责任者承担赔偿责任，因为县运输公司是湘C52611中巴车的所有人，何某为该车的承包经营人即为该车的实际支配人，公司与何某均为该车的受益人，所以应当对周某无力赔偿部分承担垫付责任。县运输公司与何某所签订的承包合同约定的免责条款，不符合法律规定，法院不予采信。何某是售票员，关好车门是其职责之一，但系营运车辆司乘人员的内部管理责任，驾驶员负有关好车门才能行车的法定职责，何某未关好车门的责任应由周某对外承担，驾驶员与售票员的责任可另行处理，所以何某在本案中不承担责任。综上，法院根据《中华人民共和国民法通则》第119条、第123条，《中华人民共和国消费者权益保护法》第7条、第11条、第41条，《道路交通事故处理办法》第30条、第31条、第35条、第36条的规定，判决由周某赔偿欧某因道路交通事故造成的各项损失181797.67元，由何某、湘潭县运输公司承担垫付责任。本案受理费7320元、其他诉讼费2200元、财产保全费2070元、车辆鉴定费500元，合计12090元，由原告负担4240元，周某、何某、县运输公司共同负担 7850 元。

律师专线

本案涉及的关系比较复杂，但法院最终的判决还是很合理的。在交通事故的人身伤害赔偿案件中，首先必须进行事故责任认定。本案中，驾驶员周某在未关车门、有重大安全隐患存在时行车，是造成本次事故及原告受伤的主要原因，应当承担本次事故的主要责任。欧某忽视交通安全与自身安全，在机动车行驶过程中跳车，违反了《道路交通管理条例》第 65 条的规定，是造成本次事故的次要原因，应负本次事故的次要责任。故此法院判处由周某赔偿欧某因道路交通事故造成的各项损失 181797.67 元（总损失合计 302996.13 元，因驾驶员周某负主要责任，所以承担近三分之二的赔偿数额）。由于此次交通事故中的人身伤害赔偿数额巨大，法院又判处周某的赔偿数额由何某与湘潭县运输公司承担垫付责任，其法律依据是《道路交通事故处理办法》第 31 条："交通事故责任者对交通事故造成的损失，应当承担赔偿责任。承担赔偿责任的机动车驾驶员暂时无力赔偿的，由驾驶员所在单位或者机动车的所有人负责垫付。但是，机动车驾驶员在执行职务中发生交通事故，负有交通事故责任的，由驾驶员所在单位或者机动车的所有人承担赔偿责任；驾驶员所在单位或者机动车的所有人赔偿损失后，可以向驾驶员追偿部分或者全部费用。"如此判决可以确保原告能够得到赔偿数额。

法律规范

中华人民共和国民法通则

（1986 年 4 月 12 日第六届全国人民代表大会第四次会议通过，自 1987 年 1 月 1 日起施行）

第一百一十九条　侵害公民身体造成伤害的，应当赔偿医疗费、因误工减少的收入、残废者生活补助费等费用；造成死亡的，并应当支付丧葬费、死者生前扶养的人必要的生活费等费用。

第一百二十三条　从事高空、高压、易燃、易爆、剧毒、放射性、高速运输工具等对周围环境有高度危险的作业造成他人损害的，应当承担民事责任；如果能够证明损害是由受害人故意造成的，不承担民事责任。

中华人民共和国消费者权益保护法

（1993 年 10 月 31 日第八届全国人民代表大会常务委员会第四次会议通过，自 1994 年 1 月 1 日起施行）

第七条　消费者在购买、使用商品和接受服务时享有人身、财产安全不受损害的权利。

消费者有权要求经营者提供的商品和服务，符合保障人身、财产安全的要求。

第十一条　消费者因购买、使用商品或者接受服务受到人身、财产损害的，享有依法获得赔偿的权利。

第四十一条　经营者提供商品或者服务，造成消费者或者其他受害人人身伤害的，应当支付医疗费、治疗期间的护理费、因误工减少的收入等费用，造成残疾的，还应当支付残疾者生活自助具费、生活补助费、残疾赔偿金以及由其扶养的人所必需的生活费等费用；构成犯罪的，依法追究刑事责任。

道路交通事故处理办法

（1991 年 9 月 22 日国务院颁布，自 1992 年 1 月 1 日起施行）

第三十一条　交通事故责任者对交通事故造成的损失，应当承担赔偿责任。承担赔偿责任的机动车驾驶员暂时无力赔偿的，由驾驶员所在单位或者机动车的所有人负责垫付。但是，机动车驾驶员在执行职务中发生交通事故，负有交通事故责任的，由驾驶员所在单位或者机动车的所有人承担赔偿责任；驾驶员所在单位或者机动车的所有人在赔偿损失后，可以向驾驶员追偿部分或者全部费用。

第三十五条　交通事故责任者应当按照所负交通事故责任承担相应的损害赔偿责任。

第三十六条　损害赔偿的项目包括：医疗费、误工费、住院伙食补助费、护理费、残疾者生活补助费、残疾用具费、丧葬费、死亡补偿费、被扶养人生活费、交通费、住宿费和财产直接损失。

前款规定的赔偿项目应当按照实际情况确定，并一次性结算费用。

专家释惑

交通事故赔偿的原则和范围：

赔偿是义务人根据交通事故处理办法的有关规定，在公安机关调解结案后应向权利人支付损害赔偿。义务人在一般情况下是负有赔偿责任的交通事故责任者，如果机动车驾驶员在执行职务中发生交通事故，且负有交通事故责任时，赔偿义务人是驾驶员所在单位或者机动车所有人。但是根据民法的有关规定，只有国家机关或者国家机关工作人员在执行职务中，侵犯公民、法人的合法权益造成损害的，才由国家机关承担民事责任。因此驾驶员所在单位或者机动车所有人是国家机关时，该单位或机动车所有人才承担法定赔偿义务。

交通事故损害赔偿一般应遵循以下原则：

一、仅赔偿直接经济损失

交通事故造成的财产损失包括直接损失和间接损失。从民法讲，受害人财产上的损失应予全部赔偿，该损失是指受害人所受的实际损失，包括财产的直接减少和失去的“可得利益”即间接损失。所谓“可得利益”，是根据“合理预见”规则，当事人已经或者应当预见到的必然能够得到的“预期收益”。但是也可通过立法，采用“合理限制规则”，对赔偿加以限制。因此，《道路交通事故处理办法》规定，仅赔偿时产生的直接损失。财产直接损失是指被交通事故损毁财物的实际价值，包括被损毁的车辆、物品、道路、设施、建筑物和牲畜等。至于由直接损失引起或牵连的其他可得利益损失，则是间接损失，不在交通事故损害赔偿之列。

二、按照交通事故责任承担损害赔偿

这是交通事故损害赔偿的重要原则，交通事故责任越大，承担的损害赔偿的比例就越高，没有交通事故责任的当事人，就不承担损害赔偿责任，除非法律另有规定。一般的赔偿比例：全部责任为100%，主要责任为60%～90%，同等责任为50%，次要责任为10～40%。

三、机动车方负无过错赔偿责任

作为高速运输工具的机动车，在运行中造成非机动车或者行人损害的，根据我国民法规定，即使机动车方无过错，在交通事故中体现为机动车方不负交通事故责任，也要负损害赔偿责任。我国民法对机动车无过错赔偿额未作具体规定。根据事故处理办法的规定，机动车一方造成非机动车、行人等人员死亡或者重伤无过错的，应当分担对方10%的经济损失。但按10%计算，赔偿额超过交通事故发生地10个月平均生活费的，按10个月的平均生活费支付。

四、对人身损害，除赔偿由此引起的财产损失外，还应赔偿一定数额的抚慰金

人身损害是一种非财产损害，包括对人生命、健康的损害。这种损害既包括由此引起的财产损失，如医疗费、误工损失等；还包括对死者家属精神上的损害。对死者家属给予一定的死亡补偿费，是对死者家属的一种精神抚慰金。

五、公平合理

在道路交通事故中发生的人身伤亡或者财产损失，经公安机关调查不能确定是哪一方当事人的违法行为造成时，公安机关即无法确认当事人的交通事故责任，从而无法确认当事人是否应当承担及如何承担损害赔偿。此时根据民法的有关规定，应当根据具体情况，由当事人公平合理地分担损害赔偿。

联系本案

《道路交通事故处理办法》中对交通事故造成的人身伤亡的赔偿责任总体来说是实行过错赔偿责任的，即谁是责任者谁负赔偿责任。承担赔偿责任的机动车驾驶员暂时无力赔偿的，由驾驶员所在单位或者机动车的所有人负责垫付。但是，机动车驾驶员在执行职务中发生交通事故，负有交通事故责任的，由驾驶员所在单位或者机动车的所有人承担赔偿责任；驾驶员所在单位或者机动车的所有人赔偿损失后，可以向驾驶员追偿部分或者全部费用。

47. 诉讼时效已过，质量承诺还算不算数？

案例 47　何某诉安彩美乐公司彩电不合格案

事情是这样的

1996 年 11 月 10 日，何某在河南省新乡家用电器股份有限公司（以下简称家用电器公司）购买了一台河南安彩集团美乐电子有限责任公司（以下简称安彩美乐公司）生产的美乐 M2568 型彩电一台，价值 3230 元。1999 年 7 月，该彩电出现了有声无图像的故障，何某多次请安彩美乐公司维修部维修，共花维修费 88 元，但质量仍不稳定。何某无奈只好向新乡市新华区人民法院提起诉讼，要求更换同等价值的合格彩电一台，并退还修理费。

新华区法院认为，生产者、销售者应承担产品质量责任，且 1996 年 11 月，国家质量技术监督局对安彩美乐公司生产的 M2568 型彩电检测判定为超标，原告要求合理，应予支持。依照《民法通则》、《消费者权益保护法》的相关规定，判决被告家用电器公司给原告何某更换同等价值的合格彩电一台；被告安彩美乐公司退还原告修理费 88 元，并承担连带更换彩电责任。

一审宣判后，家用电器公司和安彩美乐公司均不服判决，分别向新乡市中级人民法院提起上诉。二审法院经审理查明：1996年11月，国家质量技术监督局对市场上有代表性的二十余家大屏幕彩电进行抽样检测，其中安彩美乐公司生产的M2568型彩电在42项指标测定中，因注入电源干扰电压超出国家标准而被判定为超标。结果出来后，安彩美乐公司即于1997年3月28日在《河南日报》上刊登广告郑重承诺："对1996年12月20日前出售的3347台M2568型彩电的质量完全负责，并免费保修15年。"何某于1996年11月购买彩电，1999年7月发现质量问题后向家用电器公司主张权利，超过了法律规定的一年诉讼时效期间，已丧失了要求更换或退货的胜诉权。但安彩美乐公司登报认可包括何某所购彩电在内的3374台彩电超标且承诺对该批彩电质量完全负责，并免费保修15年。现安彩美乐公司对何某所购的彩电经过4次修理仍不能正常使用，因此何某请求更换，符合法律规定。安彩美乐公司上诉所称何某对其主张权利已超过法定的诉讼时效期间的理由不能成立。原审认定事实清楚，但部分判决欠妥。

根据《民法通则》、《消费者权益保护法》的相关规定，新乡市中级人民法院作出终审判决：安彩美乐公司退还何某修理费88元，并给何某更换同等价值的合格彩电一台。一审、二审案件受理费及其他费用共413元，由安彩美乐公司负担。

律师专线

本案是一件产品瑕疵责任案件，有以下几点法律问题需要明确：

一、产品质量问题的诉讼时效。关于产品质量问题的诉讼时效，有两处法律对此作了特别规定，一是《民法通则》第136条明确规定，出售质量不合格的商品未声明的诉讼时效为一年。二是《产品质量法》第45条规定："因产品存在缺陷造成损害要求赔偿的诉讼时效期间为两年，自当事人知道或者应当知道其权益受到损害时起计算。因产品存在缺陷造成损害要求赔偿的请求权，在造成损害的缺陷产品交付最初消费者满十年丧失；但是，尚未超过明示的安全使用期的除外。"两者规定的诉讼时效不一样，因产品存在缺陷造成人身或财产损害属于产品责任问题，适用《产品质量法》规定的两年的诉讼时效；其他产品质量责任问题（产品瑕疵责任），如产品不符合合同约定的要求，适用《民法通则》第 136 条一年的诉讼时效期限。本案中，彩电质量问题并不是产品存在缺陷（所谓缺陷，是指产品存在危及人身、他人财产安全的不合理的危险；产品有保障人体健康和人身、财产安全的国家标准、行业标准的，是指不符合该标准），因而这不是产品责任问题，而是产品瑕疵责任问题，适用《民法通则》第 136 条规定的一年的诉讼时效。因而本案中，彩电瑕疵责任问题的确已经超过了诉讼时效，原告在此问题上已经丧失了在法院上诉的胜诉权。

二、安彩乐公司“免费保修 15 年”的承诺的效力问题。这个承诺是安彩乐公司在彩电出现质量问题后，单方面向消费者作出的承诺，这是一种单方的法律行为，仅由一方的意思表示即可成立的民事法律行为。因而，安彩乐公司“免费保修 15 年”的承诺是有效的。因而，尽管产品瑕疵的诉讼时效已经超过，但“免费保修 15 年”的承诺并没有超期，安彩乐公司对原告的彩电就应当免费维修，在多次维修后都无法解决质量问题的情况下，免费更换一台新的彩电也是合理的。

法律规范

中华人民共和国民法通则

（1986 年 4 月 12 日第六届全国人民代表大会第四次会议通过，自 1987 年 1 月 1 日起施行）

第一百三十六条　下列的诉讼时效期间为一年：

（一）身体受到伤害要求赔偿的；

（二）出售质量不合格的商品未声明的；

（三）延付或者拒付租金的；

（四）寄存财物被丢失或者损毁的。

中华人民共和国产品质量法

（1993 年 2 月 22 日第七届全国人民代表大会常务委员会第三十次会议通过，1993 年 9 月 1 日起施行）

第四十条　售出的产品有下列情形之一的，销售者应当负责修理、更换、退货；给购买产品的消费者造成损失的，销售者应当赔偿损失：

（一）不具备产品应当具备的使用性能而事先未作说明的；

（二）不符合在产品或者其包装上注明采用的产品标准的；

（三）不符合以产品说明、实物样品等方式表明的质量状况的。

销售者依照前款规定负责修理、更换、退货、赔偿损失后，属于生产者的责任或者属于向销售者提供产品的其他销售者（以下简称供货者）的责任的，销售者有权向生产者、供货者追偿。

销售者未按照第一款规定给予修理、更换、退货或者赔偿损失的，由产品质量监督部门或者工商行政管理部门责令改正。

生产者之间，销售者之间，生产者与销售者之间订立的买卖合同、承揽合同有不同约定的，合同当事人按照合同约定执行。

第四十五条 因产品存在缺陷造成损害要求赔偿的诉讼时效期间为二年，自当事人知道或者应当知道其权益受到损害时起计算。

因产品存在缺陷造成损害要求赔偿的请求权，在造成损害的缺陷产品交付最初消费者满十年丧失；但是，尚未超过明示的安全使用期的除外。

专家释惑

《产品质量法》第40条是关于产品瑕疵担保责任（合同责任）的规定。本法所称产品“瑕疵”是指产品不具备良好的特性，不符合明示的产品标准，或者不符合以产品说明、实物样品等方式标明的质量状况。瑕疵担保责任是指产品买卖关系中，产品出售方违反自身作出的保证承诺，而应当向买方依法承担的法律后果。依照本法规定产品责任的范围包括：

一、不具备产品应当具备的使用性能而事先未作说明的。产品的使用性是指产品在一定条件下适合规定用途的能力。任何产品都具有特定的使用目的，能满足特定的使用需要。产品“具备应当具备的使用性能”，也就是指产品的使用性（或适用性）应当达到一般水平。它是法律对卖方出售的产品的最基本质量要求，不论其是否在合同中明确规定，都构成出卖人必须履行的义务。出卖人具有上述默示担保义务，但出卖人可以通过合同中的明确规定来排除这种担保。因而，只有当产品不具备应具备的使用性能事先未作说明的，销售者才承担合同责任。

二、不符合在产品或者其包装上注明采用的产品标准的。产品标准具体指定了产品的质量要求，是确定产品质量的技术依据。产品标准分为强制性标准和推荐性标准。强制性标准是指必须执行的标准。涉及人体健康、人身与财产安全的标准等为强制性标准。强制性标准以外的标准是推荐性标准。产品标准一旦被生产者明示采用，不论其是强制性标准还是推荐性标准，均构成具有合同约束力的明示担保，即视为生产者、销售者明确确保其生产、销售的产品符合其采用的标准。如果生产者、销售者不履行该合同义务，那么他们将承担违约责任。

三、不符合以产品说明、实物样品等方式表明的质量状况的。产品说明是指出卖方向买受方所作的关于所售产品的构造、成分、性能、功用、特点等方面的陈述。它通常是出卖人提供的书面说明书，同时也包括出卖人口头申明或者回答问题时所作的允诺。由于这种说明可以诱使买受人成交，并影响成交的条件，因而应将其视为具有合同约束力的明示担保。然而视为明示担保的说明应限于对所售产品质量事实状况的说明，而不包括对产品的质量、价值等方面状况的主观见解和评价。实物样品，又称样货。销售者出售产品、订立合同时，往往出示货物样品，并向买方保证，出售的产品质量将与实物样品质量相同，因而合同就不必对出售产品的质量作具体规定，而是通过实物样品来表明产品应具备的质量状况。在这种情况下，实物样品所表明的产品质量状况也构成出卖人对产品质量的明示担保。如果所售产品不符合以该实物样品表明的质量状况，则出卖人应当承担违约责任。

承担产品合同责任的形式，本条根据《民法通则》的原则规定，对产品质量不符合合同要求承担责任的方式作了较具体的规定。这些责任形式包括：

一、修理、更换、退货。这是违反合同后所采取的补救措施，合同一方当事人履行合同义务不符合约定条件的，对方有权要求他采取补救措施，违约方有义务采取各种办法，以使合同的履行达到约定的条件或者尽量减少损失。产品不符合质量要求的，出卖人应酌情采取修理或者更换措施。如果经修理可达到质量要求而不影响产品的性能、价值的，出卖人应无偿修理；如果修理后达不到质量要求或者影响产品的性能、价值的，或者买受人要求更换的，出卖人应予以更换。对不符合质量要求的产品，买受人可以要求出卖人退货。

二、赔偿损失。赔偿损失是承担合同责任的重要方式。销售者售出的产品质量不符合合同要求，给用户、消费者造成损失的，用户、消费者有权要求销售者赔偿损失。依据民法通则规定，赔偿损失应当坚持完全赔偿的原则，既要赔偿直接损失，又要赔偿间接损失。销售者违反合同规定的质量义务，又不按规定承担修理、更换、退货或者赔偿损失责任的，由产品质量监督部门或者工商行政管理部门责令其改正。

三、销售者对生产者、供货者的追偿权。如果因生产者、供货者的责任造成产品不符合合同规定的质量要求及法律默示的质量要求，那么销售者在对买受人（消费者）承担违约责任，对产品进行修理、更换、退货或赔偿损失后，就可以取得对生产者、供货者的追偿权，销售者就有权要求生产者、供货者承担赔偿责任。但如果生产者之间、销售者之间、生产者与销售者之间订立的买卖合同、承揽合同有不同约定的，那么合同当事人按照合同的约定执行。

联系本案

产品瑕疵担保责任是违约责任，而因产品存在缺陷导致人身或财产损害的产品责任是一种侵权责任，产品责任问题的诉讼时效是两年，而产品瑕疵问题的诉讼时效是一年。消费者一旦发现商品存在质量问题，应及时起诉或寻求其他解决途径，切不可拖延，以免权利无法得到维护。

48. 保修期已过的高压锅爆炸是否还能索赔?

案例 48 李某诉某电器有限公司财产损坏赔偿案

事情是这样的

李某于 1999 年 4 月从百货大楼购买了一只××牌高压锅，生产厂家为某电器有限公司。买回后最初的时间里，高压锅能够很正常地使用，没有任何异常情况发生。可是此后高压锅总会出现少许故障，如有时出气不畅，但李某想到去商场和售货员交涉很麻烦，而且是小问题，自己也能处理，于是就没放在心上。2000 年 8 月 21 日中午，李某下班煮饭的过程中，高压锅突然“嘣”的一声，发生爆炸，锅盖飞起，整个煤气灶顿时被毁，玻璃柜被震碎，天花板被震裂开。李某非常气愤，于是找到××牌高压锅的生产厂家某电器有限公司，要求其赔偿自己受到的一切经济损失。某电器有限公司却辩称，李某一年多以前就买了××牌高压锅，早已经超过了该公司所规定的保修期限（半年）；而且，依据我国《民法通则》的规定，产品致人伤害的诉讼时效期间为 1 年，李某提出要求时，时效期间已过，故对高压锅质量不过关所造成的损害不予负责。后来，李某多次与某电器有限公司进行交涉，均毫无结果。2000 年 10 月 18 日，李某向人民法院提起诉讼，要求某电器有限公司赔偿高压锅爆炸给其造成的一切损失。人民法院对双方当事人进行了调解，双方达成协议：由某电器有限公司赔偿李某煤气灶、玻璃柜、天花板等损失共计人民币1200元。

律师专线

本案争议的焦点在于保修期已过是否会影响诉讼时效。首先，保修期和诉讼时效是两个完全不同的概念，关于国家确定的保修期间问题及使用期限、效力等法律并没有作出明确的规定。一般而言，保修期是指生产厂家或者销售商在消费者、用户正常使用商品的过程中，因商品出现故障而使其功能不能实现或不能完全实现时所规定的维修期限。实际当中，绝大多数由生产者或销售者自行予以规定。在保修期间内，消费者和用户可以要求生产者、销售者免费修理，而生产者、销售者也负有无偿进行修理的义务；如果是在保修期后发生的故障，用户、消费者需要付费修理。但是，这丝毫不意味着产品、服务一旦超过保修期限，生产厂家或者销售者就不再对产品存在的缺陷所导致的人身、财产损害负责。诉讼时效由法律明确规定，诉讼时效不能因生产者与销售者或者销售者与销售者之间的约定而改变。因此超过保修期并不会影响诉讼时效。本案中原告购买的高压锅虽然超过了保修期，但并不影响原告依据法律规定提起诉讼寻求法律的保护，要求被告承担损害赔偿的责任。超过保修期只是意味着如果要求维修，必须自己承担费用罢了。

其次，产品责任的诉讼时效期间问题。按照《产品质量法》的规定为2年，从当事人知道或者应当知道其合法权益受到损害时起算，就是说产品存在缺陷，造成财产损失和人身伤害后，受害人应当在2年内向人民法院提起诉讼，否则就失去了获取损害赔偿的胜诉权。所谓“知道”，是指已知，即知晓了自身利益被侵害。所谓“应当知道”，是指虽然不能认定当事人是确实知悉，但是从法律上推定或者视为知道，并产生与“知道”同等的法律后果。“应当知道”可以从不同的方面予以确定。例如，电视、报纸、电台等新闻媒介刊播的文件、政府公告、通知中已对某些产品的问题进行了披露和报道，即使当事人没有看到、听到这些资料，在法律上则视为已知、应知；再如，对挂号信函、电报等有签收手续的保证材料等，即使收件人由于各种原因确实没有看到过这些材料，法律上也视为已知、应知。本案中2000年8月21日中午损害发生（诉讼时效计算的起点），并原告于2000年10月18日起诉（诉讼时效中断），原告在诉讼期间内及时地行使了自己的诉讼权利。

其三，依据特别法优于一般法的法律适用基本原则，《产品质量法》的有关产品责任的诉讼时效期间的规定比起《民法通则》的诉讼生效规定应当优先适用。因此本案中被告主张应当适用《民法通则》诉讼时效规定是不成立的。

法律规范

中华人民共和国产品质量法

（1993 年 2 月 22 日第七届全国人民代表大会常务委员会第三十次会议通过，1993 年 9 月 1 日起施行）

第四十五条　因产品存在缺陷造成损害要求赔偿的诉讼时效期间为二年，自当事人知道或者应当知道其权益受到损害时起计算。

因产品存在缺陷造成损害要求赔偿的请求权，在造成损害的缺陷产品交付最初消费者满十年丧失；但是，尚未超过明示的安全使用期的除外。

中华人民共和国民法通则

（1986 年 4 月 12 日第六届全国人民代表大会第四次会议通过，自 1987 年 1 月 1 日起施行）

第一百三十六条　下列的诉讼时效期间为一年：

（一）身体受到伤害要求赔偿的；

……

专家释惑

本案中涉及几对容易混淆的概念：

一、保修期与产品责任的诉讼时效。诉讼时效是由法律明文规定的，不能由当事人的约定加以改变。而保修期则是由生产厂家、销售者自行确定或与消费者、用户约定的，可以自行改变或通过约定加以改变。就上述案例而言，被告某电器有限公司借口已经超过保修期限而拒绝承担损害赔偿责任，是没有道理的。因为如前所述，保修期限不是诉讼时效期间。已过保修期限只表明原告不再享有要求被告免费提供维修的权利，并不意味着原告丧失胜诉权，因为诉讼时效期间尚未届满。上述案例的诉讼时效期间自高压锅爆炸之日起计算，期间为 2 年。原告李某提起诉讼的时间并未超过《产品质量法》规定的2年诉讼时效期限，仍然享有胜诉权。

二、保修期和时效。时效是指一定的事实状态经过一定的期间就会产生一定的法律后果的制度。它一般可以分为诉讼时效和取得时效等。诉讼时效，指权利人在法定期间内不行使请求法院保护其民事权利的权利，即丧失胜诉权的法律制度（但不丧失起诉权）。其设立的目的乃在于督促权利人及时行使其享有的权利，对怠于行使其权利者不予保护，使当事人之间的权利义务关系特定化，从而维护社会经济关系的稳定。取得时效实质行为人某种状态持续一定的时间后将会取得其原先没有的权利。例如，某些国家法律规定一人占有一块土地长达30年的时间则会取得该土地的所有权。

三、诉讼时效中止和诉讼时效中断。值得注意的是，《民法通则》中规定的诉讼时效中止、中断、延长等制度，对于产品责任的时效也同样适用。诉讼时效中止，是指在诉讼时效期间的最后6个月内，因发生一定的法定事由使权利人不能行使请求权，暂时停止计算诉讼时效期间，待阻碍时效进行的法定事由消除后，继续进行诉讼时效期间的计算。诉讼时效中止的事由主要是不可抗力和其他障碍。诉讼时效中断，是指在诉讼时效进行中，因发生一定的法定事由，致使已经经过的时效期间统归无效，待时效中断的事由消除后，诉讼时效期间重新计算的制度。依据《民法通则》第140条之规定，中断的法定事由主要包括权利人提起诉讼，当事人一方提出要求或者义务人同意履行义务。诉讼时效中断与前述的诉讼时效中止具有一定的共同点，但两者在发生事由、时间和法律效果上都不相同。

四、诉讼时效和请求权。权利人在法定期间内不行使请求法院保护民事权利的权利，即丧失胜诉权的法律制度为诉讼时效。所谓“请求权”，是指当事人请求他人为一定行为或者不为一定行为的权利。产品责任的请求权，亦称产品侵权损害赔偿请求权，是指当受害人的人身权利或者财产权利因产品存在缺陷而遭到损害时，受害人要求侵害人赔偿损失的权利。一般而言，产品侵权损害的事实一旦发生，受害人即具有损害赔偿请求权。按照民法学基本理论，请求权期间是一种消灭时效，亦即如果权利人在法律规定的期限内不行使权利，则丧失权利。

产品侵权损害赔偿的诉讼时效为 2 年。这是一种特殊诉讼时效，与《民法通则》第 136 条第 2 项诉讼时效期间为 1 年的规定是不相同的。根据特别法优于一般法的原则，产品责任的诉讼时效，应当适用作为特别法的《产品质量法》的规定，而不适用《民法通则》的规定。此外，上述案例还涉及产品责任的请求权问题。依据我国《产品质量法》的有关规定，因为产品存在缺陷而造成损害所要求赔偿的请求权，在造成损害的缺陷产品交付最初用户、消费者满 10 年后丧失。所谓"交付最初用户、消费者"，是指侵害人将存在缺陷的产品交付给第一个消费者或者用户进行使用。例如，消费者贾某从商场里购买了一台彩电，那么从购买当日起，这台彩电就算交付给了第一个消费者，消费者贾某就是这台彩电的最初消费者或者用户。法律在作出了上述规定之后，接着规定："尚未超过明示的安全使用期的除外。"这是指在有关产品标志、产品说明等；明示保证中，明确规定安全使用期限超过 10 年的，请求权期限则适用明示的安全使用的期限。需要指出的是，《产品质量法》关于产品责任的请求权期为 10 年的规定，是法律作出的特殊规定。这项规定与《民法通则》第 137 条规定的"从权利被损害之日起超过 20 年的，人民法院不予保护"不同。根据特别法优于适用普通法的原则，《产品质量法》相对《民法通则》而言，《民法通则》应为普通法，《产品质量法》为特别法。因此，产品侵权损害赔偿的请求权期间，应当适用《产品质量法》的相关规定。

49. 兼容微机质量瑕疵，销售商如何承担责任？

案例49　李某诉某电脑销售公司退货纠纷案

事情是这样的

李某于2000年11月在A公司购买兼容微机一台，价值8300元，A公司出具了《电脑装箱清单》，但没有出具发票。2000年12月26日，因该电脑有时不能开关机，A公司到李某家中对CMOS设置进行了调整。2001年4月8日，因该电脑检测不到硬盘，A公司次日到李某家中对硬盘进行了更换。4月11日，A公司再次上门服务，并由李某将电脑主机送至公司调试、检修。4月14日，因电脑上网速度慢、话筒无声，A公司再次上门维修，更换硬盘、主板、调制解调器各一块，次日，A公司再次上门更换硬盘。6月16日，因该电脑进不了系统，硬盘异响，A公司再次上门服务，更换硬盘一块。嗣后，因该电脑再次出现故障，李某要求退货，双方未达成协议，故李某诉至法院要求处理。

一审法院判决：兼容微机与品牌微机不同，国家有关部门对兼容微机的质量并没有统一规范的标准，根据行业惯例，销售兼容微机是经营者根据消费者的配置要求提供配件，并根据消费者的要求提供免费组装服务，本质上是消费者自愿购买电脑配件进行组装，这就要求选购兼容微机的消费者应当对电脑的使用、保养、维修等有一定的认识。从行业惯例上来看，经营者也只对配件质量负责，并不对整机质量负责。基于兼容微机的本质特征，作为原告，应当举证证明该兼容微机究竟是哪一配件存在质量问题，并且只应当对该存在质量问题的配件提出退货的主张，但原告并没有举证证实，而只是笼统地提出电脑存在质量问题，因此，原告要求对该兼容微机整机退货的主张，不予支持。原告应当就出现质量问题的配件要求退货，但本案中原告并未提出该诉讼请求，故本案不予处理。据此，判决驳回原告的诉讼请求。

二审法院判决：(1) 硬盘、主板的优劣足以影响电脑的正常使用，李某在A公司购买一台电脑，在保修期间内，屡次发生故障，故李某提出该电脑存在质量问题，予以采信。(2) 经营者应当保证在正常使用商品情况下其提供的商品应当具有的质量，经营者对商品服务的保证责任是一种法定义务。原告李某在A公司购买了一台电脑，在保修期内，该电脑经过两次以上修理仍不能正常使用，经营者应当负责更换或者退货。(3) 凭一般人的社会生活经验，消费者不论购买的是品牌机还是兼容机，其目的都是为了购买整机而能使用于生活消费。任何类型的电脑用户对电脑的使用、保养、维修等都应有一定的认识，以保证电脑能发挥其作用，而不应只针对兼容机用户。李某就是购买了A公司提供的商品，而不是纯粹接受A公司的组装服务，作为销售者理应对整机质量负责而不应只对配件质量负责。消费者通常不具备专业技术人员所能具有的水平而判定哪个配件存在质量问题，只要不是消费者本人使用方法不当等非属保修义务的情形，销售者都应承担相应的责任。据此，撤销原判，判决A公司退货。

律师专线

随着计算机的普及化，产生的法律问题也越来越多，本案仅仅是众多案例中的一个，纵览本案，涉及以下几个问题：

一、何谓兼容微机。一审判决认为，兼容微机就是销售者根据消费者的选择，向消费者出售电脑配件，并免费代客组装的一种销售方式。二审判决回避了兼容微机的销售、结构等特征，直接认定原告李某购买的是“一台电脑”，并得出结论，即消费者不论购买的是品牌机还是兼容机，其目的都是为了购买整机而能使用于生活消费，而且认为，对于消费者来讲，其就是购买了A公司提供的商品。对于购买兼容微机的消费者而言，实质上他并不是购买“一台整机”，而是购买了配置一台电脑所必需的散件从而组装成一台能用于生活消费的电脑，也就是说目的虽然是为了购买整机，但是，他的操作方法却不是直接购买一台整机，而是购买配件进行组装。比如说，一位消费者，选购了一些自行车配件，并请商家代为装配成一辆自行车，虽然他的目的是为了有一辆自行车用于生活消费，但他并非在商家处购买了“一辆自行车”。二审判决偷换了一审判决对兼容机作出的概念分析，迳行将兼容机认定为购买了“一台电脑”。二审判决认为原审判决的意见与《消费者权益保护法》相悖，诚然，消费者的合法权益受法律保护，但是，消费者权益保护法以及产品质量法等法律法规保护的是“产品”或“商品”，而兼容微机本身并不是一件“产品”或“商品”，作为销售的标的物仍然是电脑散件。

二、举证责任应当如何分配。一审法院认为，就兼容微机而言，因销售者销售的只是配件，只对配件质量负责，消费者选择购买兼容微机，必须自身对电脑的使用、保养、维修等有一定的认识，或者有熟悉电脑知识的朋友的协助，从而能判断兼容微机在运行过程中出现的问题的症结所在，即哪一部分配件有问题。因此，对兼容微机的质量瑕疵的举证责任是指对兼容微机配件质量的举证责任，消费者必须举证是哪一个配件存在质量问题，而不能只笼统地称电脑质量存在问题，当然，消费者只需要举证证明系哪一个配件存在质量问题，而不需要证明该配件产生质量问题的原因，原因的证明应当由销售者举证证明。实践中因为品牌微机出售的是一个整合的产品，消费者只需要证明电脑运行中存在质量问题即可，无须举证证明系哪一个配件存在质量问题，最简单的表现形式就是：品牌微机的主机箱都是用封条封好的，不允许消费者擅自拆封，而兼容微机则截然相反，它根本就没有封条，而只是在每一个电脑配件上贴上公司的销售标志，因此兼容微机用户应当具有比品牌微机用户更高的认识水平。二审法院认为：“消费者通常不具备专业技术人员所能具有的水平而判定哪个配件存在质量问题，只要不是消费者本人使用方法不当等非属保修义务的情形，销售者都应承担相应的责任。原审法院要求原告李某举证证明该兼容微机究竟是哪一配件存在质量问题，并且认为李某只应当对该存在质量问题的配件提出退货的主张，与《消费者权益保护法》相悖。”一般的计算机消费者通常也确实不具备专业技术人员的水平从而判定哪个配件存在质量问题。但是，购买兼容微机的消费者因其购买的是电脑散件，因此，实质是从技术上对该消费者提出了比较高的要求。否则，消费者应当选择品牌微机，如果技术的认识水平较低，却要选择配置兼容微机，当然要承担相应的不利后果。就举证责任分配而言，产品质量的举证责任是在销售方或生产方，但就兼容微机而言，兼容微机的质量问题并不需要举证，需要消费者举证是哪一部分配件存在质量问题，而就是否存在质量问题的举证责任方由销售方或生产方承担。

三、行业惯例能否在司法中运用。在法律无明文规定时，行业惯例亦可作为法官进行利益衡量的一种参照。就兼容微机而言，国家有关部门对其质量并没有统一的、规范的标准，国家有关部门就计算机提出的标准以及国际上有关计算机的诸项标准，如TCO95、TCO99环保认证等，均是直接针对品牌机或者彩色显示器而言的，并没有一种质量标准对兼容微机作出规范。同样的是，国家的法律如《产品质量法》、《消费者权益保护法》也只是对产品或商品的生产、销售进行了规范，但并没有任何一项法律、法规明确了兼容微机是“一台电脑”，是一种合格的、整合的产品。计算机虽然是由若干配件组成，要发挥计算机的特有功能，必须通过整机系统方能完成，单个配件并不能完成计算机的运算、存储、控制等功能。但消费者选择配置兼容微机，虽然目的是为了发挥整机的效能，但本质上仍然是购买电脑散件组装，就如同前面所举自行车一例一样。既然消费者看中了兼容微机较高的性价比，而舍弃了品牌机所能享有的整合产品功能和完善的售后服务，当然，按照诚实信用原则的要求，消费者购买了兼容微机，销售者或生产者只应对配件的质量负责。

法律规范

中华人民共和国消费者权益保护法

（1993年10月31日第八届全国人民代表大会常务委员会第四次会议通过，自1994年1月1日起施行）

第三十五条　消费者在购买、使用商品时，其合法权益受到损害的，可以向销售者要求赔偿。销售者赔偿后，属于生产者的责任或者属于向销售者提供商品的其他销售者的责任的，销售者有权向生产者或者其他销售者追偿。

专家释惑

一、二审作出截然不同的两种判决，其主要原因在于对兼容微机的认识及裁判的价值取向不同。试析如下：

目前，国内市场上的电脑销售主要有两种形式，即品牌微机和兼容微机。所谓品牌微机就是具有商标、经过生产流水线生产，并经检测后出厂的电脑，它以整机为对象，配置固定，零配件的品牌也相对固定，如惠普、联想等品牌电脑。而兼容微机则是一些商家，以散件销售、免费组装的名义，销售电脑。当然，消费者可以任意对配件进行选择。这就是拼装机，也即人们常说的兼容机，它的主要特点在于：一是零配件虽经检测，但整机并无系统兼容性能的检测；二是整机没有独特的商标；三是可以任意现场组装；四是没有品牌机所能享有的完善的售后服务；五是没有品牌机随机提供的正版软件。但是，它的价格较之同样配置的品牌机低廉许多，性能价格比也较品牌机高。其运作方式通常是商家为顾客提供多种品牌、多种性能的电脑配件，消费者可以根据自己的需要或者在销售者的建议之下，选择配件配置一台电脑。因其性价比较高，因此，兼容微机成为国内不少用户特别是个人用户的主要选择。但是，兼容微机并不是一个严格的法律概念，所谓兼容，本意是指对 IBM 即国际商务机器公司微机的兼容、通用性，国家对兼容微机的质量并没有统一的、规范的标准。因此，在兼容微机出现质量瑕疵时，究竟应当以整机还是以部件作为判赔对象，这就成为司法中的分歧所在，也是本案一、二审作出截然不同的判决的原因。

兼容微机运作的行业惯例。在电脑行业中，对于品牌机而言，是将其作为一件产品来对待的，在运作中，均采用整机质量保修的制度，有统一的质保期限，如著名联想电脑的服务。虽然部分品牌机对部分易耗部件如鼠标、光驱等可能会约定特别的质保条款，如多数电脑厂商规定的板卡、CPU 等三年保修，光驱、鼠标等易耗部件一年保修。但是，品牌机的总原则是不变的，即顾客没有自由选择配置的权利，同时也不承担配件质量认定的责任，不论整机哪一部分出现质量问题，厂商就必须为此提供相应的服务，甚至包括对基本软件的服务。厂商是对整机负责，消费者如果选择退货，那么，退的是整机，而非部件。

然而，兼容微机则不同，在电脑行业中，对于兼容微机惯例是以部件为对象，即坏什么换什么，保修也是对配件的分类质保，并不是整机质保。其原因在于兼容微机本身并不存在特定的行业标准，商家为消费者提供各种配件任由选购，消费者可根据自己的需要进行配置，即在电脑行业，兼容微机通常也称为DIY，英文全称为Do It Yourself，即自己动手装配。其发端于一些微机爱好者，不满足于品牌电脑的性能和价格上的限制，而按照自己的需要，购买一些知名电脑配件自行组装。由于兼容微机具有的上述高性价比的特性，相对于国内收入消费水平不高，因此，兼容微机发展成为许多个人用户的选择。商家也开展了代客组装的业务，起初亦要收取一定的组装服务费，但为了促进销售的目的，逐渐发展成为免费代客组装的模式。但就其本质而言，销售者所销售的标的物只是电脑配件，而不是电脑整机。对于销售兼容机的商家来说，其仅仅是将一台电脑所需要的各种配件按照消费者的要求组合起来，提供给顾客使用，各种配件的质保期限都是厂家所给予，其自身并不具备提供质保的条件，对顾客允诺的质保也是等同于厂家赋予商家的质保条款，因此，兼容微机的行业惯例是分类质保，即各配件具有不同的质保期间。因此，在兼容微机行业中，商家只是对部件负责，惯例是坏什么换什么，或坏什么修什么，而且，究竟是哪一部件出现问题还需要消费者自己来认定，虽然现在有不少商家为了促进销售的目的，提供了一些服务，但这种服务相对于品牌机而言，是比较简单的。

联系本案

品牌机的总原则是不论整机哪一部分出现质量问题，厂商都必须为此提供相应的服务。甚至包括对基本软件的服务。但就兼容微机而言，国家有关部门对其质量并没有统一的、规范的标准，消费者购买了兼容微机就是舍弃了品牌机所能享有的整合产品功能和完善的售后服务。因此消费者应当明确，购买了兼容微机后，销售者只有义务对配件质量进行分类质保，而并不对整机承担质量保障责任。

50. 乘客遭遇车祸致残，客运公司要赔偿多少？

案例 50　刘先生诉客运公司车祸损害赔偿案

事情是这样的

2001 年 8 月 10 日，刘先生乘坐苏州某汽车客运公司的“沃尔沃”大客车，由武汉返回苏州。当时正在下雨，路面很滑，谁料驾驶员没有谨慎驾驶，在车行至沪宁高速公路宁沪线 56.5 公里处突然撞上路中护栏。结果客车侧翻，当场两名乘客死亡，数名乘客受伤。经镇江市公安交巡警支队认定，驾驶员对这起重大交通事故负全部责任。刘先生在事故中受伤，先后在镇江、苏州等医院治疗。因脑外伤引起精神障碍，又被送进苏州市广济医院治疗，并被鉴定为有精神障碍、轻度智能障碍、无行为能力。刘先生受伤致残后已无法维持自己与家庭的生计，只能在家休息。

为此，刘先生诉至苏州市金阊区法院，要求根据《消费者权益保护法》等规定，判令被告苏州某汽车客运公司支付原告残疾者生活补助费、残疾赔偿金、护理费、营养费、误工费、交通费、被扶养人必要的生活费及财物损失，共计人民币 35 万余元。被告则认为原告请求过高不能接受。

法院一审认为，本案原告购票上车即与被告客运服务经营者成立了客运合同，也使原告获得了消费者的身份。客运公司为乘客提供有偿服务时，负有将乘客安全及时地送达目的地的义务。由于可归责于被告的原因导致原告在乘车过程中人身、财产受到损害。同时，原告受到的人身和财产损害又是被告提供服务的行为直接造成的，乘客可以依据自己作为消费者的身份要求适用《消费者权益保护法》，也可以忽略自己的消费者身份要求适用《道路交通事故处理办法》。当乘客选择前者时，由于《消费者权益保护法》是全国人大常委会于1993年10月通过的法律，其法律效力高于国务院于1991年9月发布的《道路交通事故处理办法》这一行政法规。

法院最后认为，原告选择适用《消费者权益保护法》和《江苏省实施〈消费者权益保护法〉办法》向被告索赔具有充分的事实与法律依据，予以支持。依照《消费者权益保护法》第7条、第41条、《江苏省实施〈消费者权益保护法〉办法》第25条之规定，法院判令苏州某客运公司向受伤致残的刘先生支付残疾者生活补助费、残疾赔偿金、护理费、营养费、误工费、交通费、被扶养人必要的生活费及财物损失共计人民币30.5万余元。

律师专线

本案既是一起道路交通事故损害赔偿案，又是一起消费者人身损害赔偿案。本案事实清楚，事故责任也已查清，全部责任由汽车客运公司承担。问题的焦点在于原告是否可以选择适用《消费者权益保护法》而不是适用《道路交通事故处理办法》要求赔偿。法院支持了原告的这一选择，依据《消费者权益保护法》法院判令苏州某客运公司向受伤致残的刘先生支付残疾者生活补助费、残疾赔偿金、护理费、营养费、误工费、交通费、被扶养人必要的生活费及财物损失共计人民币30.5万余元。这样一个判决结果还是比较令人满意的。原告可以选择适用《消费者权益保护法》的理由如下：一、原告购票上车即与被告客运服务经营者成立了客运合同，也使原告获得了消费者的身份。客运公司为乘客提供有偿服务时，负有将乘客安全及时地送达目的地的义务。由于可归责于被告的原因导致原告在乘车过程中人身、财产受到损害。同时，原告受到的人身和财产损害又是被告提供服务的行为直接造成的，乘客可以依据自己作为消费者的身份要求适用《消费者权益保护法》，当然，原告也可以忽略自己的消费者身份要求适用《道路交通事故处理办法》。二、根据新法优先旧法、上位法优先下位法的效力原则，《消费者权益保护法》是全国人大常委会于1993年10月通过的法律，其法律效力高于国务院于1991年9月发布的《道路交通事故处理办法》这一行政法规，所以两者间有不一致的地方，依《消费者权益保护法》的规定来处理。

法律规范

中华人民共和国消费者权益保护法

（1993年10月31日第八届全国人民代表大会常务委员会第四次会议通过，自1994年1月1日起施行）

第七条　消费者在购买、使用商品和接受服务时享有人身、财产安全不受损害的权利。

消费者有权要求经营者提供的商品和服务，符合保障人身、财产安全的要求。

第四十一条　经营者提供商品或者服务，造成消费者或者其他受害人人身伤害的，应当支付医疗费、治疗期间的护理费、因误工减少的收入等费用，造成残疾的，还应当支付残疾者生活自助具费、生活补助费、残疾赔偿金以及由其扶养的人所必需的生活费等费用；构成犯罪的，依法追究刑事责任。

专家释惑

《消费者权益保护法》与《道路交通事故处理办法》两部法律对人身损害赔偿的问题的规定存在许多区别，主要有以下几点：

一、赔偿标准不一样。总的来说，《消费者权益保护法》的赔偿标准要比《道路交通事故处理办法》中规定的赔偿标准高，并且《消费者权益保护法》中规定了类似精神损害赔偿性质的残疾赔偿金，而《道路交通事故处理办法》中是没有这一项赔偿的。

二、赔偿主体有不同的认定标准。《道路交通事故处理办法》中规定："交通事故责任者对交通事故造成的损失，应当承担赔偿责任。”也就是说，如果交通事故责任不在客运公司而在第三者的时候，则要由第三者来承担赔偿责任。所以适用《道路交通事故处理办法》时，需客运公司对此次事故负有责任，原告才能请求客运公司赔偿。赔偿数额的大小要根据责任的大小来确定，责任分为全部责任、主要责任、同等责任、次要责任。而适用《消费者权益保护法》时，并不需要客运公司对此次事故负有责任才能向其请求赔偿。因为“消费者在购买、使用商品和接受服务时享有人身、财产安全不受损害的权利。消费者有权要求经营者提供的商品和服务，符合保障人身、财产安全的要求”。也就是说客运公司负有将乘客安全及时地送达目的地的法定义务，即便是第三者造成原告的人身伤害，客运公司也难逃赔偿责任，更不用说此次事故责任还是完全在客运公司。

三、过错责任不一样。《道路交通事故处理办法》规定当事人必须存在过错，有违章行为才要承担责任。而《消费者权益保护法》并没有这样严格的过错规定，即便是由于第三者侵权造成消费者的人身伤害，经营者也须承担补充赔偿责任。

联系本案

对于因交通事故而造成的人身伤害或死亡的，乘客或其家属可以选择适用《消费者权益保护法》来请求赔偿，这样往往可以获得更高的赔偿数额。

51. 空调从天而降，损失谁承担？

案例 51　孟某诉天路行公司安装空调不当案

事情是这样的

孟某是个孝子，自母亲王某因病卧床不起后，他一直悉心照顾着。1999 年 7 月 25 日，孟某在北京天路行贸易有限公司（以下简称“天路行”）的北纬路专营店购买了一台三菱 FR－27 壁挂式空调机，当日下午，天路行的员工到孟家安装并调试使用。空调室内机安装在孟母王某房间的西侧墙上，位于王某床铺的正上方。2000 年 5 月 25 日上午约9:20,空调室内机突然坠落，正砸在王某身上。孟某立即将母亲送至天坛医院，医生诊断为脑出血。在医生要求下，送往天坛医院的协作医院——永南医院住院治疗。其间医院分别于6 月1 日和6 月7 日开出病危和病危通知单。孟某为母亲治疗支付了各种费用达 2. 3 万余元。孟某及家人多次督促天路行支付以上费用，被天路行拒绝。就在母亲生命岌岌之时，老父亲因焦急忧虑、劳累过度，致患心脏病，且两次发作，不幸于2000 年6 月30 日去世。悲痛不已的孟某愤而把天路行告上了法庭。

天路行在答辩状中认为，公司员工在孟某购机当日即赴其家中，在其指定的位置按照规范并使用该机原带的配件给予安装。安装完毕后，孟某在公司员工出具的安装单上给予签字认可。至此，公司“完整履行了”与孟某之间的“交易义务”。该空调的所有人和管理人均为孟某，依据《民法通则》第 126 条:“建筑物或者其他设施以及建筑物上的搁置物、悬挂物发生倒塌、脱落造成他人损坏的，它的所有人或者管理人应当承担民事责任……”同时，天路行认为，空调的安装是由 8 条螺丝胀栓与墙体连接的，根据力学原理不可能自行掉落，而是由于强大外力作用造成螺栓脱出。

丰台区人民法院在2000 年11 月27 日宣布判决，认为天路行所述系外力所致空调室内机脱落未提供出证据，故对此造成的后果应承担责任。王某在受外伤后住院治疗的疾病除头外伤和面部皮肤擦伤系空调脱落所致，其所治疗其他疾病虽非外伤引起，但头部外伤对此确有一定影响。所以，依据《中华人民共和国民法通则》第 119 条之规定，判决：被告北京天路行贸易有限公司赔偿原告王某医疗费 7000 元，车费损失387 元，误工损失 560 元。

律师专线

本案是一起伤害侵权案，法院的判决有两点值得我们关注一下：一是举证责任倒置；二是侵权行为构成要件的因果关系。

举证责任倒置，即受害人只需证明加害人实施加害行为，造成了损害后果，加害行为与损害后果间存在因果关系，无需对加害人的主观过错情况进行证明，就可推定加害人的主观上有过错，应承担相应的责任。加害人为了免除其责任，应由其自己证明主观上无过错。本案中，天路行贸易有限公司对其所述系外力所致空调室内机脱落未提供出证据，那么法律就推定其存在过错。因此法院判处其需要承担赔偿责任。

但是，虽然法院推定天路行贸易有限公司存在过错了，然而并没有判处其承担全部的医药费用，而只承担了 7000 元（医药费用总额是 23000 元）。为什么这样呢？这涉及侵权行为构成要件中的因果关系问题。因果关系是指侵权人实施的违法行为和损害后果之间存在因果上的联系。此种因果关系是行为人对损害事实承担民事责任的必备条件之一。而在实行公平责任和无过错责任的情形下，因果关系是确定责任范围的直接依据。认定因果关系应当注意区分直接原因和间接原因，而且不能简单地认为行为人对间接原因负全责或者概不负责。直接原因，是指必然引起某种损害后果的原因。间接原因，是指通常不会引起特定损害后果的发生，但由于其他原因（如第三人的行为或者受害人自身因素）的介入造成该特定损害的原因。可见直接原因或是间接原因而引发的侵权责任，其赔偿责任是不相同的，要根据两者间的紧密联系程度来确定。本案中，王某在受外伤后住院治疗的疾病除头外伤和面部皮肤擦伤系空调脱落所致，其他疾病虽非外伤引起，但头部外伤对此确有一定影响。因此，本案中空调脱落砸伤王某只是引发本次巨大医药费用的一个间接原因，故此，商家只负部分责任。

法律规范

中华人民共和国民法通则

（1986 年 4 月 12 日第六届全国人民代表大会第四次会议通过，自 1987 年 1 月 1 日起施行）

第一百一十九条　侵害公民身体造成伤害的，应当赔偿医疗费、因误工减少的收入、残废者生活补助费等费用；造成死亡的，并应当支付丧葬费、死者生前扶养的人必要的生活费等费用。

第一百二十二条 因产品质量不合格造成他人财产、人身损害的，产品制造者、销售者应当依法承担民事责任。运输者、仓储者对此负有责任的，产品制造者、销售者有权要求赔偿损失。

专家释惑

为了更好地探究这一问题，我们有必要对侵权民事责任构成要件进行分析，它是指侵权行为人承担民事责任应当具备的条件。包括如下四个方面：

一、损害事实

损害，是指侵权行为给受害人造成的不利后果。损害作为侵权民事责任的构成要件，是由侵权行为法的本质和社会功能决定的。侵权法的功能之一在于补偿受害人所受的损害，使其利益尽可能恢复到如同未曾受到损害的状态。因此，无损害即无责任。损害包括财产损害、人身伤害和精神损害。要构成侵权法上的损害事实必须具备三个条件：一是损害的可补救性。即对损害进行法律救济的可能性，包括量和质上可能。前者是指损害必须达到一定的数量，对于微量损害，法律即认为没有必要予以补救；后者是指损害应当属于法律认可的补救范围之内。二是损害的确定性。即侵害后果和范围在客观上可以认定，难以确定和主观臆测的损害不能作为认定侵权责任的依据。三是损害对象的合法性。即损害的对象是他人的合法权益，针对非法权益的损害不属此列。

二、违法行为

违法行为，是指侵权行为具有违法性。行为人的行为符合法律规定，即使造成损害，不能也不应当承担民事责任。如依法执行公务的行为。违法包括违反法律规定和违背社会公序良俗。违法性主要通过侵权行为损害他人的法定权利和合法利益得到体现。

三、因果关系

因果关系，是指侵权人实施的违法行为和损害后果之间存在因果上的联系。此种因果关系是行为人对损害事实承担民事责任的必备条件之一。而在实行公平责任和无过错责任的情形下，因果关系是确定责任范围的直接依据。认定因果关系应当注意区分直接原因和间接原因，而且不能简单地认为行为人对间接原因概负全责或者概不负责。直接原因，是指必然引起某种损害后果的原因。间接原因，是指通常不会引起特定损害后果的发生，但由于其他原因（如第三人的行为或者受害人自身因素）的介入造成该特定损害的原因。

四、具有主观过错（无过错责任原则不需要主观过错为民事责任的构成要件）

过错，是指当事人的故意和过失状态。故意，是指行为人已经预见到自己行为的损害后果，仍然积极地追求或者听任该后果的发生。过失，是指行为人因未尽合理的注意义务疏忽大意或轻信可以避免而未能预见损害后果，并致损害后果发生。未尽一般人对他人人身、财产的注意义务，为重大过失；未尽处于行为人地位的合理人对他人人身、财产的注意义务，为一般过失。正确划分和认定过错程度对于确定责任的归属和承担具有重要意义。特别是在混合过错和共同过错的情形下，过错程度直接影响到过失相抵规则的适用和共同侵权行为人责任的分担。

联系本案

在侵权案件中，造成损害后果的原因可能有多个，这时要根据原因行为与损害后果的联系紧密程度来确定合适的赔偿责任。侵权行为归责原则一般以过错责任原则为主要归责原则，过错推定原则是一种特殊的过错责任原则，它仍以过错作为承担责任的基础，因而它不是一项独立的归责原则，只是过错责任原则的一种特殊形式。

52. 8岁女童命丧劣药，父母如何求偿？

案例52 何某某诉黄河中心医院使用劣药致死案

事情是这样的

2000年5月4日晚10时许，8岁的何某因扁桃体发炎，由其父亲何某某带往郑州市黄河中心医院就诊。据何某某回忆，当晚值班女医生仅就其发烧原因简单询问后，在未做任何检查的情况下，就开了两天的青霉素等药。在给何某做完皮试后，当晚11时许，医生开始为其输青霉素药液。医院当时使用的液体为自制的250毫升袋装生理盐水。输液20分钟后，何某开始出现胸闷、面部潮红、全身颤抖等症状。医生对此解释说是"输水反应"（输液反应），又过了不久，何某面色苍白、手脚冰凉、神志不清。经过医院长达6个多小时的抢救（使用液体仍是该医院自制的生理盐水）无效，何某于5月5日凌晨6时许死亡。眼看着几个小时前还在给小朋友讲故事的女儿如此突然的离去，何某某及其家人无论如何也接受不了这样残酷的现实，抱着8岁女儿的尸体，何某某大声呼唤着何某的名字，痛不欲生。他实在是不明白为何如此平常的输液竟会断送了自己女儿的生命。何某某认为医院对此事必须有个交代。

在他与家人的强烈要求和多次交涉下，院方于5月6日、7日和7月25日三次对何某死亡原因作了技术鉴定，结果均为"青霉素过敏反应"（注：在医疗纠纷中，青霉素过敏反应属医疗意外，而不属于医疗事故，医院不必承担责任）。事情发生后不久，何某某了解到，就在何某死亡前后的短短几天内，黄河中心医院内竟发生了多起病人产生输液反应的情况。此时，何某某联想到自己的女儿，才开始怀疑可能是医院的药水有问题。在他的一再要求下，黄河中心医院于5月8日将何某所用的生理盐水（批号20000427）送河南省药品检验所检验。之后，何某某多次向医院和药检部门索要检验结果，却遭到拒绝。

无奈之下，何某某于2000年8月13日把黄河中心医院起诉到郑州市金水区法院，并要求司法鉴定，法院没有同意。后由法院委托河南省医疗事故技术鉴定委员会对何某的死因进行鉴定，但鉴定结果迟迟没有出来，法院也因此一直不能开庭。何某某和家人欲哭无泪。何某某坚持认为是黄河中心医院的药害死了自己的女儿，决心查出“罪魁祸首”，在气愤之余，何某某又以“行政不作为”将河南省药监局告上法庭。2000年9月13日，是令何某某难忘的一天，郑州电视台《今日视点》开通的《法律直通车》栏目播出了对何某死亡一事的采访。在该节目中，何某某终于见到了河南省药检所的检验结果，在“细菌内毒素检查记录单”上赫然写着“不符合规定”的字样，鉴定日期为5月12日。至此，何某某认为女儿的死因已经非常清楚。但令他气愤的是，药检结果早在5月12日就已经出来，而黄河中心医院在明知这一事实的情况下，在7月25日的第三次鉴定报告中，却只字未提药品不合格的事，明显是在故意隐瞒。在终于得知女儿所用的注射液不合格后，何某某更加坚定了医院应负责任的想法。但由于医疗事故鉴定不出，法院迟迟不能开庭，一家人只好等待。但这种什么都不做的漫长等待使何某某更加痛苦，他于是想：与其苦苦等待医疗事故鉴定结果，还不如直接找问题的源头，查查医院用的自制药水究竟是怎么生产出来的。2000年10月8日，何某某向河南省药品监督管理局投诉，要求追查黄河中心医院生产、使用劣质自制药水的责任。但之后的几个月里，不管何某某如何催促，河南省药监局始终没有回音。他们的冷漠态度和麻木不仁的行为再一次刺痛了何某某的心。

万般无奈的情况下，何某某于2001年2月23日向郑州市金水区法院提起行政诉讼，要求省药品监督管理局“履行法定职责”，尽快给他们一个明确答复。法院审理后认为，河南省药品监督管理局是河南省人民政府主管药品监督管理的行政机构，其负责对全省药品的研究、生产、流通、使用进行行政监督和技术监督，负责监督检查、抽验药品的生产、经营企业和医疗机构的药品质量。何某某就黄河中心医院生理盐水质量问题进行投诉，药监局理应给予书面答复。在长时间内迟迟不予答复，实属“行政不作为”行为。依据有关法律的规定作出判决：责令河南省药品监督管理局于判决生效后10日内，对何某某的投诉作出书面答复。2001年4月28日，河南省药监局根据判决对何某某作出答复：主要违法事实：黄河中心医院于2000年4月27日至5月5日期间，配制、使用不合格制剂氯化钠注射液。何某使用该批药品后出现不良反应，经抢救无效死亡。经河南省医疗事故技术鉴定委员会鉴定，“患儿何某因输入细菌内毒素超标的液体引起输液反应。输液反应导致主要脏器缺血缺氧，脏器功能衰竭死亡”（豫医鉴［2001］10号）。根据以上事实，依照《中华人民共和国药品管理法》的有关规定，我局于2001年4月20日对黄河水利委员会黄河中心医院进行以下行政处罚：一、处以该批药品价值三倍罚款并没收全部违法所得；二、吊销黄河中心医院《灭菌制剂许可证》。面对这样的答复，何某某很不满意，拒绝签收这份通知单，他气愤地说：“这批劣质盐水是怎么生产出来的？是哪个部门检验的？又是如何用到患者身上的？为什么不追究有关人员的行政责任呢？”也正是从这份处理结果通知单上，何某某才知道河南省医疗事故技术鉴定委员会对女儿死因的鉴定结果已经出来了。但让何某某感到不解的是，自己作为死者的父亲竟然没有人通知他。

经过整整一年的等待，何某某诉黄河中心医院案开庭了。在法庭上，何某某终于看到了那份他一直企盼见到的医疗事故鉴定。2001年8月1日，在女儿何某离开已一年多以后，何某某诉黄河中心医院案开庭了。何某某在法庭上终于见到了那份由河南省医疗事故技术鉴定委员会于2001年3月21日就作出的鉴定意见。鉴定所作结论正如他在药监局回复函中所看到的那样，何某确因输入不合格生理盐水产生输液反应，进而导致死亡，黄河医院自己作出的“青霉素过敏反应”的结论显然是站不住脚的。鉴定书还进一步认定，医院“在患儿何某出现输液反应后，拔掉静脉输液器具，切断输液通道达45分钟的做法错误。针对输液反应没有及时补液、扩容、改善微循环，抢救措施不力，延误了抢救时机”。所以，根据以上事实，最后作出“一级医疗事故”的结论。在法庭上，何某某据此要求医院对女儿和家人造成的损害予以赔偿，具体赔偿的范围是：支付何某的死亡赔偿金20万元，赔偿其因女儿死亡而遭受的经济损失1万元，赔偿他和家人的精神损失费40万元。

律师专线

本案又是一起医疗事故案，医疗事故案件的审理关键在医疗事故鉴定，没有医疗事故鉴定报告，法院是难以作出判决的，因为医疗事故鉴定报告是医疗事故案件中的关键证据。本案中，何某某诉黄河中心医院案经过整整一年的等待才开庭，其原因就是这份医疗事故鉴定报告迟迟没有送达法院。医疗事故鉴定要按法定程序来进行。

按《医疗事故处理条例》的规定，医疗事故鉴定需由医疗事故争议当事人向当地卫生行政部门申请进行医疗事故技术鉴定，对需要进行医疗事故技术鉴定的，卫生行政部门应当交由负责医疗事故技术鉴定工作的医学会组织鉴定，医疗事故争议当事人不能直接向医学会申请进行医疗事故技术鉴定；在医患双方协商解决医疗事故争议的情况下，需要进行医疗事故技术鉴定的，可以由双方当事人共同委托负责医疗事故技术鉴定工作的医学会组织进行鉴定；在提起民事诉讼的情况下，需要进行医疗事故技术鉴定的，法院也可以委托医学会进行医疗事故技术鉴定。

医疗鉴定的时间期限。负责组织医疗事故技术鉴定工作的医学会，应当自受理医疗事故技术鉴定之日起5日内通知医疗事故争议双方当事人提交进行医疗事故技术鉴定所需的材料。当事人应当自收到医学会的通知之日起10日内提交有关医疗事故技术鉴定的材料、书面陈述及答辩。负责组织医疗事故技术鉴定工作的医学会应当自接到当事人提交的有关医疗事故技术鉴定的材料、书面陈述及答辩之日起45日内组织鉴定并出具医疗事故技术鉴定书。也就是说如果是现在申请鉴定，医学会正式受理后60日内应该拿到鉴定书。

本案中，有了河南省医疗事故技术鉴定委员会“一级医疗事故”的结论，则原告的诉讼请求大部分可以得到法院的支持了。

法律规范

医疗事故处理条例

（2002 年 2 月 20 日国务院第 55 次常务会议通过，自 2002 年 9 月 1 日起施行）

第二十条　卫生行政部门接到医疗机构关于重大医疗过失行为的报告或者医疗事故争议当事人要求处理医疗事故争议的申请后，对需要进行医疗事故技术鉴定的，应当交由负责医疗事故技术鉴定工作的医学会组织鉴定；医患双方协商解决医疗事故争议，需要进行医疗事故技术鉴定的，由双方当事人共同委托负责医疗事故技术鉴定工作的医学会组织鉴定。

第二十九条　负责组织医疗事故技术鉴定工作的医学会应当自接到当事人提交的有关医疗事故技术鉴定的材料、书面陈述及答辩之日起 45 日内组织鉴定并出具医疗事故技术鉴定书。

第四十六条　发生医疗事故的赔偿等民事责任争议，医患双方可以协商解决；不愿意协商或者协商不成的，当事人可以向卫生行政部门提出调解申请，也可以直接向人民法院提起民事诉讼。

专家释惑

如何委托医疗事故鉴定？卫生行政部门接到医疗机构关于重大医疗过失行为的报告或者医疗事故争议当事人要求处理医疗事故争议的申请后，对需要进行医疗事故技术鉴定的，应当交由负责医疗事故技术鉴定工作的医学会组织鉴定；医患双方协商解决医疗事故争议，需要进行医疗事故技术鉴定的，由双方当事人共同委托负责医疗事故技术鉴定工作的医学会组织鉴定。

医学会受理医疗事故鉴定的条件：对不符合受理条件的，医学会不予受理。不予受理的，医学会应说明理由。有下列情形之一的，医学会不予受理医疗事故技术鉴定：

一、当事人一方直接向医学会提出鉴定申请的；

二、医疗事故争议涉及多个医疗机构，其中一所医疗机构所在地的医学会已经受理的；

三、医疗事故争议已经人民法院调解达成协议或判决的；

四、当事人已向人民法院提起民事诉讼的（司法机关委托的除外）；

五、非法行医造成患者身体健康损害的；

六、卫生部规定的其他情形。

医疗鉴定的时间期限：负责组织医疗事故技术鉴定工作的医学会应当自受理医疗事故技术鉴定之日起5日内通知医疗事故争议双方当事人提交进行医疗事故技术鉴定所需的材料。当事人应当自收到医学会的通知之日起10日内提交有关医疗事故技术鉴定的材料、书面陈述及答辩。负责组织医疗事故技术鉴定工作的医学会应当自接到当事人提交的有关医疗事故技术鉴定的材料、书面陈述及答辩之日起45日内组织鉴定并出具医疗事故技术鉴定书。也就是说如果是现在申请鉴定，医学会正式受理后60日内应该拿到鉴定书。

当事人和医院是否应向医疗事故技术鉴定工作的医学会提供材料？负责组织医疗事故技术鉴定工作的医学会应当自受理医疗事故技术鉴定之日起5日内通知医疗事故争议双方当事人提交进行医疗事故技术鉴定所需的材料。当事人应当自收到医学会的通知之日起10日内提交有关医疗事故技术鉴定的材料、书面陈述及答辩。医疗机构提交的有关医疗事故技术鉴定的材料应当包括下列内容：

一、住院患者的病程记录、死亡病例讨论记录、疑难病例讨论记录、会诊意见、上级医师查房记录等病历资料原件；

二、住院患者的住院志、体温单、医嘱单、化验单（检验报告）、医学影像检查资料、特殊检查同意书、手术同意书、手术及麻醉记录单、病理资料、护理记录等病历资料原件；

三、抢救急危患者，在规定时间内补记的病历资料原件；

四、封存保留的输液、注射用物品和血液、药物等实物，或者依法具有检验资格的检验机构对这些物品、实物作出的检验报告；

五、与医疗事故技术鉴定有关的其他材料。

在医疗机构建有病历档案的门诊、急诊患者，其病历资料由医疗机构提供；没有在医疗机构建立病历档案的，由患者提供。

医患双方应当依照本条例的规定提交相关材料。医疗机构无正当理由未依照本条例的规定如实提供相关材料，导致医疗事故技术鉴定不能进行的，应当承担责任。

医疗事故技术鉴定的过程是如何进行的？鉴定由专家鉴定组组长主持，并按照以下程序进行：

一、双方当事人在规定的时间内分别陈述意见和理由。陈述顺序先患方，后医疗机构；

二、专家鉴定组成员根据需要可以提问，当事人应当如实回答。必要时，可以对患者进行现场医学检查；

三、双方当事人退场；

四、专家鉴定组对双方当事人提供的书面材料、陈述及答辩等进行讨论；

五、经合议，根据半数以上专家鉴定组成员的一致意见形成鉴定结论。专家鉴定组成员在鉴定结论上签名。专家鉴定组成员对鉴定结论的不同意见，应当予以注明。

如何理解医疗事故鉴定结论？专家鉴定组应当综合分析医疗过失行为在导致医疗事故损害后果中的作用、患者原有疾病状况等因素，判定医疗过失行为的责任程度。医疗事故中医疗过失行为责任程度分为：

一、完全责任，指医疗事故损害后果完全由医疗过失行为造成；

二、主要责任，指医疗事故损害后果主要由医疗过失行为造成，其他因素起次要作用；

三、次要责任，指医疗事故损害后果主要由其他因素造成，医疗过失行为起次要作用；

四、轻微责任，指医疗事故损害后果绝大部分由其他因素造成，医疗过失行为起轻微作用。

若当事人对首次医疗事故技术鉴定结论不服，如何处理？当事人对首次医疗事故技术鉴定结论不服的，可以自收到首次鉴定结论之日起 15 日内向医疗机构所在地卫生行政部门提出再次鉴定的申请。任何一方当事人对首次医疗事故技术鉴定结论不服的，可以自收到首次医疗事故技术鉴定书之日起 15 日内向原受理医疗事故争议处理申请的卫生行政部门提出再次鉴定的申请，或由双方当事人共同委托省、自治区、直辖市医学会组织再次鉴定。

联系本案

出现医疗事故争议，当事人要及时申请进行医疗事故鉴定，医疗事故鉴定报告是处理医疗事故纠纷案件的关键证据。医疗事故技术鉴定只能先向当地卫生行政部门申请，再由卫生行政部门交由医学会组织鉴定，当事人不能直接向医学会申请进行医疗事故技术鉴定。

53. 经营者非法搜查消费者身体，是否承担精神损害赔偿责任？

案例 53　张某、林某诉某集团公司非法搜查身体案

事情是这样的

一天下午，张某、林某一起到××超级市场购物。购物后离开该超市时，超市门口的警报响了，超市的工作人员拦住她们俩："小姐，你们有没有拿什么东西？"张某、林某告知该工作人员她们所买的东西款已付清，此外没有拿什么东西。但市场工作人员对张某、林某的话仍然

表示怀疑，并把张某、林某二人带到超市的收银台，向林某、张某指示该超市张贴的告示，告示的内容其一为“本公司保留在收银处查阅带进本店各类包袋之权利”。在此情况下，张某只好气愤地将所带手袋打开让对方检查，检查之后发现没有未付款的商品。但该市场工作人员继续说“拿了就是拿了”、“机器的检验是最准确的，不用抵赖”之类的话，要求张、林二人交出未付款的商品。张某、林某两人坚持说未拿，双方争吵起来，引来不少人的围观。市场工作人员又将张某、林某强行带至办公室继续质问盘查。在此情况下，张某、林某迫不得已解开衣服、打开手袋，由该超级市场工作人员进行检查。工作人员检查后，未查出张、林二人拿了什么东西，才向二人道歉后放行。张、林二人从未受过此等侮辱，精神上受到很大的刺激。于是张某、林某向某区人民法院提起诉讼，认为该超级市场所属的某集团公司（因该超级市场不具有法人资格，不能作为诉讼主体）的行为严重侵犯了她们的名誉权，要求被告承认错误，赔礼道歉，消除影响，赔偿经济损失，并给付精神损害抚慰金。被告某集团公司答辩称：其下属的超级市场已在场内张贴有“告示”，该告示明明白白写着“本公司保留在收银处查阅带进本店各类包袋之权利”，因此，该超市对原告张某、林某采取的行为不构成侵权，不同意原告的诉讼请求。

区人民法院在审理本案过程中，被告某集团公司开始时仍坚持答辩状的抗辩意见，但以后又改变主意，承认该超级市场的工作人员在处理问题时有失误，对原告张、林二人造成了不良的影响和损害，并当庭向原告口头表示歉意，表示愿意付给原告二人一定的经济补偿。此外，被告还表示，以后一定要完善企业制度，改进工作和服务态度，并愿意与原告进行和解。原告对被告表示的道歉表示欢迎和接受，并表示同意以调解方式解决纠纷。经过法庭的调解，原告张某、林某和被告贸易中心一致同意，由被告付给原告两人补偿2000元，原告张某、林某因被告贸易中心已经道歉，承认了失误，并按协议收到了补偿费，认为其起诉目的已经达到，即向区人民法院当庭递交了撤诉书，其内容为："原告诉被告侵害名誉一案，在法院主持调解下，达成一致意见。鉴于被告已当庭当面向原告致歉，并已支付补偿费2000元，我们的诉讼目的已经达到，故向法院申请撤回起诉。"合议庭在合议后，当即口头裁定，准许原告张某、林某撤诉。

律师专线

本案是一起典型的经营者侵害消费者的人格尊严权利的案例。在消费者权益保护法未制定以前，存在不少类似的情况，商店工作人员强行搜查顾客随身携带的物品，甚至强行搜查顾客的身体，严重侵犯消费者的合法权益。针对这样一系列的类似的严重情况，消费者权益保护法对此作了相应的规定，以保护消费者的合法权益。首先，人格尊严、民族风俗和习惯的受尊重权成为消费者的一项基本权利。《消费者权益保护法》第14条规定："消费者在购买、使用商品和接受服务时，享有其人格尊严、民族风俗习惯得到尊重的权利。"消费者的人格尊严应该受到尊重。公民的人格尊严不受侵犯是宪法所赋予的基本权利之一，故禁止用任何方法对公民进行侮辱、诽谤和诬告陷害。在消费领域中，消费者的人格尊严受到尊重公民的基本权利在消费者权益保护法领域的具体表现。本案中，被告不仅强行搜查原告的包袋，在搜查未果的情况下，还在公共场合也就是收银台处说出"拿了就是拿了"、"不必抵赖"之类的话，使得不明情况的群众对原告二人指指点点，严重损害了两原告的名誉。更为严重的是强行将原告二人带入房间，对其身体进行搜查，使两原告遭受了巨大的屈辱，精神受到重大的刺激。被告工作人员的行为严重侵害了原告的人格尊严权。

其次，侵害消费者人格尊严权的依法要承担责任。消费者权益保护法对侵害消费者的人格尊严或者人身自由权的行为规定的法律责任是停止侵害、恢复名誉、消除影响、赔礼道歉，并赔偿损失。

其三，被告张贴的写着"本公司保留在收银处查阅带进本店各类包袋之权利"的告示是对消费者的不合理、不公平的规定，而且内容违反法律的规定，故其内容无效。消费者在购买商品、接受服务时，他与经营者是处于平等地位的当事人，彼此之间应当相互尊重，其不应当也没有权利作出对消费者不公平的规定。消费者来消费，支付价款，经营者在收取了价款的同时还享有对消费者搜查的权利这是对消费者的严重的不公平。而且消费者所携带的各类包袋属于各自的私人物品，没有通过法律所规定的程序，并且由专门的执法人员执行，他人无权查看其中的内容。如果强行查看就是侵犯了消费者的财产权。故“保留查看各类包袋之权利”等等的说法都是违反法律的强制性规定的。依据消费者权益保护法的规定“经营者不得以格式合同、通知、声明、店堂告示等方式作出对消费者不公平、不合理的规定，或者减轻、免除其损害消费者合法权益应当承担的民事责任”，故被告的行为严重侵犯了消费者的合法权利以及法律所规定的强制性规定，属于无效的规定。

注意：经营者以店堂告示的方式规定了的对消费者不公平、不合理的要求，当属无效。对此消费者在遇到类似的情况时，要依据法律据理力争，并且告知法律的相关规定，以依法保护自身的权利。

法律规范

中华人民共和国消费者权益保护法

（1993 年 10 月 31 日第八届全国人民代表大会常务委员会第四次会议通过，自 1994 年 1 月 1 日起施行）

第二十四条　经营者不得以格式合同、通知、声明、店堂告示等方式作出对消费者不公平、不合理的规定，或者减轻、免除其损害消费者合法权益应当承担的民事责任。

格式合同、通知、声明、店堂告示等含有前款所列内容的，其内容无效。

第二十五条　经营者不得对消费者进行侮辱、诽谤，不得搜查消费者的身体及其携带的物品，不得侵犯消费者的人身自由。

第四十三条　经营者违反本法第二十五条规定，侵害消费者的人格尊严或者侵犯消费者人身自由的，应当停止侵害、恢复名誉、消除影响、赔礼道歉，并赔偿损失。

专家释惑

本案中涉及消费者的基本权利问题。根据《消费者权利保护法》的规定，消费者在购买商品或接受服务时享有如下权利：一、人身财产安全权。人身安全权是指消费者在进行消费活动时享有人身安全的权利，这里的人身安全仅指人的生命健康，不包括姓名权、名誉权等其他人格权。从权利主体来讲，不仅指消费者本人的人身安全，而且指与消费者进行消费活动有关的其他人的人身财产的安全。消费者在消费活动中保证其人身安全不受威胁是一个起码的要求。财产安全权是指消费者在进行消费活动时所享有的财产安全不受损害的权利。财产安全不仅指消费者购买、使用的商品或者接受的服务的财产安全，也包括除了购买、使用的商品或接受的服务以外的其他财产安全。对可能危及消费者人身和安全的产品，生产者和销售者应当在产品上注有明显的标记，不符合人身健康和安全的产品不得销售。二、知情权。消费者的知情权主要包括两方面的内容：其一是消费者享有知道商品或服务真实情况的权利。其二是消费者享有知悉商品或者服务具体情况的权利。三、自主选择权。消费者有权根据法律规定，按照自己的需要和意愿选择商品或服务，以选择经营者、商品品种或服务方式，直到选择某一件具体的商品或者某些具体的服务。经营者要对消费者的这种权利进行尊重，允许并且帮助顾客挑选其所需的商品或服务，并主动向顾客介绍有关商品的常识和服务常识；为顾客挑选、比较商品或服务提供方便。经营者不得强买强卖，不得硬性搭配顾客所不愿意接受的商品或服务，不应拒绝顾客挑选商品或服务的要求。四、公平交易权。消费者在购买商品或者服务时，首先要求质量。五、索赔权。消费者因购买、使用商品或者接受服务受到人身、财产损害的，享有依法获得赔偿的权利。六、结社权。七、获得消费知识权。八、人格尊严、民族风俗习惯的受尊重权。《消费者权益保护法》第 14 条规定："消费者在购买、使用商品或接受服务时，享有其人格尊严、民族风俗习惯得到尊重的权利。"首先，消费者的人格尊严应该受到尊重。公民的人格尊严不受侵犯写进了宪法，禁止用任何方法对公民进行侮辱、诽谤和诬告陷害。在消费领域中，消费者的人格尊严受到尊重是一个基本的要求。资本主义国家奉行的信条是："顾客是上帝。"但由于我国物质文明和精神文明还不太发达，再加上以前我国商业不发达，经营者侵犯消费者人格尊严的事情还时有发生。其次，消费者的民族风俗习惯应该得到尊重。我国是一个多民族国家，各民族都有自己的传统和习惯。尊重各民族的风俗习惯，也就尊重了他们的尊严，使少数民族认识到各民族是一律平等的，有助于民族的团结和国家的安定。九、监督权。其主要内容包括：对经营者生产和经营的商品和服务提出意见；要求经营者根据消费者的意见不断改进，提高商品和服务质量；采取各种方法监督商品和服务的价格、质量、度量计衡等，包括采取虚假广告、假冒商标注册等违法行为；对消费者权益保护工作有关的国家机关和社会组织提出意见和建议等。

本案涉及的另外一个重要问题在于以格式合同、店堂告示、通知等形式表示对消费者的规定的效力。《消费者权益保护法》的总则中明确地规定："经营者与消费者进行交易，应当遵循自愿、平等、公平、诚实信用的原则。"消费者与经营者在法律上处于平等的地位，经营者无权利用自己的优势地位，对消费者施加不平等的要求。这就是平等自愿原则和诚实信用原则。这两个原则贯穿于全部的《消费者权益保护法》。具体而言，经营者无权以格式合同、店堂告示、通知或者其他任何形式，单方面规定对消费者不利或者侵害消费者权益的内容，即使作出了这样的规定也是无效的。

54. 杭州两日游遭遇车祸，旅游合同引发纠纷如何解决？

案例54 旅行社诉医院要求按约支付剩余费用案

事情是这样的

江苏省海安县一医院（以下简称医院）与南通一旅行社（以下简称旅行社）签订了两份组团旅游合同，编号分别为130号和131号。130号合同约定，从2001年5月22日至2001年5月24日，医院参加旅行社组织的为期2日3夜的“杭州—瑶琳—千岛湖二日游”，5月22日晚7时从医院出发去游千岛湖，5月23日去宋城，晚宿杭州，5月24日早餐后游西湖、花港、岳庙、虎跑、黄龙洞、灵隐寺，晚餐后返回海安。游客45人，人均旅游费540元，总计24300元，由医院预付10000元，余款在行程结束后3日内一次性付清。提供包餐6顿，2早4正，共70元。旅行社提供亚星、飞翼或牡丹牌国产旅游车，人均交通费130元。住宿标准二星级，住宿费每人45元。每人交保险费5元，全程导游费人均10元，对门票费用也作了约定。合同同时对相关内容作了详细规定（下文将作进一步阐述）。131号合同中约定，行程起止时间为2001年5月25日起至2001年5月27日止；组团人数为44人；住宿费标准为55元/人；旅游费总额为23760元，其余条款均与130号合同相同。合同订立后，医院预付给旅行社20000元，并按期组团成行。

5月22日19时，旅行社的汽车驶进了医院的大门，首批45名游客踏上了期盼已久的杭州之旅。谁知车子刚出发40分钟就出现故障而停车，经过驾驶员近30分钟的抢修，车子又重新启动了。21时许，车子驶入南通市区，车子再次抛锚，这次检修不好了，乘客等了2个多小时后，旅行社调来第二辆车，再度起程。不巧的是，次日（即5月23日）凌晨7时，调来的车也出现问题，耽搁了近50分钟后，总算修好，又起程。由于路上耽搁的时间太多，合同承诺的早餐旅行社没有提供。由于时间紧，观光宋城的计划也只得取消。同时大家抱怨年青的导游小姐对杭州名胜讲解得极少，对有关的知识似乎也不甚了解，据说她只是个未有导游证的实习生。在游览中，大家自觉或不自觉地走入到别的旅游团队中，听着其他导游的解说。当日下午4时许，大家带着一丝遗憾，踏上了归程。当晚22时45分左右，当车行至205省道苏州市蠡口加油站附近时，旅行社顾某驾驶的大客车与张家港市盛某所驾大货车发生了碰撞。旅行社的车子被撞坏，并有乘客受伤。无奈之中，游客又得于夜色中等候旅行社再派车来。次日凌晨4时许，旅行社派来第三辆车，将游客送回。这次交通事故造成游客仲某等14人程度不同地受伤，经苏州蠡口医院及遵医嘱转海安县医院治疗，累计支付医疗费5825.93元。造成游客仲某误工、护理、住院伙食补助费损失1689.30元，阚某误工损失236.60元。事故中，游客损失财物价值1443元，多支出交通费73元。事故发生后，旅行社垫支伤者在蠡口医院的医疗费1419元及交通费73元，向医院借款800元用于紧急救治。2001年5月28日，该起事故经苏州市公安局交通巡逻警察支队相城大队简易程序调处，确定顾某无责，盛某全责。2002年2月，旅行社与镇医院同时前往苏州，经交警部门与侵害人盛某交涉未果，但各方对经交警部门盖章的损失清单均表示认可。

交通事故发生后，131号合同还是如期履行了。这次医院实去游客45人，另增加了2名儿童。旅行社对景点作了变更，未去黄龙洞，改游飞来峰，飞来峰景点门票人均15元，医院45名游客游览该景点支出675元。全程2名儿童支出168元。

两份合同履行结束后不久，旅行社便开始向医院索要其余的旅游服务费，但医院以交通事故中游客人身及财产损害赔偿未得到落实为由，拒绝支付，引起纠纷，旅行社遂向海安县法院提起诉讼，要求医院按照合同支付其余的旅游服务费用。医院在诉讼中对旅行社提起了反诉，要求承担交通事故损失。

首次开庭时，原告旅行社诉称，旅行社与被告医院签订两份组团旅游合同后，按约履行了应承担的各项义务，而被告却以托词拒付预付款以外的旅游费余额28643元，现请求法院判令被告立即给付，并承担案件受理费。在辩称中，被告医院承认与旅行社签订的两份合同属实，但提出了缺一顿早餐、宋城未游、交通事故的损失承担、保险费有无交付和履行第二份合同改游飞来峰等问题，在要求原告承担违约责任的同时，反诉要求原告承担交通事故的损失。原告当即表示不能接受被告的反诉，并提出了第二份合同增加2名儿童游客的开支问题。

二次开庭时，双方对缺一顿早餐、宋城未游、改游飞来峰、增加2名儿童游客的基本事实，均予以了确认，只是对这些问题是否违约发生了争议，但由于数额不大，并未成为本案争议的焦点。双方主要就交通事故的责任问题及保险费有无交付的问题展开了激烈的争论。

最后，在折减宋城、黄龙洞未游费、一顿早餐费、交通事故赔偿费及违约金等后，海安县法院一审判决被告医院给付原告旅行社15732.17元。

律师专线

一、关于交通事故的损失能否在本案中提出反诉的问题。根据法律规定，反诉，是指在诉讼进行中，本诉被告针对本诉原告向法院提出的独立的反请求。反诉必须与本诉存在牵连关系，所谓存在牵连关系，是指两者存在法律上或事实上的联系。法律上的牵连包括两者源于同一法律关系和两者源于相关的法律关系。医院在出示医院的病历、医药费单据、病休证明等证据后提出：因旅游归途中发生事故，除受伤的14人外，戴某等5名游客也不同程度地生病治疗，19人人身及财产损害总额为15623.81元。130号旅游服务合同第12条规定："游客在旅游中发生人身伤害或财产损失事故时，旅行社应作出必要的协助和处理。如因旅行社原因导致游客人身伤害或财产损失，旅行社应承担损害赔偿责任。非因旅行社原因，导致游客在旅游期间搭乘公共交通运输工具时受到人身伤害和财产损失的，旅行社应协助游客向提供服务的经营者索赔。"根据这一条款，旅行社应对游客的受伤承担合同违约责任，因此反诉与本诉皆是因合同引发的纠纷，属于同一法律关系，故反诉要求原告赔偿 15623.81 元。旅行社则认为：交通事故属于侵权纠纷，其所雇车辆对交通事故的发生并无过错，故其不必承担任何赔偿责任，医院应以肇事者盛某为被告提起侵权之诉，现反诉要求原告承担违约责任是于法无据的；医院在交警部门损失清单以外的赔偿请求，没有可靠的证据佐证，不予认可。法院审理后认为，按照合同约定旅游车辆的安排及人身保险均系旅行社的义务，故对游客归途中在大客车上的人身及财产损害，医院选择要求旅行社赔偿，于法有据，应予支持。赔偿数额应以交警部门盖章确认的数额为准，旅行社向医院赔偿后可依法向侵权者追偿。医院所举的赔偿证据中，未经交警确认的部分，系其本单位出具，且难以确定与本次交通事故存在直接的因果关系，不予认定。

二、关于保险费有无缴纳的问题。130 号合同第 12 条约定，旅行社应当按照有关规定购买保险。合同同时约定每位游客向旅行社交保险费 5 元。庭审中，医院提出旅行社未按约定投保。旅行社称其已投保并提供了投保单。当医院要求旅行社提供缴费单据或相关证据时，旅行社表示不能提供，并认可了医院的说法。事实上，旅行社除提供了一张未附缴费单据的中国人寿保险公司的投保单外，至今未协助医院启动保险理赔程序。保费尽管只有 5 元，但它关系到游客能否获得双份赔偿的大问题。1998 年 7 月 1 日，中国人民银行在银保险（1998）63 号文中，对医疗费用能否重复给付问题给予了明确答复。该文规定，如果在意外伤害医疗保险条款中无关于“被保险人由于遭受第三者伤害，依法应由第三者负赔偿责任时，保险人不负医疗费责任”之约定，保险人应负给付医疗费的责任。依 2009 年修订的《保险法》第 46 条，保险人给付上述医疗费后，不享有向第三者追偿的权利。只要在订立保险合同之初未作此项约定，人身保险的被保险人就可获得双重的医疗费赔偿，即便第三者向被保险人已作了赔偿，保险公司仍应支付约定的保险金。当然，两份赔偿的金额并不一定完全相等，因为保险理赔金额是与缴纳保费的数量成正比的。目前，少数旅行公司（社）在收取游客的保险费后，并未按照合同为游客投保，他们这种行为带有赌博色彩；如果不发生事故，他们就能白得游客的保费，少时白得一二百元，多时数千元，累积成多；其实，旅行社的这种行为不仅坑害了消费者（游客），而且把他们自己也推上了很危险的境地，一旦发生重大事故，他们常常就得自己“吃包”；尽管在不少事故中存在肇事的第三人，但在重大事故中第三人的赔偿能力往往是有限的。在此也提醒游客，在登车前有必要认真查验旅行社缴纳保费的手续，看看是否齐全，这是保护自己利益的最佳方法。

法律规范

中华人民共和国消费者权益保护法

（1993 年 10 月 31 日第八届全国人民代表大会常务委员会第四次会议通过，自 1994 年 1 月 1 日起施行）

第七条　消费者在购买、使用商品和接受服务时享有人身、财产安全不受损害的权利。

消费者有权要求经营者提供的商品和服务，符合保障人身、财产安全的要求。

专家释惑

本案涉及合同违约行为与侵权行为竞合问题。《合同法》第 107 条规定，当事人一方不履行合同义务或履行合同义务不符合约定的，应当承担继续履行、采取补救措施或者赔偿损失等违约责任。这一规定表明，合同法规定的违反合同民事责任的构成要件是严格责任，而不是我国法律过去通常规定的过错责任。也就是说，不管何种情况，亦不管当事人主观上是否有过错，更不管是何种原因（不可抗力除外），只要当事人一方不履行合同或履行合同不符合约定，都要承担违约责任。本案中，旅行社所雇车辆尽管对交通事故（侵权行为）的发生没有过错，但依照上述规定，旅行社仍然要承担违约责任。《合同法》第 290 条规定，（运输合同）承运人应当在约定期间或者合同期间内将旅客、货物安全运输到约定地点。该法第 53 条同时规定，合同中的下列免责条款无效：（一）造成对方人身伤害的……由此可见，保证游客的人身安全是承运人的法定责任，人身伤害发生后，即使合同未约定或已约定免除其安全责任的，承运人仍无法逃脱责任的承担。根据法理学的有关精神，当合同违约行为与侵权行为发生竞合时，受害人可选择其中的一项寻求救济。《消费者权益保护法》第35条第3款，就体现了这样的法理精神，该条款规定，消费者在接受服务时，其合法权益受到损害的，可以向服务者要求赔偿。现法院判决旅行社向医院先行赔偿并无不当，旅行社在赔偿后可向肇事责任人行使追偿权。

透过本案，还有两个问题值得引起广大游客的注意，即医院一再提出的延误行程和导游质量问题。130号合同第15条约定，因旅行社原因，导致旅游开始后行程延误的，旅行社应当征得游客方的书面同意，继续履行合同并支付旅游费用5%的违约金，游客方要求解除合同终止旅游的，旅行社应当安排游客方返回并退还未完成的旅程费用，支付旅游费用5%的违约金。但该合同对到达目的地的最后截止时间未作具体约定，故法院认为医院反诉要求旅行社承担延误行程的违约责任的理由不能成立，未予支持。而双方对导游质量问题根本未作合同约定，医院所提要求的依据就更不足了。最后，需要提醒广大游客的是，在出行前，最好将合同条款订得更细一点。

55. 在儿童娱乐城内摔伤，儿童如何要求人身损害赔偿？

案例55　李某诉某儿童娱乐城损害赔偿案

事情是这样的

1998年10月24日，8岁女孩李某随父母来到位于新世纪公园内的某儿童娱乐城，购买门票并办理识别牌手续后进入城内玩耍。游玩的时候，李某不小心摔倒，结果右前额处受伤。李某的父母急忙叫来工作人员。娱乐城工作人员看情况比较严重，急忙派车把李某送往省红十字会医院治疗，结果受伤处被缝了4针，娱乐城为此支付治疗费82.50元。

事后又派人专门上门看望，并购买营养品。之后，李某父母又带她分别到省人民医院、市儿童医院和市法医院治疗，共用去医疗费 272.40 元。李某的父母认为孩子在娱乐城游玩而受伤，娱乐城负有不可推卸的责任，于是带李某去进行鉴定。经市中院法医技术鉴定中心鉴定李某的伤情为轻微伤；市医学院第二附属医院整复外科和市法医院对李某损伤后期医药费用作了评估鉴定，结论为，李某的今后治疗费需 3500 元。拿着这些依据，李某父母到区法院起诉该儿童娱乐城。原告李某的法定代理人诉称，孩子在被告娱乐城内不慎摔伤并到医院治疗，应由被告赔偿原告为此所花费的医药费和后期治疗费、营养费、误工费、交通费、法医鉴定费以及精神损失费，共计人民币 11592.40 元。被告儿童娱乐城辩称，原告在我方娱乐场所玩耍摔伤属实。事情发生后，我方即派车将原告送往医院治疗，并支付 82.50 元的医药费，还购买了 194 元的营养品。由于原告系自伤，监护人未尽到监护责任，故我方没有过错，不应负赔偿责任。

区人民法院经审理认为，虽然原告在被告经营的娱乐场所玩耍时不慎摔伤是事实，但由于伤案发生的原因并非双方的过错，考虑到原告摔伤后前额已留下伤痕，经法医评估今后治疗费较高，本着公平原则，根据原、被告实际情况，由双方分担责任为宜。据此，一审法院依照《中华人民共和国民法通则》第 132 条的规定，判决：1. 被告已支付的医疗费 82.50 元，营养品 194 元由被告负担外，再由其一次性赔偿原告医疗费 272.40 元、交通费 40 元、误工费 270 元、鉴定费 400 元和今后一次性医疗费 3500 元的 50%，计人民币 2732.40 元；另外的 50% 由原告自行负担。2. 原告的其他诉讼请求不予支持。

宣判后，原告李某不服一审判决，提出了上诉，认为原判关于“伤害发生的原因并非双方的过错，本着公平原则由双方分担责任为宜”的认定与事实不符，被告对李某的摔伤有直接过错，应负完全责任，原判适用法律不当，请求二审法院在明确过错责任的前提下，依照《民法通则》第106条和《消费者权益保护法》第11条、第41条以及第43条规定，支持其一审中所提的全部诉讼请求。

二审法院经审理认为，虽然一审认定的事实正确，证据充分，但适用无过错原则由双方分担责任的处理，显属适用法律不当，因为娱乐城的管理人对孩子负有约定看护义务，其有责任保护孩子游玩时的安全，而在其实行全封闭管理的情况下，家长作为孩子监护人的监护职责应当免除。故儿童娱乐城应负担李某的医疗费、护理费、交通费、鉴定费和今后的治疗费。关于精神损失费，因李某的伤情并未达到应当从法律上给予一定精神抚慰的程度，故其请求不予认可。据此，依照《中华人民共和国民法通则》第106条第2款、《消费者权益保护法》第11条和《中华人民共和国民事诉讼法》第153条第1款第2项之规定，撤销了关于原告和被告共同分担民事责任的判决内容，重新作出如下判决：(1) 由儿童娱乐城于本判决生效后30日内赔偿李某医疗费272.4元、护理费270元、交通费140元、法医鉴定费400元和今后的治疗费3500元，以上共计人民币4582.4元；(2) 原告精神损失赔偿的要求不予支持；(3) 一、二审案件受理费人民币1048元由儿童娱乐城公司负担。

律师专线

上述案例是一起有关儿童人身损害赔偿案，争议的焦点在于是否被告某娱乐城对儿童的人身伤害负有赔偿责任。依据相关的法律规定，被告对原告的孩子的人身损害负有不可推卸的法律责任，理由如下：(1) 被告作为一个大型娱乐设施的经营者负有保证提供的服务安全的义务，这是法律所明确规定的义务。《消费者权益保护法》第18条规定："经营者应当保证其提供的商品或者服务符合保障人身、财产安全的要求……" 第7条也规定："消费者在购买、使用商品和接受服务时享有人身、财产安全不受损害的权利。消费者有权要求经营者提供的商品和服务，符合保障人身、财产安全的要求。" 因此被告在提供儿童娱乐设施服务的同时，有看护和保证儿童顾客的安全的义务。而且其作为一个专业的儿童娱乐服务提供者，应当预见儿童在游玩时可能会发生的一些危险的情形，必须相应地加强现场管理，完善必要的安全保护设施。在本案的情况中，被告对应当预见的危险没有预见和注意，终于导致损害结果的发生，被告属于明显的看护不当，应当承担相应的法律责任。（2）被告仅仅在门票后面所注的注意事项并不足以满足其履行看护责任的要求，并且原告作为孩子的监护人这一事实也不足以免除被告的责任。娱乐设施服务的对象是儿童，对于儿童而言，他没有足够的能力保证能够对自己的安全负责，也没有足够的能力识别被告所给出的那些警示，理解被告所给出的那些注意事项。被告应当充分地意识到这一点，积极采取各种安全措施，预防危险的发生。原告作为受伤儿童的父母是法定的监护人这是事实，但这一事实的存在并不影响被告的看护不当所引起的责任。只要不是原告故意伤害自己的孩子，那么孩子在接受服务中所受到的损害都应当由服务的提供者，也就是被告来承担。

本案涉及的另外一个重要问题是法律适用问题。在法律的适用上遵循的一般原则是：特别法优于普通法。适用于一切领域的法律为普通法，适用于特定领域的法律规范为特别法。特别法优于普通法指的是，对于该事项有特别法时适用特别法，而不适用普通法，只有无特别法可适用时才适用普通法。本案被告提供给原告的孩子以儿童娱乐服务，并且收取相应的费用，原告的孩子是被告提供服务的消费者，原告的孩子在接受服务的过程中人身健康受到损害，这样的法律关系是消费者权益法所调整的范围。虽然这是一起侵权案件，民法通则也可对其调整，但是消费者权益保护法作为特别法应当优先适用。

综上所述，依据消费者权益保护法，被告的行为违反了其作为一个经营者所应当承担的保证提供符合人身和财产安全的服务的义务，给消费者造成了损害，应当承担损害赔偿责任。本案一审中，认定原、被告均无过错，故承担公平责任的认定的不当之处在于没有注意到被告的经营者身份，以及依据《消费者权益保护法》经营者应当承担的法律责任。二审中适用《消费者权益保护法》，原、被告双方的法律责任有了明确的认定，应当说是符合法律规定的。

法律规范

中华人民共和国消费者权益保护法

（1993 年 10 月 31 日第八届全国人民代表大会常务委员会第四次会议通过，自 1994 年 1 月 1 日起施行）

第七条　消费者在购买、使用商品和接受服务时享有人身、财产安全不受

损害的权利。

消费者有权要求经营者提供的商品和服务，符合保障人身、财产安全的要求。

第十八条　经营者应当保证其提供的商品或者服务符合保障人身、财产安全的要求。……

专家释惑

本案的关键在于被告的责任的认定。责任的前提是存在义务，违反了义务才有追究责任的问题。因此，本案应当首先确定的问题是原、被告的身份问题。被告是一个儿童娱乐服务的专业提供者，原告交了一定的费用来享受被告提供的服务。原告与被告之间形成了消费提供和接受之间的关系，也就是消费关系，这正是消费者权益保护法所调整的范围。因此，本案的立足点，应当是《消费者权益保护法》。

其二，依据《消费者权益保护法》，经营者承担着提供符合保障人身和财产安全的服务的义务。因此，被告应当以一个专业的服务提供者所应当具有的谨慎、小心以及相应的知识，对本服务所可能产生的危险作充分的预防，防止损害的发生。包括配备足够的具有一定专业训练的工作人员看护游玩的儿童；作出适当的说明和提醒，让儿童的监护人了解娱乐中可能会产生的危险，并协助娱乐场的工作；提供符合相应的质量标准的娱乐设施等等。如果尽了这些注意义务，仍然不能避免损害的发生，那就不是经营者的责任了。

其三，在存在责任的前提下，接下来的问题就是追究责任适用的原则的问题。虽然一、二审人民法院在认定事实上出入不大，但在法律适用和处理结果上却迥然不同，即一审适用无过错责任原则，判令当事人双方共同分担赔偿责任，二审则适用过错责任原则，判令作为管理人和经营者的儿童娱乐城承担赔偿责任而免除受害人李某法定代理人的监护责任。娱乐城门票背面承诺和其服务对象的特定性，其看护和保证儿童顾客人身安全的责任是不容推辞的。虽然通过制定识别牌制度、注意事项等作出了一些必要的安全防范和保护，但仍不足以预防和避免儿童受伤事件的发生。由于其疏忽现场安全管理，一些必要的安全保护设施不完善，故对本应当预见儿童在游玩时可能会发生一定危险的情形没有预见和注意，终致上述案例损害后果发生，这显然属于看护不当。从法律上讲，就是儿童娱乐城对李某的不慎摔伤负有过失，应对损害后果负完全责任。《消费者权益保护法》第 7 条规定："消费者在购买、使用商品和接受服务时享有人身、财产不受损害的权利。"该法第 11 条进而规定："消费者因购买、使用商品或者接受服务受到人身、财产损害的，享有依法获得赔偿的权利。"我国《民法通则》第 106 条第 2 款也明确规定："公民、法人由于过错侵害国家的、集体的财产，侵害他人的财产、人身的，应当承担民事责任。"就上述案例而言，李某显然是一个接受娱乐服务的消费者，其购买了娱乐城的门票后按上述法律规定即享有人身不受损害的权利。由于娱乐城的过错造成李某不慎摔伤后，李某有权依法获得赔偿。按照特别法优于普通法的原则，由于上述案例双方当事人的主体及事实符合消费者权益保护法的调整范围，故上述案例应优先适用消费者权益保护法；又由于上述案例的过错责任完全在作为经营者的被上诉人，故二审法院同时还适用了《民法通则》的相关规定。

基于上述法律规定和上述案例确认的事实，由于儿童娱乐城实行的是全封闭管理，幼儿、儿童自购买门票和办理完识别牌手续后，双方即形成一种约定看护的权利和义务关系。作为义务人一方的儿童娱乐城应义不容辞地担负起保障在娱乐城内游玩的孩子的安全义务，即便是孩子自己不慎摔伤，这种义务也不能免除。相反，对孩子负有监护职责的家长，由于公司门票背面的郑重承诺和其管理方式、场地、设施的限制，致使家长对在娱乐城游玩的孩子无法履行监护职责，在这种情况下，其监护职责应当免除。综上理由，由于儿童娱乐城负有保证儿童游客的义务，然而其疏于现场安全保护和安全管理，一些必要的安全保护设施和措施不完善，对幼儿、儿童在娱乐城游玩时可能会出现一定危险的情形未尽到足够的注意义务，已构成法律上的过失，故应依照我国《消费者权益保护法》和《民法通则》的有关规定承担相应赔偿责任。一审法院以“伤害发生原因并非双方过错”而作出双方“本着公平原则分担责任”的判决显属适用法律不当，二审法院认定娱乐城因过失未能适当履行自己的义务而改判其承担李某受伤害的赔偿责任是正确的。

56. 在游泳池意外死亡，谁该承担责任？

案例 56　马某家属诉某游泳池管理不善致人死亡损害赔偿案

事情是这样的

马某是某厂的一名离休干部，1996 年 9 月 13 日下午 4 时左右，到某学院露天游泳池购票入池游泳一夜未归，第二天早上 8 时左右，马某家属就来到游泳池，要求管理人员查找。管理人员说：“那么大一个人如果在的话我们肯定是会发现的”，又说什么“我们都很忙，你们回家等吧，说不定他已经回家了”。马某的家属苦苦哀求管理人员检查，管理人员这才勉强打开了男更衣室，发现马某的衣裤锁在 232 号换衣柜内。马某的家属见状急坏了，急忙要求清场。游泳池工作人员经不住马某家属的苦苦哀求，开始清场打捞，于 12 时左右，从该游泳池深水区（3 米）处将尸体打捞出池。管理人员没有好言安慰反而要求马某家属：“赶快搬走尸体，以免影响营业。”然后草草地把尸体置于草地上，因为天气比较热，尸体上逐渐爬满了蚂蚁。马某家属要求游泳池对死者死亡给一个说法时，管理人员以“领导放假不能来”为由，不通知学院领导到场解决问题，而是到一边歇凉去了。不得已，马某的家属请马某所在单位出函，将马某的尸体领走并存放在殡仪馆至同年9月28日火化。马某的家属对游泳池的行为十分愤慨，9月18日，马某家属投诉到省消费者协会，要求按照消费者权益保护法规定，游泳池经营方向死者家属承认错误赔礼道歉，同时赔偿相应的损失。消费者协会调查查明：(1)该游泳池以对内服务为主，兼对外服务，深水区水深最深处达7米，只配备一名救生人员，且该救生员未经有关部门考核；并且在出事当天，因下雨多数游泳者已上岸，救生员也到雨棚躲雨，擅自离开工作岗位；(2)管理人员在每场结束后未进行清场，致使游泳者死亡而衣物尚存现象不能被及时发现，未采取相应措施；(3)该游泳池安全网、水深标志、指挥台、救生器械、急救室等设备不全，不具备对外营业的条件而对外营业；(4)凭健康证购票入池制度形同虚设。

省消协依据调查的事实主持双方进行调解，但双方当事人因对赔偿数额分歧较大而未达成一致协议。在消协的支持下，马某家属于9月20日向市中级人民法院提起诉讼，要求赔偿丧葬费、死亡赔偿费、死者生前扶养的人的扶养费共计70000元，精神损失费20000元以及案件受理费。该法院法医活体检验鉴定中心随后对马某做了尸检，结论为：马某系因游泳过程中冠心病急性发作而死亡，属病理性死亡。法院认为，上述案例被告未按照游泳池（馆）的有关规定，严格要求泳者持健康证入池，将体质有病的人放进泳池，且死者发病时，无人发现并采取抢救措施，于出事的次日才将尸体打捞出来。因而，泳池管理混乱系马某死亡的一个条件。据此，判令被告赔偿原告丧葬费及死者家属精神损失赔偿金12540元，并承担案例受理费471元。

律师专线

这是一起典型的因服务者违反规定提供质量极差的服务而导致消费者意外死亡的纠纷案。本案的被告违反了提供保障消费者安全的服务的义务，应当承担法律责任。《消费者权益保护法》第18条规定，经营者应当保证其提供的商品或者服务符合保障人身、财产安全的要求。游泳业是有一定危险的行业，因此应当提供安全设施与设备，设置警示标志、水深标志，配备专业的和足够数量的救生人员，否则就不具备对外经营的条件。在本案的情况下，该游泳池深水区水深最深处达 7 米，但是只配备一名救生人员，且该救生员未经有关部门考核，该游泳池安全网、水深标志、指挥台、救生器械、急救室等设备不全，不具备对外营业的条件而对外营业。不仅如此，该游泳池的管理也极为混乱：管理人员在每场结束后并没有按照要求及时进行清场，致使游泳者死亡而衣物尚存现象不能被及时发现，也就无法采取相应措施；本来考虑到游泳有一定的危险，因此要求凭健康证购票，但是该制度形同虚设。本案的死者生前患有冠心病，是不应当让其入池的。因此被告没有提供保障消费者安全的服务，导致出现消费者死亡的严重后果，应当承担相应的赔偿责任。

《消费者权益保护法》第 42 条规定："经营者提供商品或者服务，造成消费者或者其他受害人死亡的，应当支付丧葬费、死亡赔偿金以及由死者生前扶养的人所必需的生活费等费用；构成犯罪的，依法追究刑事责任。"本案中，经营者提供质量极差的服务导致消费者死亡的事实非常清楚。但是，因为经营者提供的极差的服务仅仅是造成死亡的条件，不是死亡的直接原因，因此判决赔偿丧葬费，不支持死亡赔偿金以及由死者生前所扶养的人所必须的生活费是符合法律的责任分担原则以及公平原则的。

被告在死者死亡后的处理措施、态度对死者的家属造成巨大的精神损害，依法应当赔偿一定的精神损害赔偿费。体现在死者家属一再要求管理人员检查打捞，但遭到拒绝，尸体打捞上来后迟迟不进行善后处理，找种种理由进行推脱，甚至让尸体暴晒于烈日之下，置于草地之上结果让蚂蚁爬上，这应该说对死者家属的精神打击很大。依法要求赔偿一定的精神损失费是合理合法的。

法律规范

中华人民共和国消费者权益保护法

（1993 年 10 月 31 日第八届全国人民代表大会常务委员会第四次会议通过，自 1994 年 1 月 1 日起施行）

第四十二条　经营者提供商品或者服务，造成消费者或者其他受害人死亡的，应当支付丧葬费、死亡赔偿金以及由死者生前扶养的人所必需的生活费等费用；构成犯罪的，依法追究刑事责任。

最高人民法院关于确定民事侵权精神损害赔偿责任若干问题的解释

（2001年2月26日最高人民法院审判委员会第1161次会议通过，自2001年3月10日起施行）

第八条　因侵权致人精神损害，但未造成严重后果，受害人请求赔偿精神损害的，一般不予支持，人民法院可以根据情形判令侵权人停止侵害、恢复名誉、消除影响、赔礼道歉。

因侵权致人精神损害，造成严重后果的，人民法院除判令侵权人承担停止侵害、恢复名誉、消除影响、赔礼道歉等民事责任外，可以根据受害人一方的请求判令其赔偿相应的精神损害抚慰金。

专家释惑

《消费者权益保护法》第42条规定："经营者提供商品或者服务，造成消费者或者其他受害人死亡的，应当支付丧葬费、死亡赔偿金以及由死者生前扶养的人所必需的，生活费等费用；构成犯罪的，依法追究刑事责任。"本案事实清楚，经营者违反了有关国家对游泳场经营管理的要求，没有提供安全的游泳场所，服务态度和提供服务质量十分差，严重地违反了消费者权益保护法所规定的经营者的义务。虽然消费者的死亡经检验鉴定是属于病理性死亡，但正如法院所认定的"管理者的管理混乱是死亡的条件之一"，这也就是经营者需承担致消费者意外死亡的责任的原因之所在。《消费者权益保护法》第42条规定了在消费领域侵犯消费者或其他人生命权的法律责任，实际上是在消费领域内对公民的生命权的保护。在实际生活中，经营者提供商品或服务造成消费者或他人死亡的事件屡有发生，主要是由于提供涉及消费者人身健康和安全的商品或服务的经营者违反有关法律的规定，提供的商品或服务不符合有关标准造成的。因此，既然经营者的劣质服务是本案死者死亡的条件之一，就必须承担相应的赔偿责任。当然正因为劣质服务不是死亡的直接原因，因此，经营者承担部分的责任，这就是不赔偿死者生前扶养的人的必需的生活费的原因之所在。

该案法院判决被告精神损失费的依据是：马某死亡后，游泳池管理人员的态度和行为确实给死者家属的精神造成了一定的伤害。被告服务态度太差，造成了死亡者家属本应可以避免的精神创伤，其体现在死者家属一再要求管理人员检查打捞遭到拒绝，尸体打捞上来后迟迟不进行善后处理，让尸体暴晒于烈日之下，置于草地之上且有蚂蚁爬上，这应该说对死者家属的精神打击很大。对受害人的亲属这种巨大的精神创伤给予精神损害赔偿是非常必要的，《消费者权益保护法》对死亡赔偿金的规定是我国立法上的一个重大突破，有利于更好地维护消费者的合法权益。

根据最高人民法院 2001 年 3 月 10 日公布实施的对精神损害赔偿的司法解释，民事侵权行为造成自然人精神损害的，应该承担赔偿责任。根据司法解释的规定，自然人的生命权、健康权、身体权、姓名权、肖像权、名誉权、荣誉权、人格尊严权、人身自由权等人格权利，遭受非法侵害时，可以依法请求赔偿精神损害；违反社会公共利益，社会公德侵害他人隐私或者其他人格利益的，受害人有权依法请求赔偿精神损害，公民去世后，其姓名、肖像、名誉、荣誉、隐私、遗体等人格权利，受到非法侵害，使死者的近亲属受精神痛苦的，死者的近亲属也可以依法请求赔偿精神损害；有人格象征意义的特定纪念物品，因遭受侵权行为而永久性灭失或者毁损时，物品所有人有权依法请求赔偿精神损害。精神损害赔偿只是当事人承担民事责任的一种方式。因侵权行为致人精神损害，但未造成严重后果的，法院可以判令侵权人停止侵害、恢复名誉、消除影响、赔礼道歉；造成严重后果的，应根据受害人一方的请求同时判令侵权人赔偿相应的精神损害抚慰金。精神损害的赔偿数额，应当考虑侵权人的过错程度，侵害的手段、场合、行为方式等具体情节，侵权行为所造成的精神损害的后果，侵权人的获利情况，侵权人承担责任的经济能力以及受诉法院所在地的平均生活水平等各种因素，综合予以确定。

精神损害赔偿责任的构成要件与财产损害赔偿责任的构成条件原则上并无不同，两种同属于侵权损害赔偿，故精神损害赔偿责任的成立也应具备以下要件：第一，有损害后果。即因人格权益等有关的民事权益受到损害，造成受害人非财产上的损害（包括精神痛苦和肉体痛苦）。第二，有违法侵害自然人人格和身份权益的侵权事实。违法性的判断标准，一是直接侵害法定权利，二是以违反社会公共利益或者社会公德的方式侵害合法的人格利益。第三，侵权事实和损害后果之间具有因果关系。第四，侵权人主观上有故意或者过失，但法律另有规定的除外。需要说明的是，具备以上构成要件，侵权人应当承担相应的民事责任，但对未造成严重后果的，受害人请求精神损害赔偿的，一般不予支持。

联系本案

精神损害赔偿只是当事人承担民事责任的一种方式，而责任承担方式与责任的大小存在一定的均衡性。金钱赔偿属于较严重的责任承担方式，只有造成较为严重的后果时，才予以金钱赔偿，这符合公平、正义的基本法律原则。

57. 顾客在酒店被无故殴打，酒店应承担什么责任？

案例 57　张某诉××大酒店伤害赔偿案

事情是这样的

2001 年 10 月 30 日，张某因为出差住进了××大酒店。当晚 11 时许，张某从外面办事返回到××大酒店。在该酒店四楼走廊，迎面走来3名身份不明的男子。张某想到自己是外地人，应当处处小心，多多忍让，于是就放缓脚步准备让他们先走。不料这3人竟走到张某面前，出言调戏。张某稍微申辩几句，不想一男子竟然捋起袖子殴打张某。张某大声呼救，一些闻声而来的人只是在一旁观看。更有甚者，围观的一些人就是酒店的保安和服务人员，但是他们居然没有一人出言或出手制止。直到张某被打得头部流血、不能动弹，3名男子才大摇大摆地离去。后来张某被送去市医院治疗，经医院诊断其伤情为：头部外伤综合征，腹部及四肢多处软组织挫伤。

张某出院后非常气愤，要求××大酒店对他所遭受的伤害进行赔偿，但是被酒店给无理拒绝了。为了讨回公道，张某向该市人民法院提起诉讼，称：自己在酒店被打前后长达10多分钟，酒店的总经理、保安人员及服务员多人皆站在旁边围观，无人上前阻拦，其未得到酒店应有的保护。被告不履行保护住店顾客安全的职责，严重地侵害了其作为消费者的合法权益。依据《消费者权益保护法》第11条关于"消费者因购买、使用商品或者接受服务受到人身、财产损害的，享有依法获得赔偿的权利"的规定，请求法院判令被告××大酒店赔偿其医疗费360.70元，交通费300元，住宿费1360元，误工补助2800元，精神损失费5000元。被告××大酒店答辩称：原告要求我店赔偿的事实证据不够充分，赔偿的费用有的不是因伤支出费用，我店不应承担赔偿责任。

市人民法院经公开审理认为，依照《民法通则》、《消费者权益保护法》的有关规定，被告××大酒店对住店顾客依法负有保障其人身和财产安全的责任。被告没有履行其法定义务，致使原告张某人身受到伤害，应承担赔偿责任。原告要求被告赔偿其人身损害的经济损失，应予支持。

在法院作出判决之前，被告主动要求协商解决。因此，双方达成和解协议，由被告赔偿原告4500元人民币。原告即以已与被告和解为理由，向市人民法院申请撤回起诉。市人民法院经审查认为：原告提出的撤诉申请符合法定条件。依照《民事诉讼法》第131条的规定，于1997年4月15日裁定如下：

准许原告张某撤回起诉。

律师专线

这是一起消费者状告提供住宿服务的经营者不履行保护顾客人身安全义务，致使其人身受到伤害而要求其给予赔偿的案例。本案的被告××大酒店违反了经营者提供服务应当保障顾客人身和财产安全的义务，依法应当承担损害赔偿责任，理由如下：

第一，被告××大酒店作为经营者（服务经营），对住店顾客负有保障其人身和财产安全的责任。原告张某在被告处登记住宿，接受被告提供的有偿服务，是一种消费行为。被告是提供住宿服务的经营者。根据《消费者权益保护法》第7条规定："消费者在购买、使用商品和接受服务时享有人身、财产安全不受侵害的权利。"第18条规定："经营者应当保证其提供的商品或者服务符合保障人身、财产安全的要求……"因此，原告作为消费者依法享有在被告处人身和财产安全不受损害的权利，被告作为经营者即负有依法保障顾客人身和财产安全的义务。为了保障住店顾客的人身和财产安全，被告应有完善的酒店安全管理措施，明确其保安部门的职责，并要保证其职能部门依法履行其义务。然而，在上述案例中原告遭受不明身份的人调戏、殴打时，被告的保安人员却未能迅速采取有效措施加以制止，反而在旁边围观，从而使原告受到了人身伤害，因此，其服务瑕疵是显而易见的。

第二，被告因未能履行其法定义务，致使原告人身受到伤害，应承担赔偿责任。《民法通则》第106条第1款规定："公民、法人违反合同或者不履行其他义务的，应当承担民事责任。"《消费者权益保护法》第35条第3款规定："消费者在接受服务时，其合法权益受到损害的，可以向服务者要求赔偿。"在上述案例中，被告的保安人员在原告遭他人殴打时，有责任也有条件履行其法定义务，却在一旁围观，其不作为的行为违反了法律要求其作为的规定，致使原告合法权益受到不应有的损害，被告应对自己的过错承担赔偿责任。

第三，原告要求精神损害赔偿缺乏事实和法律依据。在上述案例中，原告受到的是人身伤害，系生命健康权受到侵害，因此，被告所应承担的是相应的经济赔偿责任。而精神损害赔偿，是当事人人格权受到不法侵害时，侵权人应承担民事责任的一种方式。因侵权行为致人精神损害不一定就会获赔精神损害赔偿金，未造成严重后果的，法院可以判令侵权人停止侵害、恢复名誉、消除影响、赔礼道歉；只有造成严重后果的，才根据受害人一方的请求同时判决侵权人赔偿相应的精神损害抚慰金。上述案例中原告并没有证据证明自己的人格权受到侵害，故其要求精神损害赔偿是没有事实和法律依据的，因此不能得到法院的支持。

法律规范

中华人民共和国消费者权益保护法

（1993 年 10 月 31 日第八届全国人民代表大会常务委员会第四次会议通过，自 1994 年 1 月 1 日起施行）

第七条　消费者在购买、使用商品和接受服务时享有人身、财产安全不受损害的权利。

消费者有权要求经营者提供的商品和服务，符合保障人身、财产安全的要求。

第十一条　消费者因购买、使用商品或者接受服务受到人身、财产损害的，享有依法获得赔偿的权利。

专家释惑

经营者应当保证提供的商品和服务符合保障人身、财产安全的要求，这是经营者的基本义务。这就意味着经营者必须有适当的注意，采取相应的安全保障措施，确保提供的商品或者服务不对消费者的人身、财产安全构成威胁。上述案例中，被告作为酒店的经营者，在提供食宿服务的过程中，应当保障消费者的人身、财产安全。为此，应当配备适当数量的受过专业训练的保安，制定有关的安全管理措施，管理酒店的安全秩序。但是被告虽有保安，但面对消费者被无故殴打的情况，只是围观，不上前制止以致原告多处受伤。被告严重违反了保证提供的商品和服务符合保障人身、财产安全的义务，依法应当承担损害赔偿责任。

本案在处理过程中，出现了这样的情况：案件已经进行了审理，但当事人之间在私下里达成了和解，这里产生的问题是，和解和审判之间是什么关系，什么时候能进行和解，和解有什么法律效力呢？依据我国民事诉讼法的相关规定，民事诉讼奉行的基本原则是当事人意思自治，因此当事人有权利处分自己的权利，也就是说可以放弃或者主张自己的权利，可以与对方达成意思自治（也就是和解）。和解可以在诉讼的任何阶段作出，既可以是当事人之间私下达成，也可以是在审判庭的主持建议下进行。当事人达成和解对各方当事人并没有法律的约束力，也就是说当事人如果在和解后对和解的内容不予执行，对方并不能请求法院强制执行，对方能够采取的对策是向法院起诉。如果和解是在庭审的过程中作出，那么当事人和解后，一般伴随着就是撤诉。撤诉的法律效力是等同于没有起诉。因此如果任何一方对和解的内容反悔，可以重新向法院起诉。

58. 受害人有过错时，经营者如何承担安全保障义务补充责任？

案例 58　受害人家属诉旅行社未尽安全保障义务损害赔偿案

事情是这样的

2005 年 9 月 9 日，杜家豪及其供职的中英人寿保险有限公司花都营销服务部（以下简称中英人寿花都部）部分员工、部分客户一行 39 人，参加由广州市花都国际旅行社有限公司（以下简称花都国旅公司）组织的“珠海一日游”活动。上午 11 时 40 分一行人到达行程第一站“珠海渔女”。11 时 45 分，杜家豪在“珠海渔女”巴士站路段由东往西方向横过情侣路时被由情侣路自北往南行驶的一辆小型客车撞上，杜家豪当场受重伤，小客车车辆损坏。事故发生后，珠海市公安局交通警察支队香洲交警大队出具的《交通事故认定书》认定，小客车驾驶人李重生驾驶机动车行驶在有人行横道的路段时，没有按照操作规范安全、文明驾驶，违反了道路交通安全法的规定，是导致此事故的一方面过错；杜家豪在有人行横道的道路上，没有按规定横过道路，也违反了道路交通安全法的规定，是导致此事故的另一方面过错。依照《交通事故处理程序规定》第45条规定，李重生、杜家豪均承担此事故的同等责任。2005年10月14日，广州市花都区人民医院内科四区出具的《诊断证明书》显示杜家豪因颈椎骨折、颈3椎体滑脱并高位截瘫、呼吸停止、肺部感染于该日抢救无效死亡。

杜家豪的母亲邓葵兴、妻子刘少英、子女杜远桦、杜远晖认为，花都国旅公司对游客未尽人身安全保障义务，致使杜家豪发生交通事故，应当对杜家豪遭受人身损害而死亡这一后果承担一定的赔偿责任，于是向法院提起诉讼主张死亡赔偿金、医疗费、精神损害抚慰金等16项权利。

庭审中，花都国旅公司提出了两点抗辩：第一，与其存在旅游合同法律关系的是中英人寿花都部而非杜家豪，花都国旅公司与杜家豪之间没有旅游合同关系。第二，杜家豪因自身交通违章而死亡，其死亡与花都国旅公司的导游是否在场无必然因果关系。据此花都国旅公司不应承担赔偿损失的责任。

广东省珠海市香洲区人民法院经过调查查明：在本案事故发生现场情侣路上的机动车的流量较大、且通行速度偏高，旅游车辆的固定停放点与“珠海渔女”景点间跨越双向多车道，景点又恰在该路段的弯道处。而因弯道的视觉阻挡，自北往南行驶的机动车驾驶人在拐弯前并不能看清在弯道处活动的行人。在杜家豪参观完毕“珠海渔女”，由东往西横过情侣路返回停车点时，花都国旅公司的两位导游仍然停留在景点处为其他游客拍照，导游徐新莉、跟团实习导游温慧玲证实当时她们并没有组织全体游客集体通过马路前往“珠海渔女”景点。

法院认为：事故发生时，旅游团因旅游公司疏于专业管理而处于松散状态，在杜家豪意欲直接横穿马路时，两位导游并未发现并及时劝阻，未尽其所能地避免事故发生。花都国旅公司作为旅游项目经营者，应当对该景点附近的交通状况有专业认识，故其应能预见游客从停车点或从景点直接穿越马路均具有高度的危险性。在如此“高危”路段为游客提供旅游服务，便应对游客人身安全有高于往常的注意，不仅应向游客提示不从人行横道通过马路之危险的存在，还应组织全体游客从人行横道上集体通过道路，尽其所能地消除威胁游客人身安全的隐患。此案中，旅行社并未对游客尽其应尽的人身安全保障义务，尽其所能地保障游客人身安全。因此即便杜家豪存在过失并违反了道路交通安全法，花都国旅公司仍应当承担部分赔偿责任。

最终，法院依照《民事诉讼法》第64条第1款，合同法第60条第1款、第107条的规定，判决：一、花都国旅公司于判决发生法律效力之日起10日内向邓葵兴、刘少英、杜远桦、杜远晖赔偿医疗费、丧葬费等15项损失151872.5元。二、花都国旅公司于判决发生法律效力之日起10日内向邓葵兴、刘少英、杜远桦、杜远晖支付证人出庭费用600元。三、驳回邓葵兴、刘少英、杜远桦、杜远晖的其他诉讼请求。

花都国旅公司不服上述判决，提起上诉。2006年8月23日广东省珠海市中级人民法院受理后，于同年9月29日作出驳回上诉，维持原判的终审判决。

律师专线

本案的争议焦点之一是旅游合同主体的认定。虽然与花都国旅公司直接签订旅游合同的对方当事人是杜家豪的单位中英人寿花都部，但实际参加由花都国旅公司组织的“珠海一日游”、接受花都国旅公司提供的该项旅游服务的是包括杜家豪在内的39名游客，中英人寿花都部作为非自然人，也不可能实际享受旅游服务。可以认为，单位只是作为员工的代理人与花都国旅公司签订旅游合同，享受旅游合同权利、承担旅游合同义务者均是被代理人杜家豪及其同事。因此，旅游公司以杜家豪不是旅游合同实际签订人而想要逃避责任的借口是不成立的。

本案的争议焦点之二是旅行社是否对游客负有人身安全保障义务以及对游客负有怎样的人身安全保障义务。最高人民法院《关于审理人身损害赔偿案件适用法律若干问题的解释》第6条第1款规定，从事住宿、餐饮、娱乐等经营活动或者其他社会活动的自然人、法人、其他组织应当承担合理限度范围内的安全保障义务。花都国旅公司作为旅游活动的组织者，除应按合同约定的旅游景点、景点停留时间、住宿饮食及舟车标准等向游客提供旅游服务外，还负有尽其所能保障游客人身安全这一附随义务。由于游客通常对景点环境及其周围状况均缺乏了解，可能会因不知情而从事威胁自身安全的活动。而旅行社专事旅游服务，对景点及其周边情况，游玩项目对游客身体、心理素质的要求等等则应有高于游客的了解和认识。因此，旅行社合理安全保障义务的主要内容应当包括将其从专业角度预知的危险提示、告知游客，采取可降低危险发生系数的措施，劝阻游客从事威胁自身安全的活动等。当旅行社已将其所预知的与游览活动相关的危险告知游客，并采取了足够程度的相应防范措施的情况下，游客仍执意从事威胁自身安全的活动致伤亡后果发生者，可视为游客故意造成伤亡后果，旅行社才免除责任。

本案法院虽然明确了受害人杜家豪旅游合同主体身份和国旅公司在安全保障义务上的疏漏，但最终以违约责任为依据判令国旅公司承担赔偿责任，是值得商榷的。根据最高人民法院《关于审理人身损害赔偿案件适用法律若干问题的解释》的相关规定，在第三人致害的情况下，经营者安全保障义务对应的责任是一种过错责任，即安全保障义务人有过错才承担责任，没有过错就不承担责任。而违约责任最大的特点是无过错，即只要有违约行为，不论行为人的主观状态是否有过错都必须要承担责任。因此，经营者违法安全保障义务所应承担的责任属于侵权责任，本案中法院以经营者违法安全保障义务为理由要求经营者承担违约责任的判决是存在瑕疵的。本案应当作为侵权之诉处理，如以违约之诉处理不仅不符合判决所依据的经营者安全保障义务的责任性质，实际上也使受害人家属失去了要求精神损害赔偿的权利。

法律规范

最高人民法院关于审理人身损害赔偿案件适用法律若干问题的解释

（2003 年 12 月 4 日最高人民法院审判委员会第 1299 次会议通过，2003 年 12 月 26 日公布，自 2004 年 5 月 1 日起施行）

第六条　从事住宿、餐饮、娱乐等经营活动或者其他社会活动的自然人、法人、其他组织，未尽合理限度范围内的安全保障义务致使他人遭受人身损害，赔偿权利人请求其承担相应赔偿责任的，人民法院应予支持。

因第三人侵权导致损害结果发生的，由实施侵权行为的第三人承担赔偿责任。安全保障义务人有过错的，应当在其能够防止或者制止损害的范围内承担相应的补充赔偿责任。安全保障义务人承担责任后，可以向第三人追偿。赔偿权利人起诉安全保障义务人的，应当将第三人作为共同被告，但第三人不能确定的除外。

专家释惑

最高人民法院《关于审理人身损害赔偿案件适用法律若干问题的解释》第 6 条第 2 款是关于第三人致害情况下，安全保障义务人责任的承担。包括三层含义：首先，安全保障义务人承担责任的前提条件是有过错，表明此种责任的性质是过错责任，没有过错则不承担责任；其次，作为一种补充性的赔偿，其承担责任的范围是其能够防止或者制止损害的范围；第三，安全保障义务人承担责任后，可以向第三人追偿。安全保障义务人承担过错责任，是这一法条的核心。违反安全保障义务发生受害人人身、财产损害的，经营者仅在自己有过错的情况下承担责任，没有过错则不承担责任。之所以制度上要作这样的设计，而不使经营者承担无过错责任，主要是为了平衡社会利益。一个法律制度的确定，有可能影响一个行业或产业的兴衰存亡，法律制度的建立必须起到对社会利益的平衡作用。

一方面要给予受害人必要的充分保护，以使受害人（消费者）受到损害的法定财产权或人身权得到合理的补偿；另一方面，也要注意避免使安全保障义务人（如企业、商家）承担超出其能力保障和经济赔偿的承受限度外的责任，同时还必须考虑到大量的经常性的巨额赔偿对社会经济可能产生的消极作用。权衡的结果就是让经营者仅在自己有过错的情况下才承担赔偿责任，而不使经营者承担无过错责任。

本案的特殊之处还在于，在这起人身侵害损害赔偿案件中，受害人、直接侵权人、安全保障义务人都存在过错。如何分配他们之间的赔偿责任是一个难点，其中确定责任分担的顺序是关键。对此，存在这样一种观点，认为，应当先划分受害人与直接侵权人之间的责任，然后在受害人承担的责任范围内划分其与安全保障义务人之间的责任。其理由是，受害人的过错与安全保障义务人的过错有关。例如在本案中，如果安全保障义务人确实履行了安全保障义务，就有可能避免受害人进行相关的过错行为。因此，安全保障义务人应当在受害人过错责任的范围内承担一部分责任。我们认为，这种观点是值得商榷的。根据最高人民法院《关于审理人身损害赔偿案件适用法律若干问题的解释》第6条第2款的规定，因第三人侵权导致损害结果发生的，由实施侵权行为的第三人承担赔偿责任，有过错的安全保障义务人承担责任后，可以向第三人追偿。由此可见，安全保障义务人承担的是第三人侵权责任的补充责任，否则安全保障义务人就没有理由向该第三人进行追偿。因此，在确定赔偿责任分配的具体过程中，应当首先确定直接侵权人与受害人之间的责任比例，在找不到直接侵权人或者直接侵权人无力负担全部赔偿责任时，在侵权人本应承担的责任范围内由安全保障义务人来承担相应责任，该责任还应当以安全保障义务人“能够防止或者制止损害的范围”为度。并且，安全保障义务人承担了相关责任以后，有权利向直接侵权的第三人追偿。

法律规定，因第三人侵权导致损害结果发生，赔偿权利人起诉安全保障义务人的，应当将第三人作为共同被告，除非第三人不能确定，正是为了在审理中明确各方的过错程度、分别同损害结果之间的因果关系等重要问题，以便准确地进行责任分担。本案中，法院并未将直接致害人肇事司机列入被告是值得商榷的。虽然交警大队已经出具《交通事故认定书》，认定受害人和肇事司机就交通事故责任承担相等的责任，但安全保障义务人作为承担赔偿责任的利害关系人，应当有权要求法院追加肇事司机为共同被告。本案中，判决已经生效。旅游公司在履行了判决书要求之后，可以向肇事司机提起追偿之诉。

59. 高危项目的经营者应当承担怎样的安全保障义务?

案例 59　王某某诉富斯特滑道公司人身损害赔偿案

事情是这样的

1999 年 10 月 23 日，王某某约朋友一起来到八大处游玩，对蜿蜒于山峰之间，全长 1680 米，看上去惊险有趣的滑道不禁动心，便购票乘坐欲过一把瘾。乘上滑车后，两耳是呼呼的风声，风景向身后退去，几个弯道后便是一个快速滑行的斜坡，过了斜坡的王某某连呼过瘾，然后减速前行，突然觉得身后被一物体猛然撞击，自己的头碰在了滑车上，血从头上流了下来。原来，王某某身后的诸某某所乘的滑车失控撞在了王某某所乘的滑车上。当日，王某某在富斯特滑道公司工作人员陪同下去北京市总工会八大处中医院治疗，因头部受伤而缝三针，此后又到航天工业部总医院治疗。王某某在头部受伤后常常难以入睡，经中国人民解放军空军总医院诊断为脑震荡，并建议其全休2个月治疗。王某某所工作的单位中益国际经济集团扣除了王某某工资、奖金及各种补贴合计21200元，扣年度分红奖金26000元。

将王某某撞伤的诸某某受伤更重，经过调解，富斯特滑道公司对其进行了赔偿，但对王某某仅支付了部分医疗费，就再也没有了下文。当王某某十分气愤地找到富斯特滑道公司时，该公司以应由后车赔偿为由拒绝再赔偿，王某某于是走进了北京海淀区人民法院的大门。

王某某认为自己无故受伤，要求诸某某与富斯特滑道公司共同赔偿误工费、医疗费、退滑道票费、营养费、精神损失等共计10万元。诸某某则认为自己也是受害者，不同意王某某要求赔偿的诉讼请求，认为应由富斯特滑道公司承担赔偿责任。富斯特滑道公司则辩称，由于诸某某在我方工作人员提示慢行的情况下，反向操作造成误刹车，导致此起事故的发生，对于该事故因我公司规定“发生碰撞事故，由后车负赔偿责任”，所以应当由诸某某承担赔偿责任。我公司尽到了管理的义务，定期进行检测保证滑车正常、安全使用。不同意王某某的诉讼请求。

法院经过细致的审理查明：八大处富斯特滑道是由德国一家公司勘测设计和提供的设备，全长1680米，高差240米，平均坡度为15度，共有近50个弯道，设计的最高时速为每小时80千米，限速为每小时35千米。为提高经济效益，滑道规定每间隔20米就放行一辆滑车，这样在滑道上同一时间内可有80辆滑车同时滑行。滑车是开放式的，即消费者所乘坐的滑车上并无保护避免其身体与滑道内其他物体相碰撞的保护设施。尽管管理者告之游客注意事项和基本操作方法，但是绝大多数的游客是初次游玩，未经过专门的训练，在短时间内难以熟练地掌握滑行要领。同时滑车上虽设有限速器，但在滑行中车速与车距的改变，遇到紧急情况，个别游客的精神紧张，手脚忙乱，难免失去正常控制能力，追尾事故也在所难免。滑道屡次发生伤亡事故，在1995年5月还发生过一死二伤的恶性事故。

2000 年 12 月 7 日，北京海淀区人民法院根据《消费者权益保护法》有关规定，慎重地作出了判决：

一、北京八大处富斯特滑道娱乐有限公司赔偿王某某误工损失人民币 6142.5 元，医疗费人民币 327.9 元，营养费人民币 300 元，共计人民币 6770.4 元。

二、北京八大处富斯特滑道娱乐有限公司退王某某购滑道票费用人民币 40 元。

三、北京八大处富斯特滑道娱乐有限公司给付王某某精神损害抚慰人民币 500 元。

上述三项内容均于本判决生效后 10 日内给付。

四、驳回王某某要求诸某某赔偿损失的诉讼请求。

律师专线

面对安全事关人命的游乐行业，规范其经营行为，加强安全防范是当务之急。《消费者权益保护法》在规定消费者的权利时在第 7 条中明确规定，消费者在购买、使用商品和接受服务时享有人身、财产安全不受损害的权利，消费者有权要求经营者提供的商品和服务，符合保障人身、财产安全的要求，同时对于经营者的义务中也用第 18 条加以强调“经营者应当保证其提供的商品或者服务符合保障人身、财产安全的要求”。本案中富斯特滑道公司作为八大处富斯特滑道的经营管理者，其面向社会公开提供游乐项目的服务，应该预见到消费者在滑道中可能发生事故的隐患。由于八大处富斯特滑道全长 1680 米，限速每小时 35 千米，消费者所乘坐的滑车上并无保护避免其身体与滑道内其他物体相撞的保护设施，该滑车存在危及人身财产安全的可能，同时八大处富斯特滑道属于有高度危险易造成他人损害的游乐项目，故富斯特滑道公司在此次事故中应承担特殊侵权责任。

对于富斯特滑道公司“发生碰撞事故，由后车负赔偿责任”的规定，是否应由此认定诸某某承担赔偿责任呢？对此，《消费者权益保护法》明确规定，经营者不得以格式合同、通知、声明、店堂告示等方式作出对消费者不公平、不合理的规定，或者减轻、免除损害消费者合法权益应当承担的民事责任。格式合同、通知、声明、店堂告示等含有前款所列内容的，其内容无效。富斯特滑道的声明，明显属于对消费者不公平、不合理的规定，所以该规定是无效的，消费者不应因此承担责任。

依据《民法通则》第 123 条规定，从事高空、高压、易燃、易爆、剧毒、放射性、高速运输工具等对周围环境有高度危险的作业造成他人损害的，应当承担民事责任。如果能够证明损害是由受害人故意造成的，不承担民事责任，现富斯特滑道公司无法证明系王某某、诸某某故意违章滑行，致使碰撞事故发生，造成王某某受到人身伤害，故对于此事故所造成的损害应当由富斯特滑道公司承担全部赔偿责任。

对于赔偿数额的认定，在《消费者权益保护法》第 41 条中规定，经营者提供商品或者服务，造成消费者或者其他受害人人身伤害的，应当支付医疗费、治疗期间的护理费、因误工减少的收入等费用。法院认为王某某在受伤后支出的医疗费应予支持，但其单位出具证明中扣除误工费、奖金、各种补贴、分红奖金数额过高，依据北京市高级人民法院《关于审理人身伤害赔偿案件若干问题的处理意见》规定，受害人固定收入超过我市职工上一年度平均收入 3 倍的，按 3 倍计算，1998 年我市城镇职工平均工资收入为 12285 元，故王某某 2 个月误工损失为 6142 元 5 角。对于王某某要求赔偿营养费的主张，考虑到目前实际生活水平不应太高，故其数额由法院判定。由于王某某在滑道中受伤，致使其未能乘滑车游完滑道全程，故对王某某退还票款的主张法院予以支持。

对于侵权行为致人身体一般伤害，并造成严重后果的，受害人可以请求给付精神损害抚慰金，对此北京市高级人民法院《关于审理人身伤害赔偿案件若干问题的处理意见》已有规定。王某某的精神损失是客观存在的。从规范经营者的服务，保护消费者合法权益角度考虑应给予王某某一定的精神损害抚慰金，使其获得必要的抚慰与补偿。

法律规范

中华人民共和国消费者权益保护法

（1993 年 10 月 31 日第八届全国人民代表大会常务委员会第四次会议通过，自 1994 年 1 月 1 日起施行）

第七条　消费者在购买、使用商品和接受服务时享有人身、财产安全不受

损害的权利。

消费者有权要求经营者提供的商品和服务，符合保障人身、财产安全的要求。

第十八条　经营者应当保证其提供的商品或者服务符合保障人身、财产安全的要求。对可能危及人身、财产安全的商品和服务，应当向消费者作出真实的说明和明确的警示，并说明和标明正确使用商品或者接受服务的方法以及防止危害发生的方法。

经营者发现其提供的商品或者服务存在严重缺陷，即使正确使用商品或者接受服务仍然可能对人身、财产安全造成危害的，应当立即向有关行政部门报告和告知消费者，并采取防止危害发生的措施。

第二十四条　经营者不得以格式合同、通知、声明、店堂告示等方式作出对消费者不公平、不合理的规定，或者减轻、免除其损害消费者合法权益应当承担的民事责任。

格式合同、通知、声明、店堂告示等含有前款所列内容的，其内容无效。

第四十一条　经营者提供商品或者服务，造成消费者或者其他受害人人身伤害的，应当支付医疗费、治疗期间的护理费、因误工减少的收入等费用，造成残疾的，还应当支付残疾者生活自助具费、生活补助费、残疾赔偿金以及由其扶养的人所必需的生活费等费用；构成犯罪的，依法追究刑事责任。

中华人民共和国民法通则

（1986 年 4 月 12 日第六届全国人民代表大会第四次会议通过，自 1987 年 1 月 1 日起施行）

第一百二十三条　从事高空、高压、易燃、易爆、剧毒、放射性、高速运输工具等对周围环境有高度危险的作业造成他人损害的，应当承担民事责任；如果能够证明损害是由受害人故意造成的，不承担民事责任。

专家释惑

本案是一起经营者未尽到服务场所安全保障义务而需要承担侵权损害赔偿的案件，服务场所安全保障义务是一种法定义务，不能因经营者与消费者之间的约定而解除。本案中，滑道公司规定“发生碰撞事故，由后车负赔偿责任”，试图通过这项约定免除其所负的法定的安全保障义务，这是无效的。经营者对消费者安全保障义务的具体内容如下：

经营者对消费者的安全保障义务可分为硬件方面的义务和软件方面的义务。在硬件方面，经营者应当持证合法经营，对消费者开放的经营场所及其配套设施、设备应当安全可靠，符合国家强制标准或行业标准，并应当配置有数量足够的、合格的安全保障人员。在软件方面，经营者提供的服务内容及服务过程应当是安全的，包括对不安全因素的提示、警示、劝告，制止第三方对消费者的侵害，对消费者已经或正在发生的危险予以积极救助等。考察经营者是否已履行了安全保障义务，主要看是否达到了法律、法规、规章、操作规程等所要求达到的程度，是否达到了同类经营者所应当达到的通常注意程度，是否达到了一个诚信善良的经营者应当达到的注意程度。

60. 欺诈的构成以及经营者有欺诈行为的应当承担怎样的责任？

案例 60　张某与某个体服装商羽绒服半价纠纷案

事情是这样的

1996 年元月 3 日，张某上街购物，看见一个体服装商店门前贴有“本店因店房元月 28 日租赁到期，所有服装均半价销售！”字样的广告。于是进店挑选，选中了一套羽绒服，标价签上标明：纯鸭绒，原价 1480 元，现价 740 元。张某觉得降价幅度很大，非常实惠，立即付款买下了。元月 5 日，张某在另一商场购物时，看见完全一样的羽绒服，标价居然仅为 480 元。张某感到上了当，随即找到该店要求退货。店主对其不理不睬，对退货的要求无理拒绝。元月 10 日，张某和朋友一起再次找店主，但仍被拒绝。与此同时，该店门前的广告仍挂着，张某不想让其他的消费者也上当，于是向消费者协会投诉。

经消费者协会调查，该羽绒服进价为300元一套，出售该羽绒服的个体服装店也并无租赁到期的情况存在，其所宣传的“所有服装均半价销售”显属一种价格欺诈行为，消协的同志指出了个体服装店的错误行为后提出张某的投诉事宜，要求店家按退货处理，店家提出退还差价款，张某最终接受了店家的提议。服装店主也在消费者协会的批评下，撤下了门前的不实广告。

律师专线

这是一起经营者利用虚假广告进行价格欺诈坑害消费者的典型案例。在现实生活中存在大量这样的情况，经营者利用消费者倾向于购买“物美价廉”的商品的心理，频繁地打出“跳楼价”、“亏本价”、“本店经营转向半价销售”等幌子来欺骗消费者。消费者应当利用手中的法律武器来维护自己的合法权利。

首先，本案的经营者违反了向消费者提供商品和服务的真实信息的义务。依据《消费者权益保护法》第19条“经营者应当向消费者提供有关商品或者服务的真实信息，不得作引人误解的虚假宣传”，经营者应当本着诚实信用，向消费者提供有关销售的商品或者服务的真实信息，包括商品的质量、产地、价格等。价格是非常重要的因素，它往往决定了消费者是否购买商品，正是基于这一点，经营者应当明码标价，不得随口要价，公平对待消费者。在现实生活中，一些经营者常常看人给价，同一商品不同价，欺骗外地人，损害消费者的利益。经营者必须如实陈述有关商品的真实信息，不得作引人误解的虚假宣传。本案中，经营者个体服装商店打出“本店因店房元月28日租赁到期，所有服装均半价销售”的旗号，致使消费者认为该店既然要停止营业，那么它服装的价格必定会降低，按半价销售也是情理中的事。结果诱骗销售者购买虚假价格的商品。2006年商务部出台的《零售商促销行为管理办法》第16条针对此类情况明确规定，零售商不得虚构清仓、拆迁、停业、歇业、转行等事由开展促销活动。

其次，本案的经营者个体服装商店的行为构成了对张某的欺诈。依据《欺诈消费者行为处罚办法》第3条，经营者在向消费者提供商品中，有下列情形之一的，属于欺诈消费者行为：……（四）以虚假的“清仓价”、“甩卖价”、“最低价”、“优惠价”或者其他欺骗性价格表示销售商品的……本案中个体经营者故意以“租赁到期”为诱饵，打出半价销售的旗号，然后提高单位商品的价格从中赚取高额利润，已经构成了对张某的欺诈。

其三，其实在现实生活中，因为消费的商品往往金额较小，如果诉诸法律，其诉讼成本相对来说就比较高，因此可以选择其他的解决纠纷的办法。依据《消费者权益保护法》，对消费者行使保护义务的机构或者组织有：行政机关（工商局、质量技术监督部门）、消费者组织、司法机关。对于小额的纠纷，通过消费者协会出面解决是比较有效率的。

法律规范

欺诈消费者行为处罚办法

（1996 年 3 月 15 日国家工商行政管理局公布并施行）

第三条　经营者在向消费者提供商品中，有下列情形之一的，属于欺诈消费者行为：

（一）销售掺杂、掺假，以假充真，以次充好的商品的；

（二）采取虚假或者其他不正当手段使销售的商品分量不足的；

（三）销售“处理品”、“残次品”、“等外品”等商品而谎称是正品的；

（四）以虚假的“清仓价”、“甩卖价”、“最低价”、“优惠价”或者其他欺骗性价格表示销售商品的；

（五）以虚假的商品说明、商品标准、实物样品等方式销售商品的；

（六）不以自己的真实名称和标记销售商品的；

（七）采取雇佣他人等方式进行欺骗性的销售诱导的；

（八）做虚假的现场演示和说明的；

（九）利用广播、电视、电影、报刊等大众传播媒介对商品做虚假宣传的；

（十）骗取消费者预付款的；

（十一）利用邮购销售骗取价款而不提供或者不按照约定条件提供商品的；

（十二）以虚假的“有奖销售”、“还本销售”等方式销售商品的；

（十三）以其他虚假或者不正当手段欺诈消费者的行为。

中华人民共和国消费者权益保护法

（1993 年 10 月 31 日第八届全国人民代表大会常务委员会第四次会议通过，

自1994年1月1日起施行）

第十九条　经营者应当向消费者提供有关商品或者服务的真实信息，不得作引人误解的虚假宣传。

经营者对消费者就其提供的商品或者服务的质量和使用方法等问题提出的询问，应当作出真实、明确的答复。

商店提供商品应当明码标价。

专家释惑

上述案件的案情很简单，经营者以虚假的价格销售商品，构成了对消费者的欺诈，消费者可以依法选择撤销或者变更合同。本案最后以商家退还差价的解决办法就是变更合同的价格条款的体现。

本案更重要的一方面是：消费者通过协商解决与经营者的纠纷的方式也是一种理想的方式，它能够使消费者避免参与诉讼所需要花费的成本（金钱、时间等），同时相对来说能够比较及时迅速地解决纠纷。消费者协会是消费者自己的组织，依据《消费者权益保护法》，它履行以下职能：向消费者提供消费信息和咨询服务；参与有关行政部门对商品和服务的监督、检查；就有关消费者合法权益的问题，向有关行政部门反映、查询，提出建议；受理消费者的投诉，并对投诉事项进行调查、调解；投诉事项涉及商品和服务质量问题的，可以提请鉴定部门鉴定，鉴定部门应当告知鉴定结论；就损害消费者合法权益的行为，支持受损害的消费者提起诉讼；对损害消费者合法权益的行为，通过大众传播媒介予以揭露、批评。因此，消费者在自己的合法权益受到侵害时可以向消费者协会进行投诉，请求其对该纠纷进行调查和调解，从而维护自己的合法权益。

61. 商品房买卖中的欺诈行为，可否适用双倍赔偿？

案例 61　李某诉房产公司商品房买卖欺诈案

事情是这样的

1995 年 12 月 4 日，李小姐购买了广州市天河区石牌岗顶一栋商品房的 902 房。这片商品房是由广州市某实业总公司（以下简称实业公司）和广东省某房产建设公司（以下简称房产公司）合作经营销售的房地产项目。上述两家公司以侨汇购房入户为条件，由实业公司出面与她签订了一份《购房合同》，约定由李小姐购买 902 房，房子总建筑面积 80.87 平方米，实际价款为港币 47 万元，当时折合人民币 49.7777 万元。但是，出于出售方的要求，合同上只写房款为人民币 36.3915 万元。合同当时经过了广州市公证处公证。合同签订的当天，她当即就支付了 47 万港元的购房款。房产公司也以其下属的东正泰经济发展有限公司（后经查该公司在广东省工商局数据库没有登记记录）的名义，先后出具了两张收据：一张是 1995 年 11 月 14 日收取 1 万元的订金；一张是 12 月 4 日收取的购房款 47 万元港币。同年 10 月 1 日，实业公司又收取了李小姐入住手续费及质量保证金 1800 元。1996 年 1 月 5 日，房产公司为李小姐的两个亲属办理了侨汇入户手续。

房屋竣工后，李小姐总觉得面积不够合同约定的 80.87 平方米，因此，她请广州市房地产测绘所进行了测量。测量的结果是：902 房建筑面积仅为 74.65 平方米，比合同约定的少了 6.22 平方米，面积误差比绝对值为 7.69%。

2003 年 3 月，李小姐正式入住 902 房，并花 4 万余元对该房进行了装修。然而 8 年过去了，经过无数次催促，李小姐仍然没拿到房屋产权证书。后来，李小姐才获知上述房产项目根本无商品房预售许可证等合法手续，也根本不能办理房产证。由于没有房产证，李小姐的房子大幅度贬值。不久前，中山大学一位教授曾有意购买 902 房，但听说没有房产证后，最后降价到14万元他也不要。

办不到房产证，房屋面积又缩水，伤透了心的李小姐马上咨询律师，寻求法律途径解决。在得知司法解释支持“双赔”时，李小姐毫不犹豫地把上述两家公司告上了法庭，她在诉状中要求退房并确认双方签订的合同无效，而且实业公司和房产公司要双倍支付她已付购房款计99.5554万元，利息32.2616万元，装修损失费4.1637万元，三项共计135.9807万元。

律师专线

本案尚在审理当中，法院还没有作出判决。对于李小姐的诉讼请求，有以下理由来支持其诉讼请求：

一、请求双倍赔偿的法律依据

《消费者权益保护法》第49条规定：“经营者提供商品或者服务有欺诈行为的，应当按照消费者的要求增加赔偿其受到的损失，增加赔偿的金额为消费者购买商品的价款或者接受服务的费用的一倍。”经营者对自己欺诈消费者的行为要承担双倍的赔偿责任。但对于商品房买卖中的欺诈行为是否也适用《消费者权益保护法》第49条进行双倍赔偿，法院则各有各的做法。最高人民法院《关于审理商品房买卖合同纠纷案件适用法律若干问题的解释》（自2003年6月1日起施行）第9条对此作了统一的规定：

“出卖人订立商品房买卖合同时，具有下列情形之一，导致合同无效或者被撤销、解除的，买受人可以请求返还已付购房款及利息、赔偿损失，并可以请求出卖人承担不超过已付购房款一倍的赔偿责任：

（一）故意隐瞒没有取得商品房预售许可证明的事实或者提供虚假商品房预售许可证明；

（二）故意隐瞒所售房屋已经抵押的事实；

（三）故意隐瞒所售房屋已经出卖给第三人或者为拆迁补偿安置房屋的事实。”

因此，针对开发商无商品房预售许可证明的情况，李小姐有理由提出双倍求偿的要求。

三、是否能够解除合同

《关于审理商品房买卖合同纠纷案件适用法律若干问题的解释》第 14 条规定："出卖人交付使用的房屋套内建筑面积或者建筑面积与商品房买卖合同约定面积不符，合同有约定的，按照约定处理；合同没有约定或者约定不明确的，按照以下原则处理：

（一）面积误差比绝对值在 3% 以内（含 3%），按照合同约定的价格据实结算，买受人请求解除合同的，不予支持；

（二）面积误差比绝对值超出 3%，买受人请求解除合同、返还已付购房款及利息的，应予支持……"

开发商交付的房子面积与合约中规定的面积误差比绝对值为7.69%，大大超过了 3%，因此，李小姐有权主张解除合同。

法律规范

中华人民共和国消费者权益保护法

（1993 年 10 月 31 日第八届全国人民代表大会常务委员会第四次会议通过，自 1994 年 1 月 1 日起施行）

第四十九条　经营者提供商品或者服务有欺诈行为的，应当按照消费者的要求增加赔偿其受到的损失，增加赔偿的金额为消费者购买商品的价款或者接受服务的费用的一倍。

最高人民法院关于审理商品房买卖合同纠纷案件适用法律若干问题的解释

（2003 年 3 月 24 日最高人民法院审判委员会第 1267 次会议通过，自 2003 年 6 月 1 日起施行）

第八条　具有下列情形之一，导致商品房买卖合同目的不能实现的，无法取得房屋的买受人可以请求解除合同、返还已付购房款及利息、赔偿损失，并可以请求出卖人承担不超过已付购房款一倍的赔偿责任：

（一）商品房买卖合同订立后，出卖人未告知买受人又将该房屋抵押给第三人；

（二）商品房买卖合同订立后，出卖人又将该房屋出卖给第三人。

第九条 出卖人订立商品房买卖合同时，具有下列情形之一，导致合同无效或者被撤销、解除的，买受人可以请求返还已付购房款及利息、赔偿损失，并可以请求出卖人承担不超过已付购房款一倍的赔偿责任：

（一）故意隐瞒没有取得商品房预售许可证明的事实或者提供虚假商品房预售许可证明；

（二）故意隐瞒所售房屋已经抵押的事实；

（三）故意隐瞒所售房屋已经出卖给第三人或者为拆迁补偿安置房屋的事实。

专家释惑

《消费者权益保护法》第 49 条可否适用于商品房买卖？近年发生多起商品房购买人以房地产公司有欺诈行为为由，要求适用《消费者权益保护法》第 49 条判决双倍赔偿的案件，据了解，多数法院不适用《消费者权益保护法》第 49 条，也有个别法院适用了《消费者权益保护法》第 49 条判决双倍赔偿。

对于商品房买卖合同不适用《消费者权益保护法》第 49 条的理由：其一，消费者权益保护法制定时，所针对的是普通商品市场严重存在的假冒伪劣和缺斤短两的社会问题，所设想的适用范围的确不包括商品房在内。同时制定的《产品质量法》明文规定不包括建筑物，可作参考。其二，考虑到作为不动产的商品房与作为动产的普通商品的差异，商品房买卖合同上即使出卖人隐瞒了某项真实情况或者捏造了某项虚假情况，与普通商品交易中的欺诈行为亦不能等量齐观，商品房质量问题通过瑕疵担保责任制度可以得到更妥善的处理。其三，商品房买卖合同金额巨大，动辄数十万元、上百万元，判决双倍赔偿将导致双方利害关系的显失平衡，例如一套 30 万元的商品房因木地板材质不符约定或多计算了几个平方米面积，便判决双倍赔偿 60 万元，在一般人的社会生活经验看来很难说是合情、合理、合法的判决。

现在《关于审理商品房买卖合同纠纷案件适用法律若干问题的解释》的司法解释对这个双倍求偿的问题作出了明确的规定，它将双倍求偿严格限定在五种欺诈行为上，即该解释第8条、第9条所列举的情况："（一）商品房买卖合同订立后，出卖人未告知买受人又将该房屋抵押给第三人；（二）商品房买卖合同订立后，出卖人又将该房屋出卖给第三人。""（一）故意隐瞒没有取得商品房预售许可证明的事实或者提供虚假商品房预售许可证明；（二）故意隐瞒所售房屋已经抵押的事实；（三）故意隐瞒所售房屋已经出卖给第三人或者为拆迁补偿安置房屋的事实。"除此以外，其他欺诈行为都不能要求双倍赔偿，该解释力求使商品房开发商与消费者之间的权利达到一种平衡状态，商品房不同于一般的消费品，若使其与普通商品一样适用《消费者权益保护法》第49条，则开发商的责任未免太重了。所以最高法院颁布该司法解释既是对商品房买卖中的双倍求偿问题的肯定，同时也是对双倍求偿问题的限定。

联系本案

关于商品房销售是否也适用《消费者权益保护法》第49条双倍赔偿的规定的问题现在已经有了明确的规定，即根据《关于审理商品房买卖合同纠纷案件适用法律若干问题的解释》，有5种欺诈行为适用《消费者权益保护法》第49条，其他欺诈行为只能根据合同法等有关法规求偿。

62. 客人摔伤，酒店应承担侵权责任还是违约责任？

案例62 严先生诉某酒店设施不当致其受伤案

事情是这样的

严先生是某区教委干部，一日他和教委同事到大兴参加会议。入住某酒店的当晚，严先生去酒店一层游泳馆游泳。在去更衣室的通道上，未料到通道拐角处有一体重器，结果不小心被绊倒了。因为疼痛难忍，严先生被送往医院治疗。经医院诊断为右股骨颈骨折。严先生非常气愤，认为自己入住酒店，就和酒店形成了合同关系，酒店在通道拐角处放置的体重秤，没有设置任何警示标志，并导致自己受伤，应赔偿自己的全部损失。酒店认为，严先生作为一个成年人，走路应当小心是一个基本常识，自己跌倒了与酒店何干？于是严先生起诉到法院。最后，法院判决酒店赔偿严先生住院费等各项损失7000余元。

律师专线

本案是一起人身损害赔偿案，作为消费者的严先生并没有以侵权责任状告酒店，而是选择了违约责任来起诉酒店，这可能有点出乎一些人的意料。这个案件提醒了我们，在消费者与经营者之间的纠纷中，人身损害赔偿案件往往是侵权与违约责任竞合的案件，这时，消费者应该选择一个对其有利的起诉理由，到底是以侵权为由起诉还是以违约为由起诉？这要在具体案件中来判断。在这个案件中，严先生以违约责任起诉酒店，其理由如下：

我国《合同法》第60条规定，当事人应当按照约定全面履行自己的义务。我国《消费者权益保护法》第18条规定，经营者应当保证其提供的商品或者服务符合保障人身、财产安全的要求。对可能危及人身、财产安全的商品和服务，应当向消费者作出真实的说明和明确的警示，并说明和标明正确使用商品或者接受服务的方法以及防止危害发生的方法。本案中，酒店既违反了合同法规定的全面履行合同的义务，又没有做到《消费者权益保护法》要求的提供安全服务的义务。在这种情况下，根据法学原理，严先生有权选择适用哪一部法来保护自己的权益，而法院应当依据严先生的诉讼请求，选择适用的法律，确定酒店应承担的责任。严先生认为，其和酒店形成了合同关系，并以此为理由提起了诉讼，可见，严先生选择了追究酒店的违约责任。法院应据此作出判决。

我国《合同法》第113条规定，当事人一方不履行合同义务或者履行合同义务不符合约定，给对方造成损失的，损失赔偿额应当相当于因违约所造成的损失，包括合同履行后可以获得的利益，但不得超过违反合同一方订立合同时预见到或者应当预见到的因违反合同可能造成的损失。本案中，自严先生登记入住酒店时起，严先生就与酒店形成了以服务为内容的合同关系，酒店作为提供房客食宿的服务机构，为方便房客测量体重，在其通道拐角处放置体重秤，本无可厚非，但其没有设置任何警示标志，导致严先生被体重秤绊倒受伤，说明其没有完全履行合同义务，应承担主要责任。

法律规范

中华人民共和国合同法

（1999 年 3 月 15 日第九届全国人民代表大会第二次会议通过，1999 年 10 月 1 日起施行）

第一百零七条　当事人一方不履行合同义务或者履行合同义务不符合约定的，应当承担继续履行、采取补救措施或者赔偿损失等违约责任。

第一百一十三条　当事人一方不履行合同义务或者履行合同义务不符合约定，给对方造成损失的，损失赔偿额应当相当于因违约所造成的损失，包括合同履行后可以获得的利益，但不得超过违反合同一方订立合同时预见到或者应当预见到的因违反合同可能造成的损失。

中华人民共和国消费者权益保护法

（1993 年 10 月 31 日第八届全国人民代表大会常务委员会第四次会议通过，自 1994 年 1 月 1 日起施行）

第十八条　经营者应当保证其提供的商品或者服务符合保障人身、财产安全的要求。对可能危及人身、财产安全的商品和服务，应当向消费者作出真实的说明和明确的警示，并说明和标明正确使用商品或者接受服务的方法以及防止危害发生的方法。

经营者发现其提供的商品或者服务存在严重缺陷，即使正确使用商品或者接受服务仍然可能对人身、财产安全造成危害的，应当立即向有关行政部门报告和告知消费者，并采取防止危害发生的措施。

专家释惑

本案中严先生有两种起诉方式：第一，根据我国合同法的有关规定，酒店没有全面履行合同义务，存在过错，应承担违约责任。

第二，根据我国消费者权益保护法的有关规定，酒店负有保证其提供服务安全性的义务，应追究酒店的侵权责任。

应该说以违约责任起诉酒店对严先生是最有利的。因为，本案涉及合同违约行为与侵权行为竞合问题，《合同法》第 107 条规定："当事人一方不履行合同义务或履行合同义务不符合约定的，应当承担继续履行、采取补救措施或者赔偿损失等违约责任。"这一规定表明，合同法规定的违反合同民事责任的构成要件是严格责任，而不是我国法律过去通常规定的过错责任。也就是说，不管何种情况，亦不管当事人主观上是否有过错，更不管是何种原因（不可抗力除外），只要当事人一方不履行合同或履行合同不符合约定，都要承担违约责任。而侵权责任一般是实行过错责任的，在本案中，虽然酒店需要对自己没有过错负举证责任，但这仍是一种过错责任，若酒店真的举出自己没有过错的事由，那么酒店就不需要承担赔偿责任了。而不像违约责任，不管酒店是否存在过错，只要存在违约事实，则都要承担赔偿责任。

此外，我国《民法通则》第 113 条规定，当事人双方都违反合同的，应当分别承担各自应负的民事责任。本案中，严先生应注意保护自己的人身安全，由于自己的不慎导致受伤，存在一定的过错，也应承担相应的责任。

联系本案

《合同法》规定的违反合同民事责任的构成要件是严格责任，而不是我国法律过去通常规定的过错责任。也就是说，不管何种情况，亦不管当事人主观上是否有过错，更不管是何种原因（不可抗力除外），只要当事人一方不履行合同或履行合同不符合约定，都要承担违约责任。对于涉及合同违约行为与侵权行为竞合问题的案件，消费者可以选择对自己最有利的一个理由起诉。

63. 餐具爆炸伤害消费者，餐馆有责任吗？

案例 63 贾某诉××餐厅餐具爆炸致其人身伤害案

事情是这样的

1996 年 8 月 18 日 19 时许，女学生贾某与家人及邻居一起在××餐厅聚餐，吃起火锅。很快地石油气就用完了，贾某等人就叫餐厅服务员换一罐气。换完气使用了约 10 分钟左右，气罐突然爆炸，惨剧发生了，贾某面部、双手被严重烧伤。她的家人急忙将她送入中国人民解放军第某医院救治。因为抢救及时，贾某没有生命危险了，但是面部留下了疤痕，严重影响了容貌。贾某精神上遭受了很大的打击。医院对贾某遭受的损害的诊断是：面部、双手背部深 2 度烧伤，面积为 8%。贾某的家人了解到××餐厅提供给他们使用的炉具为某厨房用具厂生产的 YSQ－A“众乐”牌卡式炉，提供的燃气为某气雾剂公司生产的罐装“白旋风”牌边炉石油气。于是贾某向北京市海淀区人民法院提起诉讼：要求气雾剂公司、厨房用具厂和××餐厅共同赔偿其医疗费、治疗辅助费、护理费、营养费、交通费、学习费等 37711.63 元，赔偿部分丧失劳动能力的今后生活补助费 51840 元、未来教育费 2 万元、恢复治疗费 30 万元、手术整容费 60 万元及残疾赔偿金 65 万元。共计 1659551.63 元。

海淀区人民法院在案件审理中委托国家质量技术监督局对此次爆炸事故原因进行了技术鉴定。鉴定结论为：边炉石油气罐的爆炸不是由于气罐制造工艺不良引起的，而是由于气罐不具备有盛装边炉石油气的承压能力引起的。事故罐的内压较高，主要是由气罐中的甲烷、乙烷、丙烷等的含量较高，气罐内饱和蒸气压高于气罐的耐压强度，是酿成这次事故的原因。灌装后的边炉石油气的混合气达 6.95MPa 和 0.98MPa（15℃～23℃），“白旋风”牌边炉石油气罐不具备盛装上述成分石油气的盛装能力。卡式炉内存在一个小火是酿成事故的不可缺少的诱因。卡式炉仓内存在小火是由于边炉气罐与炉具连接部位漏气而形成的。又经国家燃气用具质量监督检验中心对 YSQ－A“众乐”牌卡式炉进行测试，认为该产品存在有漏气的可能性，如果安装时不对正，漏气的可能性更大。

经法庭委托，北京科学技术鉴定研究所对贾某的伤情进行鉴定，结论为：贾某损伤为面部、双手烧伤，经治疗目前伤情已稳定，遗留面部及双手片状疤痕，对其容貌有较为明显的影响。依照有关规定，贾某目前劳动能力部分受限，丧失率为30%。又经中国人民解放军第某医院证明，贾某今后面部及手部可行药物及皮肤美容护理治疗，费用约5万至6万元；必要时可再行手术治疗，费用约1万元。但治疗后仍遗留部分斑痕难以消除。

海淀区人民法院认为：气雾剂公司生产的“白旋风”牌边炉石油气罐没有根据气罐承压能力科学、安全地按比例成分装填气体，充装使用方法中、英文标注不一致，英文内容为“用完后绝不能再次充装”，中文内容则为“本罐用完后无损坏，可再次复充”。内容互相矛盾，属于不合格产品。上述质量问题是造成此次事故的基本原因，气雾剂公司无可推卸地应当承担相当于70%的主要责任。“众乐”牌卡式炉与燃气瓶连接部位存在漏气可能，使用时如果安装不慎，可能存在危及人身、财产安全的不合理危险，且不符合坚固耐用不漏气的行业生产标准，质量存在缺陷。在炉内存有小火酿成事故的因果关系中，漏气环节是一个不可缺少的过错诱因。因此，厨房用具厂也负有30%的责任。现没有证据证明××餐厅提供服务中存在过错，贾某要求该餐厅赔偿损失的诉讼请求，不予支持。综上所述，法院依据《产品质量法》第32条，《消费者权益保护法》第41条之规定，于1997年3月15日判决如下：(1) 气雾剂公司和厨房用具厂共同赔偿贾某治疗费6247.20元、营养品费3809.48元、护理费7051.50元、交通费4293.90元、残疾者生活自助具费3559.35元、残疾者生活补助费78296.40元、今后治疗费7万元、残疾赔偿金10万元。上述赔偿共计273257.83元，于本判决生效后30

日内执行。(2) 驳回贾某关于赔偿医疗和精神损失等费用过高部分的诉讼请求。

律师专线

上述案例是一起餐具爆炸伤害消费者而引发的损害赔偿案。本案的关键问题包括：

(1) 赔偿责任承担者的认定。《消费者权益保护法》第35条规定："消费者或者其他受害人因商品缺陷造成人身、财产损害的，可以向销售者要求赔偿，也可以向生产者要求赔偿。属于生产者责任的，销售者赔偿后，有权向生产者追偿。属于销售者责任的，生产者赔偿后，有权向销售者追偿。消费者在接受服务时，其合法权益受到损害的，可以向服务者要求赔偿。"所谓产品缺陷，依据《产品质量法》第46条规定："本法所称缺陷，是指产品存在危及人身、他人财产安全的不合理的危险；产品有保障人体健康，人身、财产安全的国家标准、行业标准的，是指不符合该标准。"因此根据上述法律规定，上述案例被告气雾剂公司生产的"白旋风"牌边炉石油气没有按照气罐承压能力科学地按比例成分充装石油气，存在危及人身、他人财产安全的不合理的危险；厨房用具厂生产的卡式炉与燃气瓶连接部位有漏气可能，不符合坚固耐用不漏气的行业标准。因此，上述二被告生产的产品均属于有缺陷产品，应对使用其产品而发生人身损害的消费者承担赔偿责任。

至于上述案例的另一被告××餐厅，为消费者提供就餐服务而作为《消费者权益保护法》上所称的经营者，按照该法第18条的规定，负有保证消费者消费时人身、财产安全的要求。但其同时也是事故就餐用具的生产者的产品用户。在产品质量法律关系中，其法律地位同于消费者，同样应受到生产者的产品质量责任和义务的保证。也正因为如此，经营者在赔偿消费者后，可就产品质量责任向生产者追索。在消费者同时起诉了生产者和经营者的情况下，如果认定经营者没有过错（在上述案例中表现为凭其应知而仍不能发现所提供的就餐用具存在产品缺陷，以及其在操作上符合产品说明书的要求），就应免除其所应承担的民事责任，全部责任即应由有过错的生产者来承担。因此，被告××餐厅作为气雾剂公司和厨房用具厂的产品用户，在使用二被告生产的产品为消费者提供服务中，无证据证明其存在过错，因此，不应当承担贾某人身损害的赔偿责任。

（2）赔偿数额的确定。《消费者权益保护法》第41条规定："经营者提供商品或者服务，造成消费者或者其他受害人人身伤害的，应当支付医疗费、治疗期间的护理费、因误工减少的收入等费用；造成残疾的，还应当支付残疾者生活自助具费、生活补助费、残疾赔偿金以及由其扶养的人所必需的生活费等费用……"根据法律这一规定，因提供商品或服务造成消费者残疾的人身损害赔偿，除包括物质方面的损失外，还要支付残疾赔偿金等。这里需要明确的是残疾赔偿金的性质及数额标准问题。从《消费者权益保护法》的立法本意分析，残疾赔偿金实质上是一种精神损害的赔偿。所谓精神方面的损害，即实际存在的无形的精神压力与痛苦，通常表现为人格形象与人体特征形象的毁损所带来的不应有的内心压力和差异。上述案例原告贾某在事故发生时尚未成年，身心发育正常，烧伤造成的片状疤痕对其容貌产生明显影响，并使之劳动能力部分受限，严重地妨碍了她的学习、生活和健康成长，除肉体痛苦外，给其精神造成了伴随终身的悔憾，甚至可能导致其心理情感、思想行为的变异。可见这次爆炸事故对其精神的损害是惨重的，应当给予抚慰和补偿。

根据最高人民法院对精神损害赔偿的司法解释，民事侵权行为造成自然人精神损害的，应承担赔偿责任。该司法解释规定："自然人的生命权、健康权、身体权、姓名权、肖像权、名誉权、荣誉权、人格尊严权、人身自由权等人格权利，遭受非法侵害时，可以依法请求赔偿精神损害；违反社会公共利益、社会公德侵害他人隐私或者其他人格利益的，受害人有权依法请求赔偿精神损害；公民去世后，其姓名、肖像、名誉、荣誉、隐私、遗体等人格权利，受到非法侵害，使死者的近亲属遭受精神痛苦的，死者的近亲属也可以依法请求赔偿精神损害；有人格象征意义的特定纪念物品，因遭受侵权行为而永久性灭失或者毁损时，物品所有人有权依法请求赔偿精神损害……"

精神损害赔偿是当事人承担民事责任的一种方式。因侵权行为致人精神损害，但未造成严重后果的，法院可以判令侵权人停止侵害、恢复名誉、消除影响、赔礼道歉；造成严重后果的，应根据受害人一方的请求同时判决侵权人赔偿相应的精神损害抚慰金。精神损害的赔偿数额，应当考虑侵权人的过错程度、侵害的手段、场合、行为方式等具体情节，侵权行为所造成的精神损害的后果、侵权人的获利情况、侵权人承担责任的经济能力以及受诉法院所在地的平均生活水平等各种因素，综合予以确定。根据以上标准，海淀区人民法院判令被告赔偿原告10万元是符合法律的宗旨的。

法律规范

中华人民共和国消费者权益保护法

（1993年10月31日第八届全国人民代表大会常务委员会第四次会议通过，自1994年1月1日起施行）

第三十五条　消费者或者其他受害人因商品缺陷造成人身、财产损害的，可以向销售者要求赔偿，也可以向生产者要求赔偿。属于生产者责任的，销售者赔偿后，有权向生产者追偿。属于销售者责任的，生产者赔偿后，有权向销售者追偿。

消费者在接受服务时，其合法权益受到损害的，可以向服务者要求赔偿。

专家释惑

本案在审理过程中，一旦经过质量检验查明责任主体之后，案件事实就很清楚了。关键在于赔偿数额的确定。依据《消费者权益保护法》第41条规定："经营者提供商品或者服务，造成消费者或者其他受害人人身伤害的，应当支付医疗费、治疗期间的护理费、因误工减少的收入等费用；造成残疾的，还应当支付残疾者生活自助具费、生活补助费、残疾赔偿金以及由其扶养的人所必需的生活费等费用……"在这里残疾赔偿金的性质的确定，我国出台了有关精神损害赔偿的司法解释，那么是不是说在第41条列的赔偿之外还可以有精神损害赔偿呢？答案是否定的。精神损害赔偿是当事人承担民事责任的一种方式，其与"停止侵害、恢复名誉、消除影响、赔礼道歉"出于并列的同等地位，将依据案情的具体情况来决定采取何种民事责任方式。第41条所列各项则是应当承担的责任。责任与责任方式是不同的，违法行为人承担的责任可以是民事责任、刑事责任、行政责任，民事责任中又有民事侵权责任、违约责任等，承担民事责任的方式有停止侵害、恢复名誉、消除影响、赔礼道歉、赔偿损失等等，而精神损害赔偿也是其中的一种。

64. 热水器夺两命，消费者如何求偿？

案例 64 徐厚望、徐虹诉丁绍华销售不合格热水器致人死亡案

事情是这样的

徐刚、杨燕夫妇都是湖南省常德市湘运南站的下岗职工，后两人应聘到某集团工作。2001 年年初，他们用多年的积蓄购得一套集资房。为了庆贺儿子的乔迁之喜，其父徐厚望于2001 年2 月1 日和老伴在常德师范学校老校门右侧的“半球燃具店”，以旧换新购买了一台热水器和与之配套的减压阀送给他俩。2001 年2 月16 日，“半球燃具店”的员工朱师傅来到徐家安装好了热水器。2001 年2 月24 日，徐刚一家搬进新居。2001 年2 月28 日晚，新安装的热水器第一次使用，没想到悲剧竟发生了。

3 月1 日下午，杨燕单位的同事发现她没来上班，即打电话到她母亲家询问情况，杨母立即拨通女婿的手机，却无人应答。她连忙通知女婿的弟弟一同来到女儿女婿的住处。当二人打开房门时，一股强烈的液化气气味扑鼻而来。当他们打开浴室门时，眼前的情景几乎让他们瘫倒在地：女婿裸体倒在地板上，女儿身着睡衣躺在他身旁。公安、技术监督、消协等部门闻讯后立即赶到现场，经鉴定，确认二人系一氧化碳中毒身亡。

2001 年3 月3 日下午4 时，常德市武陵区法院工作人员拨通“半球燃具店”店主丁绍华的手机，对方无应答。随后，法院当即决定将“半球燃具店”进行查封。法院查封门面后不久，发现有人从房顶揭瓦而入，店中的营业执照和有关票据不翼而飞。为了查明徐刚、杨燕的死亡是否由热水器的质量问题造成的，湖南省质量技术监督局指定省质量检

验协会组织专家来常德进行现场勘验，并对死者使用的热水器及配套的减压阀进行检验。专家组出具的鉴定报告表明，调压器产品质量不合格和热水器组合装置安装质量不合格是造成这对夫妇死亡的直接原因。

专家们在现场勘验时还发现热水器进气接头外未加密封垫，热水器包装上的厂址、电话与实际不符。另外，原厂减压阀的厂家闻讯后，立即派员来常德调查，经比对，徐家所使用的调压器与他们厂生产的产品，无论从外观还是材质上均有较大差别，原厂产品商标为铸印商标，而徐家所使用的产品，商标为塑料粘贴式商标。原厂产品体积也大于徐家所用产品。

2001 年 3 月 15 日，徐厚望和 9 岁的孙女徐虹为替死去的亲人讨回公道，将一纸诉状递到了常德市武陵区法院。2001 年 5 月 8 日，武陵区法院公开审理此案。在法庭上，被告人“半球燃具店”店主丁绍华称其不是法定业主，理由是门店招牌上的“半球燃具店”与其营业执照上的“家家有燃气用具批发部”名称不相符，且营业执照是以他母亲的名义登记的。并否认销售过涉案品牌热水器，更谈不上派人到徐家安装热水器；原告徐厚望的委托代理人李荣新在代理词中指出：“半球燃具店”店主丁绍华之母年近七旬，一直靠儿子、儿媳供养，“家家有燃气用具批发部”纯属店主冒用母名，从事违法经营。以上事实可以由武陵区公安局对其母和安装热水器的朱师傅的询问笔录来证明。

2001 年 11 月 19 日，武陵区人民法院对此案作出一审判决。武陵区法院经过审理查明后认为：对“家家有燃气用具批发部”（“半球燃具店”）销售给原告徐厚望夫妇的热水器、减压阀并进行安装的事实可以认定，被告人“家家有燃气用具批发部”（“半球燃具店”）店主丁绍华应对该批发部雇请的不懂安装技术的人进行安装所造成的严重后果承担民事责任；由于“家家有燃气用具批发部”（“半球燃具店”）销售给原告徐厚望夫妇的热水器、减压阀，是常德市“创信燃器具发展商行”业主邓某和肖某向“家家有燃气用具批发部”（“半球燃具店”）销售的不合格产品，造成原告家庭悲剧的产生，是本案的主要责任方，应追加为被告。

法院依照《产品质量法》、《消费者权益保护法》、《民法通则》的有关条款，判决被告赔偿原告经济损失124285.44元，追加被告赔偿原告经济损失290721.76元。

一审中追加的被告“创信燃器具发展商行”业主邓某和肖某不服一审判决，于2002年12月3日向常德市中级人民法院提起上诉。徐厚望的孙女徐虹也提出了上诉。

2002年6月12日上午，社会各界广泛关注的常德劣质电器夺走两命一案，在常德市中级人民法院二审开庭，原被告双方又展开了激烈的交锋。庭审中，被告“家家有燃气用具批发部”（“半球燃具店”）丁绍华称，一审中列他为被告，属主体错误；判他承担部分连带责任，属株连无辜。丁的母亲称，一审判她承担赔偿责任，既无事实根据，也无法律根据，她不应对本案承担赔偿责任，原判责任认定不合理。而追加被告常德市“创信燃器具发展商行”业主邓某和肖某称，他们不服武陵区人民法院的一审判决，一审原告在整个诉讼活动中，没有要求追加上诉人“创信燃器具发展商行”业主邓某、肖某为被告，更没有对邓某和肖某提出明确的诉讼请求。他们还提出，一审判决认定他们销售不合格产品，没有任何证据；丁绍华到底是从哪里购进的“三无”产品热水器也难以断定。

受害家属徐厚望表示，丁绍华实属原审被告主体，丁绍华应与其母承担连带责任。他要求法院公正、公平判决此案，维护受害家属的合法权益。

2002年10月15日，常德市中级人民法院作出终审判决，维持原判：判决被告赔偿原告经济损失124285.44元，追加被告赔偿原告经济损失290721.76元。2003年3月10日，原告接到法院执行的41万元赔偿款后，给法院和消费者协会送来了感谢信。

律师专线

本案是一件产品质量侵权案件，造成两个人的死亡，后果非常严重，是一件重大的产品质量责任案件。惨案发生后，湖南省质量技术监督局指定省质量检验协会组织专家进行鉴定，得出的鉴定报告表明，调压器产品质量不合格和热水器组合装置安装质量不合格是造成这对夫妇死亡的直接原因。获得赔偿是无疑问的，本案的难点谁是赔偿主体，各要承担多少责任。这涉及以下几个法律问题：

一、到底是生产者的责任还是销售者的责任？本案中热水器、减压阀（调压器）属假冒伪劣产品，存在缺陷，依据《消费者权益保护法》第35条，受害人既可以向生产者索赔也可以向销售者索赔，但本案中热水器、减压阀的生产者没有查清，故此原告向销售者索赔是一个很便利的办法。此外，本案中调压器产品质量不合格和热水器组合装置安装质量不合格两个方面的因素造成了惨案的发生，而热水器组合装置安装质量不合格的责任在于销售者“家家有燃气用具批发部”（“半球燃具店”），故此“家家有燃气用具批发部”也需要承担部分赔偿责任。

二、两个销售者之间的责任分担问题。本案有两个销售者，“家家有燃气用具批发部”（“半球燃具店”）与“创信燃器具发展商行”，依据《消费者权益保护法》第35条之规定，因商品缺陷造成人身、财产损害的，生产者与销售者之间、销售者与销售者之间都应承担连带赔偿责任。受害人可以向任何一方要求全部赔偿，赔偿之后，生产者与销售者之间、销售者与销售者之间再划分各自责任，多赔偿的一方可以向少赔偿的另一方求偿。本案中，由于“家家有燃气用具批发部”（“半球燃具店”）销售给原告徐厚望夫妇的热水器、减压阀，是常德市“创信燃器具发展商行”业主邓某和肖某向“家家有燃气用具批发部”（“半球燃具店”）销售的不合格产品，造成原告家庭悲剧的产生，是本案的主要责任方，因而“创信燃器具发展商行”业主邓某和肖某应承担主要赔偿责任，法院也判处其承担了主要赔偿责任，这是正确的，但法院没有判决“创信燃器具发展商行”与“家家有燃气用具批发部”承担连带赔偿责任，这又是这个判决的不完善之处。

三、法院在诉讼过程中可否追加“创信燃器具发展商行”为被告？根据

《民事诉讼法》第119条规定：“必须共同进行诉讼的当事人没有参加诉讼的，人民法院应当通知其参加诉讼。”本案中，“创信燃器具发展商行”与“家家有燃气用具批发部”是共同侵权，属于基于同一事实或法律原因而形成的共同诉讼，他们之间承担连带赔偿责任，所以尽管原告没有列“创信燃器具发展商行”为被告，但法院应当通知其参加诉讼，并追加为被告。

注意：消费者或者其他受害人因商品缺陷造成其人身、财产损害的，可以向销售者要求赔偿，也可以向生产者要求赔偿，这是一种连带责任。

法律规范

中华人民共和国产品质量法

（1993年2月22日第七届全国人民代表大会常务委员会第三十次会议通过，1993年9月1日起施行）

第四十四条　因产品存在缺陷造成受害人人身伤害的，侵害人应当赔偿医疗费、治疗期间的护理费、因误工减少的收入等费用；造成残疾的，还应当支付残疾者生活自助具费、生活补助费、残疾赔偿金以及由其扶养的人所必需的生活费等费用；造成受害人死亡的，并应当支付丧葬费、死亡赔偿金以及由死者生前扶养的人所必需的生活费等费用。

因产品存在缺陷造成受害人财产损失的，侵害人应当恢复原状或者折价赔偿。受害人因此遭受其他重大损失的，侵害人应当赔偿损失。

中华人民共和国消费者权益保护法

（1993年10月31日第八届全国人民代表大会常务委员会第四次会议通过，自1994年1月1日起施行）

第三十五条　消费者在购买、使用商品时，其合法权益受到损害的，可以向销售者要求赔偿。销售者赔偿后，属于生产者的责任或者属于向销售者提供商品的其他销售者的责任的，销售者有权向生产者或者其他销售者追偿。

消费者或者其他受害人因商品缺陷造成人身、财产损害的，可以向销售者要求赔偿，也可以向生产者要求赔偿。属于生产者责任的，销售者赔偿后，有权向生产者追偿。属于销售者责任的，生产者赔偿后，有权向销售者追偿。

消费者在接受服务时，其合法权益受到损害的，可以向服务者要求赔偿。

中华人民共和国民事诉讼法

（1991 年 4 月 9 日第七届全国人民代表大会第四次会议通过，1991 年 4 月 9 日起实施，根据 2007 年 10 月 28 日第十届全国人民代表大会常务委员会第三十次会议《关于修改〈中华人民共和国民事诉讼法〉的决定》修正，自 2008 年 4 月 1 日起施行）

第一百一十九条　必须共同进行诉讼的当事人没有参加诉讼的，人民法院应当通知其参加诉讼。

专家释惑

保障安全权，这是消费者最基本的权利，消费者在购买、使用商品和接受服务时所享有保障其人身、财产安全不受损害的权利。所以，对于经营者来说，他们提供的商品和服务必须符合人体健康、人身和财产安全的要求，这是对消费者权益保护法和产品质量法经营者最基本、最起码的要求。可能危及人身、财产安全的商品和服务，是指对人身、财产安全具有潜在危险的商品和服务，主要包括食品、药品和家电等。

对于因商品缺陷造成人身、财产损害的，《消费者权益保护法》第 35 条对此作了有利于消费者索赔的规定，即消费者既可以向销售者要求赔偿，也可以向生产者要求赔偿，这种赔偿责任是连带责任，消费者可以根本不管赔偿责任到底在哪一方，向谁求偿比较便利、比较有保障就选择向谁求偿，至于销售者与生产者内部之间的责任分担问题，则与消费者无关了。

65．变质食品的生产厂家在离消费者遥远的地方怎么办？

案例 65　赵某诉副食商场销售变质食品赔偿案

事情是这样的

一日，赵某到某副食商场购买了 3 瓶罐头，一瓶是水果罐头，另外两瓶是熏鱼罐头。赵某把鱼罐头拿回家启开后，发现微微有些异味，心想既然是罐头可能会有些特殊的防腐物质在里头，也就不放在心上。晚上就与丈夫李某一块吃了，此后很快就觉得恶心，想呕吐。于是赶快叫来了邻居，在邻居的帮助下，夫妻俩被送往医院进行救治，因及时采取措施才脱离危险。经医院化验查明，李某、赵某是食用了变质的熏鱼罐头所引起的食物中毒。在整个住院期间，李某、赵某二人共花去医疗费2500元，交通费100元，陪床费200元。出院后，李某找到副食商场，要求其赔偿损失。副食商场答复说，罐头是长期保存食品，一般来讲不会变质，商场对于罐头的质量没有检验的义务，如果因食用罐头食品发生问题，请找生产厂家解决问题，本商场概不负责。李某一看罐头的生产厂家地址，心就凉了，原来生产厂家在一个遥远的边疆省份。赵某于是向县消费者协会进行了投诉，县消费者协会调查后发现副食商场所进的这批罐头有相当一部分已经变质。在赵某购买罐头之前，曾经有消费者向副食商场反映过罐头的质量问题，但商场没有放在心上，仅仅把变质的鱼罐头作简单的退货处理，剩余的罐头继续出售。消协于是向副食商场要求其赔偿李某夫妻所受到的损害，但是被无礼拒绝了，于是就支持赵某夫妇向县人民法院对副食商场提起了损害赔偿诉讼，考虑到赵某夫妇没有什么法律知识就派人代理李某、赵某出庭。赵某夫妇于是要求副食商场赔偿因出售变质罐头给其造成的经济损失2800元，并负责所有诉讼费用。

县人民法院经审理后认为，出售合格商品，保护消费者的合法权益是商品生产者和经营者所负的法定义务。在副食商场明知有部分罐头已经变质的情况下，不积极采取措施，反而继续出售不合格食品，严重侵犯了消费者的合法权益，应当承担相应的法律责任，根据《消费者权益保护法》、《民法通则》的有关规定判决如下：一、被告向原告支付医疗费、营养费、交通费等共计2800元；二、诉讼费100元由被告承担。

律师专线

这是一起出售变质食品损害消费者身体健康的案例。应该说，这并非是一起复杂的案例，案情清楚，证据充分。按照我国《消费者权益保护法》的有关规定，作为经营者的商场应当承担其出售变质食品使消费者受到健康损害的赔偿责任。《消费者权益保护法》以经营者保证其提供的商品或者服务符合保障人身、财产安全的责任，这也就是经营者的保障消费安全的义务。《消费者权益保护法》中的经营者指的是通过市场为消费者提供消费品和消费服务的法人、其他经济组织和个人，是一个与消费者相对应的概念。《消费者权益保护法》规定的经营者的基本义务就是保障消费安全义务。经营者有义务对自身销售的商品施加一个谨慎的商人应当给予的注意，以保证自己提供的商品符合有关的质量标准，不会对消费者造成人身或者财产的损害，违反了该义务经营者要承担损害赔偿责任。本案中，商场销售变质的产品，并且在已有消费者反映质量问题之后仍然继续销售，已经严重地违反了其保障消费安全的义务。其销售的商品因为变质而导致消费者食物中毒，已给消费者造成人身损害，依据法律必须承担相应的责任。虽然其不是生产商，但作为销售商，其仍然负有不可推卸的法律责任。《消费者权益保护法》里的权利和义务是相对应的，因此，作为消费者其有权要求经营者提供符合产品质量标准的商品，有权要求其在购买、使用商品时不受损害。在因商品缺陷造成人身、财产损害的，可以向经营者要求赔偿，也可以向生产者要求赔偿。

注意：经营者对消费者负有保证其提供的商品或者服务符合保障人身、财产安全的责任，因此消费者可以直接向经营者求偿，而不需要向生产者主张权利。

法律规范

中华人民共和国消费者权益保护法

（1993 年 10 月 31 日第八届全国人民代表大会常务委员会第四次会议通过，自 1994 年 1 月 1 日起施行）

第七条　消费者在购买、使用商品和接受服务时享有人身、财产安全不受损害的权利。

第十八条　经营者应当保证其提供的商品或者服务符合保障人身、财产安

全的要求。……

第三十五条　消费者在购买、使用商品时，其合法权益受到损害的，可以向销售者要求赔偿。……

专家释惑

人身财产安全权是法律赋予消费者的最为重要的一项权利。《消费者权益保护法》第7条明确赋予了消费者“在购买、使用商品和接受服务时享有人身、财产安全不受损害的权利”。人身安全仅仅指的是生命健康，不包括姓名权、名誉权等其他的人格权。享受该权利的主体不仅是指本人的人身安全，而且是指与消费者活动有关的其他人的人身安全。在现实经济生活中总有一些生产者受利益的驱使，生产出有害于消费者的产品，特别是药品、食品、化妆品等日常消费品，直接关系到人的生存和安全、健康，也最容易使消费者的生命健康受到损害。所以《消费者权益保护法》将人身财产安全作为消费者权利的第一条，强调它的重要性。

消费者的人身财产安全权是通过对经营者规定的保障消费者的人身财产安全义务来实现的。经营者应当谨慎小心，对自己销售的商品给予充分的注意，防止向消费者提供不合格产品，导致损害消费者利益的发生。违反了该义务就要承担损害赔偿责任。经营者承担责任的原则是无过错责任，也就是说即使经营者尽了一个谨慎的商人所应有的注意，销售的商品仍然对消费者造成了损害，损害的发生可能是商品的质量问题，如果消费者向其主张权利，其仍然必须承担责任，其后可以向生产者主张权利，要求生产者承担法律责任。不可以因为是产品质量问题，应当归咎于生产者就认为自己可以免责。这样规定的意义在于考虑到了消费者的地位以及公平问题。消费者作为个人，与经营者相比，在经济实力以及信息的掌握上处于劣势地位，其很难了解生产者的情况，要求其必须直接向生产者主张权利有很大的难度。而且从诉讼经济的角度而言，生产者很可能处于异地，考虑到调查其状况而需要付出的调查费用以及诉讼费用，消费者很可能会望而却步，不利于保护消费者的权利。而经营者因为与生产商有业务往来关系，了解生产者的情况，由其向销售者主张权利就会比较合适。消费者的权利才能够得到比较及时的保护。

本案中商场在已经了解到熏鱼罐头有质量问题时，没有采取积极的应对措施，仅仅是将部分罐头作退货处理，剩余的仍然继续销售，以及它对本案的原告的反映的处理，充分地体现出了商场没有意识到自己作为经营者所承担的法律责任，相反认为产品是谁生产的责任就归谁，这是相当大的一个误区。商场作为销售商，应当对自己销售的商品负责，对消费者的人身和财产安全负责，销售了变质的商品对消费者造成损害就必须对消费者承担损害赔偿责任。原告也无须向远在边疆的生产者索赔，而可以直接向商场主张权利。此案经过人民法院的公正判决，最终使消费者的合法权益得到了保护。但是，根据法律的有关规定，人民法院应当建议有关行政机关对该副食商场再给予一定的行政处罚，这样才能给予其违法经营行为以应有的警戒，可是上述案例中我们没有见到这一建议，应该说这是一个小小的疏漏和缺憾。

联系本案

商场应当注意自己作为经营者对消费者所负有的保障人身和财产安全的责任，对自己销售的商品的质量要多加注意，对消费者的有关质量问题的反映应当积极采取措施，防止损害结果的发生。消费者在发现商场销售的商品不符合质量时可以直接向商场主张权利。

66. 修理后的冰箱起火应由谁负责？

案例 66　王某诉某五交化商店和某冰箱生产商冰箱起火财产损害赔偿案

事情是这样的

王某在本地五交化公司商店购得“××牌”电冰箱一台。因为经济不是很宽裕，所以王某对电冰箱使用得格外小心，反复看了说明书的注意事项。但是冰箱使用不足一个月，就出现不制冷的现象，这可急坏了王某，他赶忙联系维修部。维修部的工作人员建议王某将冰箱运往维修部加氟利昂。王某照办。可是没几日又不制冷，再送去修，往返三次，仍不能用。维修部工作人员此时认为冰箱制冷系统管线漏气，于是进行一番焊接、改造，这才勉强恢复了制冷功能。但冰箱经此一折腾，整个结构发生了很大的变化。王某对修理的质量有些担心，但是考虑到修理一次不容易，懒得再去修，而且又正值盛夏，心想只要制冷就凑合用吧。数日后，该冰箱突然起火，当时王某家中无人，待邻居发现王某家中烈焰熊熊，才打119叫来消防车辆。待火灭后，发现王某家已成一片灰烬，财产损失达3万元之多。王某极为愤慨，于是找到冰箱的销售者即五交化公司销售商店反映情况，要求赔偿。该商店的接待人员冷冷地说：“既然火灾由冰箱所致，应当找生产企业解决。”王某无奈之际又找到生产企业，要求解决赔偿问题，生产企业却答复说：“销售时无质量问题，责任不在生产企业，经销单位所设维修部应当承担责任。”王又找到冰箱维修部门，他们又推说应由生产企业承担责任。三方互相推诿，哪一方也不承认自己有责任。王某气愤之下，向县人民法院提起了诉讼，要求生产者和销售者承担自己的赔偿责任。

人民法院经查证，该冰箱是一年前生产企业出售给五交化公司商店的，在初出厂时确实是合格产品，后来五交化公司商店这一年中进行过几次搬运，冰箱因此受到很大损害。更为严重的是，维修部对冰箱进行修理时，未严格按照标准规定进行，致使冰箱性能变化，为后来发生火灾埋下了隐患。鉴于维修部门是五交化商店所属合法单位，故其行为所产生的法律后果应由商店承担。为此，法院作出判决：由五交化商店一次性赔偿王某财产损失3万元。

律师专线

本案是一起经营者提供的服务不符合安全标准，损害消费者财产利益的案件。本案争议的焦点在于谁应当承担责任，是经营者抑或是生产商？作为一个普通的消费者，对于商品质量或者性能以及相关的技术的了解远远比不上经营者、生产商。因此让他们来判断产品的质量问题是由谁造成的是非常困难的，也是不切实际的。所以法律赋予消费者这样的权利，即消费者或者其他受害人因商品缺陷造成人身、财产损害的，既可以向销售者要求赔偿，也可以向生产者要求赔偿。如果向销售者求偿，但责任在生产者，那么销售者有义务承担赔偿责任，然后再向生产者要求赔偿，反之亦然。本案中，消费者王某在发现冰箱存在不制冷的质量问题后，经过了维修部的维修，结果发生了“燃烧”，给王某造成了重大的财产损失。对于王某而言，由于不具有专业知识他不可能判断也没有义务判断冰箱的质量问题是由谁造成的，依据法律赋予的权利，他可以向销售者或者经营者求偿。如果维修者是独立的法律实体当然也可以向其求偿。本案中法庭在查实之后确定是维修部维修造成的质量问题，而维修商店是五交化商店下属的单位，要求五交化商店承担责任是合乎法律的规定的。

法律规范

中华人民共和国消费者权益保护法

（1993年10月31日第八届全国人民代表大会常务委员会第四次会议通过，自1994年1月1日起施行）

第三十五条　消费者或者其他受害人因商品缺陷造成人身，财产损害的，可以向销售者要求赔偿，也可以向生产者要求赔偿。属于生产者责任的，销售者赔偿后，有权向生产者追偿。属于销售者责任的，生产者赔偿后，有权向销售者追偿。

专家释惑

该案的事实其实非常清楚，问题仅仅在于在质量问题没有确定是经营者还是生产者的责任时，经营者或者是生产者是否有义务承担责任。在现实生活中这种问题是普遍存在的，消费者购买了商品，商品又经过维修，那么到底是生产者的责任还是经营者的责任呢？消费者没有专业知识要作出这样的判断是很困难的，而生产商与销售商在这种情况下又往往互相推卸责任，消费者常常束手无策。《消费者权益保护法》在制定时考虑到了这种情况，于是规定，在因为商品的缺陷造成消费者或者其他受害人的人身或者财产损害时，其既可以向经营者要求赔偿，又可以向生产者要求赔偿，被诉的经营者有义务赔偿生产者的产品缺陷作出的损害，同理，被诉的生产者有义务赔偿经营者的原因导致的产品缺陷造成的损害。这样对消费者的合法权益就有了充分的保障。

67. 证据不足结果会如何？

案例 67　杨某诉某计算机联合公司销售欺诈案

事情是这样的

1996 年 4 月 18 日，某公司职工杨某在山西××计算机联合公司商贸分公司处购买 DCA2 586 型海洋牌电脑一台，价格为 1.31 万元。商家开具的收据上写明“海洋机（DCA2 586）款”。同年 9 月，杨某发现该单位印发的宣传品将 DCA2 型微机列为 SL－400（486）系列，即找商家交涉，并将其购买的微机提请山西省技术监督局鉴定。1996 年 12 月 9 日，山西省技术监督局出具的鉴定结论为：“DCA2 586 型微机是以 486 微机的品质冒用 586 微机的品牌，属于 486 型微机”；“DCA2 586 微机的品牌不属于 PENTUM586 型微机，而属于 486 型微机”。据此，杨某认为商家在商品销售中有欺诈行为，在向该公司索赔未果的情况下，向太原市南城区人民法院提起诉讼，要求被告双倍返还货款，并赔偿其因此受到的经济损失和精神损失6000元。

被告某计算机联合公司答辩称：我公司出售给原告的电脑是正规厂家生产的合格产品，不存在欺诈。山西省技术监督局的检验报告中没有记载测试环境和测试软件，国家对486型和586型电脑没有统一标准，故山西省技术监督局的鉴定结论是不科学的，法庭不应采信。要求法院驳回原告的诉讼请求。太原市南城区人民法院在审理过程中，被告申请重新鉴定。该法院于1997年6月23日委托国家电子计算机质量监督检验中心对该电脑进行司法鉴定。该中心称："5X86是海洋机的叫法，对于该机究竟是486还是586，因为没有划分486和586的标准，无法作出结论。"

太原市南城区人民法院经审理认为：山西省技术监督局对被告销售给原告的电脑所进行的鉴定，因为没有划分486型和586型电脑的标准，故不予采信。被告在销售活动中不存在欺诈行为，但其工作人员在开具收据中将电脑型号DCA2 5X86写成"DCA2 586"，这种工作中的失误导致原告对所购电脑的重大误解，因此原告要求退货的诉讼请求，本院予以支持。原告主张被告赔偿其经济损失和精神损失6000元，因未向法庭举证，本院不予支持。根据《中华人民共和国民法通则》第59条第1款，《中华人民共和国民事诉讼法》第128条之规定，该院于1997年8月10日判决如下：被告将所售给原告的海洋DCA2 5X86型微机一台予以退货，同时退回原告已付款13000元，于判决生效后10日内退机付款。

宣判后，原告杨某不服，向太原市中级人民法院提起上诉，称：一、所购买的DCA2 586型海洋牌电脑价格是13100元，并非13000元；二、被上诉人在销售活动中存在欺诈行为，应双倍返还价款；三、被上诉人应赔偿上诉人交通以及经济损失412.50元，并承担鉴定费用1100元。

太原市中级人民法院审理认为：原审判决认定事实基本清楚，适用法律正确，审判程序合法，应予维持。但上诉人要求再返还货款100元及赔偿经济损失的诉讼请求，理由正当，本院予以支持。依照《民法通则》第106条第2款和《民事诉讼法》第153条第1款第1项的规定，该院于1997年12月27日判决如下：一、维持太原市南城区人民法院民事判决。二、被上诉人给付上诉人货款余额100元。三、被上诉人赔偿上诉人经济损失412.50元。四、上诉人自行送检的鉴定费由上诉人承担。

律师专线

上述案例是一起消费者认为发票与实物不符造成的消费纠纷。原告杨某以“消费者权益争议”向人民法院起诉，要求被告按照《消费者权益保护法》的有关规定，退货、双倍返还货款，并赔偿因此受到的经济损失和精神损失，人民法院在判决中并未全部支持原告的诉讼请求，究其原因，主要是原告的诉讼证据不足。

我国《民事诉讼法》第64条规定：“当事人对自己提出的主张，有责任提供证据。当事人及其诉讼代理人因客观原因不能自行收集的证据，或者人民法院认为审理案件需要的证据，人民法院应当调查收集。”由此可见，我国《民事诉讼法》举证责任的原则是“谁主张，谁举证”。《最高人民法院关于民事诉讼证据的若干规定》将“谁主张，谁举证”问题作了更加明确的阐释：“当事人对自己提出的诉讼请求所依据的事实或者反驳对方诉讼请求所依据的事实有责任提供证据加以证明。没有证据或者证据不足以证明当事人的事实主张的由负有举证责任的当事人承担不利后果。”所谓承担不利的后果就是自己的主张因为没有证据的支持不成立，最终有可能导致败诉。上述案例中，原告杨某称被告为其开具的收据上写明电脑为“海洋机（DCA2 586）款”，而实际上售给他的却是486型电脑。但是，原告杨某不能提供划分486型和586型电脑的标准，山西省技术监督局所作的鉴定也没有划分486型和586型电脑的标准。换一句话说就是，因为实际上没有586型的标准，586型是实践中人们的一种说法，没有确定的标准可言，因此也就无法断定被告是否是以486替代586进行销售。

在原告不能举证的情况下，人民法院委托国家电子计算机质量监督检验中心对争议的电脑进行鉴定，但是由于没有划分486型和586型电脑的标准，中心无法作出结论。在无法认定争议电脑是486型还是586型的情况下，就无法认定被告在销售活动中存在以次充好、以假充真的欺诈行为。按照国家技术监督局的解释，《产品质量法》所称的“以假充真”是指以甲产品冒充乙产品的欺骗行为；“以次充好”是指以低等级、低档次的产品冒充高等级、高档次产品的欺骗行为。被告在销售活动中既没有用其他产品冒充海洋机，也没有用低等级、低档次微机冒充高等级、高档次的电脑，所以不能证明存在欺诈行为。因此原告的欺诈主张不成立，人民法院在审理中认定被告“在销售中不存在欺诈行为”，是正确的。同理，原告杨某主张精神损失6000元，在一审诉讼中，杨某未向法庭举证，根据“谁主张，谁举证”的原则，原告没有提出相应的证据证明，因此主张不成立。

法律规范

中华人民共和国民事诉讼法

（1991年4月9日第七届全国人民代表大会第四次会议通过并施行）

第六十四条　当事人对自己提出的主张，有责任提供证据。

当事人及其诉讼代理人因客观原因不能自行收集的证据，或者人民法院认为审理案例需要的证据，人民法院应当调查收集。

最高人民法院关于民事诉讼证据的若干规定

（2001年12月6日最高人民法院审判委员会第1201次会议通过，自2002年4月1日起施行）

第二条　当事人对自己提出的诉讼请求所依据的事实或者反驳对方诉讼请求所依据的事实有责任提供证据加以证明。

没有证据或者证据不足以证明当事人的事实主张的由负有举证责任的当事人承担不利后果。

专家释惑

上述案件给消费者的最大的启发意义是：能否依照法律的要求举证决定着案件的胜诉与否。何谓举证？又何谓举证责任？举证责任并不是民事诉讼中单纯的举证行为，而应是民事诉讼的一项基本诉讼制度，它实质上包含三方面的内容：1. 当事人对自己的主张应提供证据。例如本案中原告主张被告的行为是以假充真，那么就应当证明被告提供的电脑不是586型，但是因为质检局没有486型和586型区分的标准，因此无法判断被告以假充真，而且也没有其他的证据证明被告告诉原告销售的是586型而不是486型。2. 当事人所提供的证据必须与所主张的事实有关联性，且符合法律规定。3. 当事人对自己的主张不能提供证据或所提供的证据不能证明其主张真实性的，可能承担对其不利的法律后果。当事人无证据证明自己的主张或不能证明自己的主张成立就无证据优势可言，也无法对抗对方当事人的主张，应承担败诉责任。本案原告无法证明被告以假充真或者其他欺诈行为，所以其主张不成立。同样的，因为没有证据证明自己存在精神损害，所以请求赔偿6000元的主张也不成立。

68. 旅行社责任保险是旅游者与保险公司之间的保险吗？

案例68　季某与旅行社之间的保险纠纷案

事情是这样的

张家港市的季某2002年7月23日参加张家港市中旅社组织的“新马泰”十日游活动。7月31日在泰国观光途中发生两车相撞事故，季某受伤。当时，导游将所有受伤游客送到当地医院做了消毒、清创、缝合等医疗处理。季某因脸部受伤较重，回到张家港后需继续接受治疗。季某在接受治疗的同时与旅行社交涉，要求对方拿出处理方案。旅行社让季某先安心治疗，并将医药费、发票都保存好，等病愈后再结算。2个月后，季某的伤基本痊愈，便到旅行社要求赔偿医疗费用等2320元。旅行社却通知季某前往旅游投保单位江苏省太平洋保险公司领取赔偿金

1599 元。季某认为，车祸发生在旅游期间，理应全额赔偿，并就此事向张家港市消协投诉。

张家港市消协接投诉后，随即展开了调查，认为季某所述情况属实，旅行社的处理方法不合理。虽然太平洋保险公司根据《旅游安全人身保险条款》的有关条款，对季某在此次事故的医疗费按实际费用超过 100 元的部分按 80% 的比例予以补偿。但消费者的交通费、食宿费、生活补助费、误工补贴费、护理费等却不在保险公司的赔偿范围内。依据《消费者权益保护法》第 41 条“经营者提供商品或者服务，造成消费者或者其他受害人人身伤害的，应当支付医疗费、治疗期间的护理费、因误工减少的收入等费用”的规定，季某是在该旅行社组织的境外旅游途中遭遇车祸，旅行社应在保险公司给予赔偿的基础上进行全额赔偿，也就是除去保险公司赔偿的 1599 元，旅行社还应赔偿 2320 - 1599 = 721 元。

虽经消协的反复调解、宣传，但旅行社还是未能认识到自己的错误，只是再次与保险公司进行联系，最终由保险公司将理应赔偿的 721 元送到了季某手中。

律师专线

这起旅游投诉虽是在境外旅游途中遇车祸而引发的，但是游客是参加省中旅组团出境游的，因此，一旦发生消费纠纷，究竟应由谁来进行赔偿？依据《消费者权益保护法》第 35 条、《旅行社投保旅行社责任保险规定》和省、市《旅游管理条例》的规定，应由旅行社对消费者的实际损害进行先行赔偿后，旅行社再向保险公司和境外旅行社进行追偿。

《旅行社投保旅行社责任保险规定》自 2001 年 9 月 1 日起施行，旅行社责任保险是旅行社与保险公司之间的保险，而不是旅游者与保险公司之间的保险，其目的是通过旅行社投保旅行社责任保险，将在旅游过程中，本应由旅行社承担的旅游者人身、财产遭受损害的责任交由保险公司承担，降低旅行社的运营风险，同时使旅游者在人身、财产遭受损害时，其求偿的权利更有保障。旅行社责任保险是强制性保险，旅行社从事旅游业务经营活动，必须投保旅行社责任保险。本案中，张家港的这家旅行社让游客自己前往江苏省太平洋保险公司领取赔偿金的做法显然不妥，因为旅行社责任保险是旅行社与保险公司之间的保险，而不是旅游者与保险公司之间的保险，季某作为消费者，其与保险公司是没有法律关系的。

根据《消费者权益保护法》第 41 条的规定，经营者提供商品或者服务，造成消费者人身伤害的，应当支付医疗费、治疗期间的护理费、因误工减少的收入等费用。所以季某有权向旅行社要求以上全部赔偿，旅行社对消费者的实际损害进行先行赔偿后，旅行社再向保险公司和境外旅行社进行追偿。至于其中有些费用（如因误工减少的收入）并不在旅行社责任保险的保险范围之内，这并不影响旅游者向旅行社要求赔偿这部分费用的权利。

法律规范

中华人民共和国消费者权益保护法

（1993 年 10 月 31 日第八届全国人民代表大会常务委员会第四次会议通过，自 1994 年 1 月 1 日起施行）

第七条　消费者在购买、使用商品和接受服务时享有人身、财产安全不受损害的权利。

消费者有权要求经营者提供的商品和服务，符合保障人身、财产安全的要求。

第三十五条　消费者在接受服务时，其合法权益受到损害的，可以向服务者要求赔偿。……

第四十一条　经营者提供商品或者服务，造成消费者或者其他受害人人身伤害的，应当支付医疗费、治疗期间的护理费、因误工减少的收入等费用，造成残疾的，还应当支付残疾者生活自助具费、生活补助费、残疾赔偿金以及由其扶养的人所必需的生活费等费用；构成犯罪的，依法追究刑事责任。

旅行社投保旅行社责任保险规定

（2001 年 4 月 25 日国家旅游局局长办公会议发布，自 2001 年 9 月 1 日起施行）

第二条　旅行社从事旅游业务经营活动，必须投保旅行社责任保险。

第三条　本规定所称旅行社责任保险，是指旅行社根据保险合同的约定，向保险公司支付保险费，保险公司对旅行社在从事旅游业务经营活动中，致使旅游者人身、财产遭受损害应由旅行社承担的责任，承担赔偿保险金责任的行为。

专家释惑

旅行社责任保险，是指旅行社根据保险合同的约定，向保险公司支付保险费，保险公司对旅行社在从事旅游业务经营活动中，致使旅游者人身、财产遭受损害应由旅行社承担的责任，承担赔偿保险金责任的行为。旅行社责任保险的推出，标志着中国实行了4年之久的强制性旅游意外伤害保险将被旅行社责任保险所取代。

旅行社责任保险的条款规定，因旅行社的疏忽或过失造成旅行社接待境内外旅游者遭受的人身伤亡及财产损失，依法应由旅行社承担的经济赔偿责任，现由保险公司负责赔偿。其赔偿责任涵盖：因旅游者人身伤亡的经济损失、费用，旅游者的医疗费用，必要时近亲属探望的交通、食宿费，随行儿童或长者的送返费用，旅行社人员和医护人员前往处理的交通、食宿费及补办旅游证件的费用和因行程延迟所导致的费用，行李物品的丢失、损失或者被盗导致的损失，事先经保险公司书面同意的诉讼费用，发生保险责任事故时旅行社为减少赔偿责任、抢救受伤的旅游者及施救旅游者财产所支付必要的、合理的费用等。

旅行社责任保险是旅行社为自己投保的一种责任保险，推出这一险种，将极大地保障旅行社和旅游者的利益。这种新险种规定，国内旅游者每人责任赔偿限额最低为8万元，出入境旅游者为16万元，国内旅行社的每次事故和累计赔偿额最低为200万元，国际旅行社最低为400万元。

69. 异地索赔所发生的交通和住宿费用是否应当由经营者承担?

案例 69　王某诉北京某图书中心书款索赔案

事情是这样的

2000 年 4 月 1 日，山东王某在北京某图书中心购买了一本他喜欢的图书，书价 39.80 元。4 月 3 日，王某在家中阅读那本图书，当他翻到书的第 31 页时，发现此书缺少第 32 页。次日，他乘公共汽车到书店要求退书，并要求书店赔付他为退书往返书店的 1 元交通费。该书店看了书后盖的书店出售图书的专用章，并检查了图书的第 31 页和第 33 页，发现的确缺少第 32 页，于是同意退书，但拒绝赔付车费，并不客气地告诉王某说没这个规矩。王某回山东后越想越气愤，认为自己的合法权益受到了侵害，7 月初，他又为此事专程来到北京，向北京市某区人民法院提起诉讼，要求该图书中心赔偿 1 元钱交通费及其他支出。

2001 年 3 月 15 日，北京市东城区人民法院作出一审判决：一、某图书中心退还李某书款 39.80 元；二、赔偿王某为退书乘坐公共汽车花费的 1 元交通费及两次到庭参加诉讼花费的 809 元交通、住宿费，共计人民币 810 元；三、驳回王某的其他诉讼请求。

图书中心以原审法院认定事实不清、适用法律不当为由，向北京市第二中级人民法院提起上诉。2001 年 8 月 19 日，经北京市第二中级人民法院公开审理，终审判决维持了一审判决的第一项、第三项，并考虑到王某在一审判决后因来京参加诉讼又产生了新的经济损失，变更一审判决的第二项为“图书中心于判决生效后 3 日内一次性赔偿王某经济损失共计 1800 元”。

律师专线

这是一起消费者购买到伪劣商品，受到劣质服务而引发的损害赔偿案例。本案争议的焦点是消费者购买到假冒伪劣商品或者接受了劣质服务，如果商品或者服务属于小额的，那么在索赔中花去的交通费、食宿费、检测费、律师费、误工费等费用是否应当得到赔偿。分述如下：

一、因修、换、退不合格小件商品产生的交通费应否赔偿。图书中心代理律师认为，有关法律仅仅规定大件商品在修理、更换、退货时发生的运输费经营者可以承担，对小件商品的纠纷中发生的交通费由哪一方承担并无明确法律规定。虽然《消费者权益保护法》第45条第2款规定："对包修、包换、包退的大件商品，消费者要求经营者修理、更换、退货的，经营者应当承担运输等合理费用。"但这是一种法律中的强调性规定，因为大件商品的运输确实很困难，而且运输的费用也较高，如果让消费者来承担这笔费用有失公平。但是这并不表明小件商品就不应该发生消费者索赔交通费用，因此，王某乘车所花费的1元钱应当赔付。

经营者、生产者应当对于消费者由于投诉索赔所带来的间接损失承担赔付责任。《民法通则》第122条规定："因产品质量不合格造成他人财产、人身损害的，产品制造者、销售者应当依法承担民事责任。运输者、仓储者对此负有责任的，产品制造者、销售者有权要求赔偿损失。"《消费者权益保护法》第11条规定："消费者因购买、使用商品或者接受服务受到人身、财产损害的，享有依法获得赔偿的权利。"《消费者权益保护法》第44条还规定："经营者提供商品或者服务，造成消费者财产损害的，应当按照消费者的要求，以修理、重作、更换、退货、补足商品数量、退还货款和服务费用或者赔偿损失等方式承担民事责任。……"一般来说，损害包括直接损害和间接损害两方面。间接损害主要表现为为了实现自身的权利而付出所有必要的费用和成本。经营者某图书中心向消费者王某出售质量不合格的商品，已经损害了消费者的合法权益。1元钱的交通费，是消费者王某为实现自身合法权益（即退书）而支出的合理费用，属于经营者的侵权行为给消费者造成的间接经济损害，经营者应当依法赔偿。

二、消费者在投诉或者起诉过程中所花费用应否列入赔偿范围。一审法院认为，原告要求赔偿因退书所造成的损失即1元交通费，及诉讼期间所发生的住宿、交通费用809元的诉讼请求，是由被告所售图书质量问题而引发的，故予以支持。就此上诉的图书中心提出，对所售图书存在的质量问题，王某到图书中心交涉时，图书中心已经同意退书，在此之后的809元花费并非因图书质量引起，而是王某要求赔偿1元钱交通费引起的。事实上，如果王某前去交涉时某图书中心答应赔偿1元钱交通费，此后王某投诉和诉讼所发生的费用自然不会支出。1元钱交通费依法本应得到赔偿，图书中心在所售图书存在质量问题的情况下，拒绝支付消费者的合理费用，这与消费者在此后发生的809元花费具有直接的因果关系，因而809元花费也应当由图书中心赔付。

三、对损害赔偿的范围和数额，在法律没有明确规定的情况下，应当如何确定。对于赔偿损失，必须确定适当的赔偿范围，范围过宽，则责任承担者不胜负担；范围过窄，消费者的合法权益又不能得到切实充分的保障。如前所述，消费者所受到的损失，包括购货款，因修理、更换、退货等而发生的交通费、误工费等，更包括投诉或诉讼而发生的其他费用，因为这些费用都是因为消费者合法权益受到损害而产生的，经营者必须赔偿。

根据《民法通则》和《消费者权益保护法》的有关规定，民事活动应当遵循自愿、公平、等价有偿、诚实信用原则。上述案例中，消费者王某在购书及退书过程中均无过错，所要求的赔偿往返退书车费1元钱，是因商品质量不合格为退货所发生的费用，既是合理的，又是必需费用，根据《消费者权益保护法》的精神，图书中心应予赔偿。同时，消费者索赔时，不管发生哪些费用，都必须是合乎情理的。如是乘出租车还是坐公共汽车，是住一星级宾馆还是住大众化的宾馆等等。一般来说，只要这些费用不存在虚假和挥霍的因素，经营者都应当予以赔偿。与“乘飞机来退书或打官司”不同，王某在经济条件并不宽裕的情况下自费来京参加诉讼，所花费用是合理的，也应判令经营者予以赔偿。从上述案例在投诉、起诉，到胜诉的整个过程来看，消费者王某的花费是适当的，法院依法支持了消费者的索赔请求，并判处赔偿了消费者为索赔而引发的其他费用。这不仅体现了法律维护消费者合法权益的根本精神，更坚定了消费者依法维权的信心。

法律规范

中华人民共和国消费者权益保护法

（1993年10月31日第八届全国人民代表大会常务委员会第四次会议通过，自1994年1月1日起施行）

第十一条 消费者因购买、使用商品或者接受服务受到人身、财产损害的，享有依法获得赔偿的权利。

第四十四条 经营者提供商品或者服务，造成消费者财产损害的，应当按照消费者的要求，以修理、重作、更换、退货、补足商品数量、退还货款和服务费用或者赔偿损失等方式承担民事责任。……

专家释惑

消费者购买到假冒伪劣商品或者接受了劣质服务，在索赔中所花去的交通费、食宿费、检测费、律师费、误工费等费用，侵权的经营者在什么范围内进行赔偿，赔偿额度如何计算，这是消费者、经营者及社会各界普遍关注的问题。近年来在小额投诉或者小额诉讼官司中，一些消费者“知难而退”，其主要原因就是消费者为讨回公道遭受的间接损失常常无法得到赔偿。

《消费者权益保护法》第 11 条规定：“消费者因购买、使用商品或者接受服务受到人身、财产损害的，享有依法获得赔偿的权利。”消费者据此可以主张由经营者赔偿损失。损失包括直接损失和间接损失，直接损失是因购买、使用商品或者接受服务受到的直接的人身、财产损害。比如购买了一盒化妆品，但其质量不合格导致消费者的脸部部分灼伤，因此造成的医疗费、误工费、美容修复费就是直接损失。间接损失主要表现为为了实现自身的权利而付出所有必要的费用和成本。

在我国的早期的司法实践中多主张赔偿直接损失，不太赞成赔偿间接损失，这是由我国的经济水平和法律文化所决定的。在我国的经济还不发达的时候，不主张过于严厉的赔偿，因为认为这超过国民的承受能力；其次我国的法律文化倾向于缓和矛盾，不鼓励公民“好讼”，所以实践中赔偿以“补偿”为标准。在司法实践中，公民依据法律维护自己的权利时不可避免地会有间接损失，参加诉讼要缴诉讼费、搭车支付交通费、咨询律师有咨询费，实际上一般的公民对法律不甚了解，而且随着司法的进一步改革，尤其是在新的民事诉讼证据的若干规定出台后，更加要求有专业律师的帮助，所有这一切都是为了实现自己的合法权益而支出的合理费用，如果不能够得到赔偿，那么一般的公民根本不愿涉讼，尤其是消费者，考虑到诉讼成本，更会望而却步。因此要充分地保护消费者的合法权利，就必须支持对消费者的间接损失的赔偿。

70. 不为生活消费而购买“三无产品”，能否要求双倍赔偿？

案例 70　闫某诉某通讯公司出售“三无产品”案

事情是这样的

闫先生从某通信公司以3500元购买了100张“防磁贴”。通信公司为闫先生出具了购货凭证。闫先生在购货当天，对通信公司陈列在销售柜台上的“防磁贴”及对应价签进行了拍照。后闫先生起诉至通州法院，要求通信公司退还货款3500元，再赔偿3500元，赔偿交通费500元和工商查询费30元。

在案件审理过程中，闫先生陈述购买100张“防磁贴”是为自己和送朋友使用，但在回家后发现通信公司出售的“防磁贴”是“三无”产品，包装上没有中文标识的生产厂家名称、产地，销售价签上也没有标注产地，没有产品检验合格证书。通信公司公开销售违法产品，其行为已构成欺诈。因此，要求通信公司双倍赔偿自己的损失。

通信公司认为，闫先生一次性购买100张“防磁贴”，明显不属于“为生活消费”而购买，不属于《消费者权益保护法》上规定的消费者。所以不同意闫先生的诉讼请求。

最终，法院判决通信公司退还给闫先生货款3500元，闫先生将“防磁贴”退还给通信公司，驳回闫先生要求赔偿3500元的诉讼请求。

律师专线

本案是一件"知假买假"索赔案，原告闫先生也是一个"王海式"的人物，为了求得商家双倍赔偿，故意买了100张"三无"产品"防磁贴"，但他的行为最终没有得到法院的支持，双倍赔偿的诉讼请求被法院驳回，只判决相互返还。理由如下：

《产品质量法》第27条规定，产品或者其包装上的标识必须真实，并符合下列要求：有产品质量检验合格证明；有中文标明的产品名称、生产厂厂名和厂址；根据产品的特点和使用要求，需要标明产品规格、等级、所含主要成分的名称和含量的，用中文相应予以标明；需要事先让消费者知晓的，应当在外包装上标明，或者预先向消费者提供有关资料；限期使用的产品，应当在显著位置清晰地标明生产日期和安全使用期或者失效日期；使用不当，容易造成产品本身损坏或者可能危及人身、财产安全的产品，应当有警示标志或者中文警示说明。裸装的食品和其他根据产品的特点难以附加标识的裸装产品，可以不附加产品标识。本案中，通信公司销售的"防磁贴"没有中文标明的产品生产厂家名称、厂址和检验合格证书，违反了法律规定，没有尽到作为销售者应尽的义务，应当承担产品质量不符合约定的违约责任，对闫先生要求退货的诉讼请求，法院应予支持。

《消费者权益保护法》第2条规定，消费者为生活消费需要购买、使用商品或者接受服务，其权益受本法保护；本法未作规定的，受其他有关法律、法规保护。可见，我国《消费者权益保护法》只适用于为生活所需而购买、使用商品或接收服务的人。该法第49条规定，经营者提供商品或者服务有欺诈行为的，应当按照消费者的要求增加赔偿其受到的损失，增加赔偿的金额为消费者购买商品的价款或者接受服务的费用的1倍。本案中，如果通信公司的行为被认定为欺诈，而闫先生又是《消费者权益保护法》中所保护的消费者，则通信公司就应按照闫先生的诉讼请求赔偿闫先生购买"防磁贴"所花费用的1倍。但闫先生在购货当天，对通信公司陈列在销售柜台上的"防磁贴"及对应价签进行了拍照，而且还一次性购买"防磁贴"100张，由此可见，闫先生的购买行为不属于为生活消费的行为，且所购的"防磁贴"也没有给闫先生造成财产或人身的损害，所以不应适用《消费者权益保护法》规定的双倍罚则，对闫先生要求通信公司双倍赔偿3500元的诉讼请求，法院不能支持。

法律规范

中华人民共和国消费者权益保护法

（1993年10月31日第八届全国人民代表大会常务委员会第四次会议通过，自1994年1月1日起施行）

第二条　消费者为生活消费需要购买、使用商品或者接受服务，其权益受本法保护；本法未作规定的，受其他有关法律、法规保护。

中华人民共和国产品质量法

（1993年2月22日第七届全国人民代表大会常务委员会第三十次会议通过，1993年9月1日起施行）

第二十七条　产品或者其包装上的标识必须真实，并符合下列要求：

（一）有产品质量检验合格证明；

（二）有中文标明的产品名称、生产厂厂名和厂址；

（三）根据产品的特点和使用要求，需要标明产品规格、等级、所含主要成分的名称和含量的，用中文相应予以标明；需要事先让消费者知晓的，应当在外包装上标明，或者预先向消费者提供有关资料；

（四）限期使用的产品，应当在显著位置清晰地标明生产日期和安全使用期或者失效日期；

（五）使用不当，容易造成产品本身损坏或者可能危及人身、财产安全的产品，应当有警示标志或者中文警示说明。

裸装的食品和其他根据产品的特点难以附加标识的裸装产品，可以不附加产品标识。

专家释惑

消费者是为了满足个人生活需要而购买、使用商品或者接受服务的居民，消费者是经营者的相对称呼，他们都是市场经济中重要的主体，我们国家在1994年实施了《消费者权益保护法》，其第49条规定，经营者提供商品或者服务有欺诈行为的，应当按照消费者的要求增加赔偿其受到的损失，赔偿金额为消费者购买商品金额或者接受消费服务的费用的1倍，这里有双倍赔偿的行为。

1995年春天，王海到北京出差，偶然买到一本介绍消费者权益保护的书，其中他被《消费者权益保护法》第49条所吸引。为了验证这一规定的可真性，王海见到标明日本制造标价85元的索尼牌耳机，他怀疑这是假的，于是买了一副，后到索尼设在北京的公司验证，结果表明该耳机是假的，应该赔偿。然后他又回来买了10部耳机，要求商场依据《消费者权益保护法》的规定赔偿，商场同意赔付第一部耳机，并赔偿200元钱，但拒绝赔付剩下的10副，理由是知假买假。这年秋天，王海又来北京，他光顾许多家商店，购买他认为是假货的商品，经过证实后，要求商家加倍赔偿，多数商店满足了他的要求，也有少数予以拒绝，这一事件被新闻媒介广泛报道，在全国引起强烈反响，他被多数老百姓、经营者当作英雄加以赞赏，同时也使制假、售假者感到震惊。1996年保护消费者基金会向他颁发了奖金，与此同时，王海的做法成为争论的话题，有些官员和学者批评王海知假买假，以获利为目的，购买假商品后要求赔偿的人，不应该得到赔偿。在他们的心目中，买了东西是为了使用的才是消费者，买了不用的就不是消费者，有人认为王海的行为是不道德的。

对于“王海现象”，许多学者与官员主张严格界定消费者概念，知假买假不是为了生活目的购买商品或接受服务，因而，“王海们”不属于消费者，其双倍赔偿的要求不能得到法院的支持。这样一种观点，现在得到越来越多的支持，在法院的审判中也得到了体现，本案就是一个明证。

71. 违章乘车受伤，司机该不该赔偿？

案例 71　闻某诉司机郭某赔偿损失案

事情是这样的

周末，在一家合资企业供职的闻某乘客车回乡下探亲。当车行至闻某家乡时，闻某看见中学时的同学，激动地将头伸出车窗外，喊叫老同学，不料被路旁树枝刮伤脸面和鼻子。经医生诊断，闻某鼻子粉碎性骨折，脸面多处轻微伤。闻某为此而住院 35 天，花去医疗费用 5000 余元。伤愈出院后，闻某认为自己是乘车时受的伤，该车司机郭某肯定逃脱不了干系，于是就找到郭某，要求其赔偿自己医疗、护理、误工、营养等费用共计 8600 元。而郭某却拒绝了闻某的赔偿要求，其理由是：车内多处醒目位置贴有“行车时请旅客切勿把头、手伸出车外”的告示，而闻某视而不见，这完全是由他自己的过错造成的，损失应由他自己承担。闻某在索赔无果的情况下，将司机郭某告上了法庭。

法院受理后，经审理认为：原告闻某购票乘坐被告郭某的客车后，被告郭某有责任把原告安全、准点地送达目的地。然而，由于原告不按规定乘车，导致自己的脸面和鼻子被树枝刮伤，责任不在被告而在原告。据此，法院判决驳回了闻某要求司机赔偿损失的诉讼请求。

律师专线

《中华人民共和国道路交通管理条例》第 65 条第 4 项明确规定：“机动车行驶中，乘车人不准将身体任何部分伸出车外……”由此可见，闻某的行为正好违反了这一规定。同时《消费者权益保护法》第 18 条对此也作了明确的规定：“经营者应当保证其提供的商品或者服务符合保障人身、财产安全的要求。对可能危及人身、财产安全的商品和服务，应当向消费者作出真实的说明和明确的警示，并说明和标明正确使用商品或者接受服务的方法以及防止危害发生的方法。”从这一规定看，该案责任应在乘客闻某一方。闻某购票乘车是一种消费行为。当闻某购票乘车后，就与该车司机形成了服务与接受服务的关系。作为经营者的客车司机，一方面有责任、有义务且应安全准点地把旅客送达目的地；另一方面也有责任、有义务对可能出现危及消费者人身、财产安全的事宜，真实和明确地告诉消费者。从本案情况看，该车司机在车内多处醒目位置都贴有安全告示，这就说明该车司机已经尽到了自己应尽的义务和职责，完全符合上述法律规范的规定。所以法院判决驳回闻某的诉讼请求是正确的。

法律规范

中华人民共和国合同法

（1999 年 3 月 15 日第九届全国人民代表大会第二次会议通过，自 1999 年 10 月 1 日起施行）

第三百零二条　承运人应当对运输过程中旅客的伤亡承担损害赔偿责任，但伤亡是旅客自身健康原因造成的或者承运人证明伤亡是旅客故意、重大过失造成的除外。

中华人民共和国消费者权益保护法

（1993 年 10 月 31 日第八届全国人民代表大会常务委员会第四次会议通过，自 1994 年 1 月 1 日起施行）

第十八条　经营者应当保证其提供的商品或者服务符合保障人身、财产安全的要求。对可能危及人身、财产安全的商品和服务，应当向消费者作出真实的说明和明确的警示，并说明和标明正确使用商品或者接受服务的方法以及防止危害发生的方法。

经营者发现其提供的商品或者服务存在严重缺陷，即使正确使用商品或者接受服务仍然可能对人身、财产安全造成危害的，应当立即向有关行政部门报告和告知消费者，并采取防止危害发生的措施。

中华人民共和国道路交通管理条例

（1988 年 3 月 9 日国务院颁布，自 1988 年 8 月 1 日起施行）

第六十五条　乘车人必须遵守下列规定：

（一）乘坐公共汽车、电车和长途汽车须在站台或指定地点依次候车，待车停稳后，先下后上；

（二）不准在车行道上招呼出租汽车；

（三）不准携带易燃、易爆等危险物品乘坐公共汽车、电车、出租汽车和长途汽车；

（四）机动车行驶中，不准将身体任何部分伸出车外，不准跳车；

（五）乘坐货运机动车时，不准站立，不准坐在车厢栏板上。

专家释惑

交通事故的侵权责任的归责原则在我国的《民法通则》、《道路交通事故处理办法》以及《合同法》这三个法律规范中，规定各不相同，司法实践中，也没有统一的适用方法。

《民法通则》第123条规定："从事高空、高压、易燃、易爆、剧毒、放射性、高速运输工具等对周围环境有高度危险的作业造成他人损害的，应当承担民事责任；如果能够证明损害是由受害人故意造成的，不承担民事责任。"对此条规定里列举的几种侵权责任是实行无过错原则的，即不管侵权有无过错，均需要承担赔偿责任，而交通事故侵权显然属于高速运输工具的侵权，因而，按《民法通则》的这一条规定来看，交通事故侵权应当实行无过错归责原则。而从《道路交通事故处理办法》这一行政法规第35条"交通事故责任者应当按照所负交通事故责任承担相应的损害赔偿责任"的规定来看，道路交通事故侵权显然是要以过错为归责原则的。另外，《合同法》第302条："承运人应当对运输过程中旅客的伤亡承担损害赔偿责任，但伤亡是旅客自身健康原因造成的或者承运人证明伤亡是旅客故意、重大过失造成的除外。"从这一条规定来看，交通事故侵权实行的归责原则既非过错原则也非无过错原则，而是二者的折中。此三部法律对同一问题规定不一，造成法院适用法律的困难。这一局面应该得到改变。从平衡权利的角度来看，《合同法》第302条中规定的折中归责原则是可取的。

72. 邮局丢失邮件应按邮政法还是民法的规定赔偿？

案例 72　邓小姐诉邮政局丢失包裹损失赔偿案

事情是这样的

2005 年 2 月 22 日，邓小姐通过市邮政局邮寄了一部新诺基亚手机给外地的朋友，办理邮寄时邓小姐按照邮政局要求向工作人员出示了邮寄的物品，并在邮寄单上如实填写了手机的品牌、型号和数量。包裹寄出时间过去了一个多月，邓小姐的朋友却还没有收到包裹。经过多次与邮政局沟通查询，确认该邮包已经丢失。邓小姐于是拿着邮寄单据要求邮政局赔偿手机价款 1698 元。可是市邮政局拿出国家邮政局颁布的《国内邮件处理规则》，只愿意据此赔偿邓小姐所付邮资的 2 倍，共计 30 元。双方协商不成，邓小姐只得将该邮政局告上了法院，要求邮政局赔偿其手机损失 1698 元并承担本案诉讼费用。

庭审中，原被告双方对邮政局工作失误造成原告邮寄手机丢失的事实没有不同意见。但被告市邮政局认为本案为邮寄合同纠纷，应当适用作为特别法的邮政法规，按照国家邮政局《国内邮件处理规则》的相关规定，以邮费的 2 倍为限进行赔偿，原告要求赔偿 1698 元没有法律依据。

法院经过审理认为，邮政企业丢失客户邮件不应适用邮政法对客户进行限额赔偿，而应适用《民法通则》和《合同法》进行合理赔偿。因此依据《民法通则》和《合同法》的有关规定，判决邮政局赔偿邓小姐丢失的该款手机的市场价值 1500 元。

律师专线

本案的焦点是邮政企业丢失客户邮件是应适用邮政法进行限额赔偿，还是适用民法进行合理赔偿。邮政法是确定邮政企业权利和义务的法律，属于行政法的范畴。在本案中，邓小姐将邮件交与邮政局，并向邮政局支付邮资；邮政局收取原告邮件和邮资，并负责将邮件邮寄到邓小姐指定的客户，因此双方已形成平等的民事主体之间的邮政服务合同关系，应受民法的调整。因此，邮政局主张对其与消费者之间的合同纠纷适用邮政法是不恰当的。《民法通则》第106条第1款规定，公民、法人违反合同或者不履行其他义务的，应当承担民事责任。《合同法》第113条规定，当事人一方不履行合同义务或者履行合同义务不符合约定，给对方造成损失的，损失赔偿额应当相当于因违约所造成的损失，包括合同履行后可以获得的利益，但不得超过违反合同一方订立合同时预见到或者应当预见到的因违反合同可能造成的损失。本案中，消费者邓小姐未就手机价值与邮政局达成一致意见，但根据《合同法》第62条的相关规定，当事人就合同价款或者报酬约定不明确的，按照订立合同时履行地的市场价格履行。因此，法院依据当地市场价格判决邮政局赔偿邓小姐1500元损失。

法律规范

中华人民共和国民法通则

（1986年4月12日第六届全国人民代表大会第四次会议通过，自1987年1月1日起施行）

第一百零六条　公民、法人违反合同或者不履行其他义务的，应当承担民事责任。

公民、法人由于过错侵害国家的、集体的财产，侵害他人财产、人身的应当承担民事责任。

没有过错，但法律规定应当承担民事责任的，应当承担民事责任。

中华人民共和国合同法

（1999年3月15日第九届全国人民代表大会第二次会议通过，自1999年10月1日起施行）

第一百一十三条　当事人一方不履行合同义务或者履行合同义务不符合约定，给对方造成损失的，损失赔偿额应当相当于因违约所造成的损失，包括合同履行后可以获得的利益，但不得超过违反合同一方订立合同时预见到或者应当预见到的因违反合同可能造成的损失。

专家释惑

本案案情虽然简单，但法院的审理中体现出重要的法律适用问题。法律适用是将抽象的一般规定应用于具体事件的过程，是解决法律纠纷的前提。当发生法律规范冲突时，即调整同一对象的两个或者两个以上的法律规范因规定不同的法律后果而产生冲突的，具体应当选择哪一种法律作为裁判的依据，是法律适用中的关键问题。根据我国《立法法》的相关规定，发生法律规范冲突时，选择适用法律的原则包括：1. 上位法优于下位法；2. 新法优于旧法；3. 特别法优于一般法。在适用新法优于旧法和特别法优于一般法的原则时，前提是相关冲突法律规范是同一机关制定的法律、行政法规、地方性法规、自治条例和单行条例、规章。也就是说，首先应当适用上位法优于下位法的原则。当发生冲突的法律规范属于同一级别时才考虑适用新法优于旧法或特别法优于一般法的原则。本案中，《合同法》与《民法通则》的制定机关是全国人民代表大会，《邮政法》的制定机关是国家邮政部门，《合同法》和《民法通则》的法律效力高于邮政法。虽然《国内邮件处理规则》属于邮政特殊法，但它与《合同法》和《民法通则》并不属于同一机关制定，因此不能以特别法优于一般法的理由进行优先适用。

73. 偷录的录音资料能否作为合法证据被法院采纳？

案例 73 沈先生诉某房产商违约双倍返还定金案

事情是这样的

2003 年 5 月，沈先生从报纸广告中得知某房产商在销售商品房，于是前往洽谈购房事宜。房产商工作人员向沈先生推荐了一处房屋，并讲明该房附有 70 平方米花园。双方商定以 92 万余元的总价成交。5 月 27 日，沈先生与该房产商签订了《买卖双方临时合约》，并支付定金 2 万元。当沈先生准备与该房产商签订《商品房销售合同》时，该房产商改口说花园其实只有 50 平方米。据此，沈先生认为由于房产商的原因，致使双方签订的《买卖双方临时合约》无法履行，房产商应承担违约责任，故请求法院判令该房产商双倍返还定金2万元。在庭审中，沈先生提供了他与房产商工作人员通话的手机录音，还提供了工作人员黄某写的有花园面积70平方米等字样的纸条。法院认为，根据沈先生提供的与房产商工作人员进行手机通话的内容，从取得形式而言，未违反法律禁止性规定，也未侵犯他人的合法权益，可以作为证据使用，且有其他证据佐证。故法院一审判决，确认沈先生与房产商签订的《买卖双方临时合约》解除；房产商双倍返还沈先生定金。

律师专线

本案是一起因违反预约合同义务而适用定金罚则的案件。沈先生并没有与房产商签订正式的商品房买卖合同，《买卖双方临时合约》是一个包含定金担保条款的预约合同。该合同双方的合同义务是将来签订一份以预约合同内容为依据的商品房销售合同。根据《合同法》第115条的规定，当事人可以依照《中华人民共和国担保法》约定一方向对方给付定金作为债权的担保。……给付定金的一方不履行约定的债务的，无权要求返还定金；收受定金的一方不履行约定的债务的，应当双倍返还定金。2003年6月1日起施行最高人民法院《关于审理商品房买卖合同纠纷案件适用法律若干问题的解释》第4条对定金问题进行了细化，规定出卖人通过认购、订购、预订等方式向买受人收受定金作为订立商品房买卖合同担保的，如果因当事人一方原因未能订立商品房买卖合同，应当按照法律关于定金的规定处理。本案中，因房产商对商品房花园面积的错误描述，无法提供临时合约中描述的商品房与沈先生签订《商品房销售合同》，是对预约合同的违约，作为定金收受方，应当承担双倍返还定金的责任。由于本案中《买卖双方临时合约》的书面内容并不完备，沈先生提供的双方口头补充协商的录音，成为证明对方当事人违约的重要证据。民事诉讼中的证据，必须具备真实性、关联性和合法性。本案中，沈先生通过手机录下商场有关花园承诺的行为，没有侵害他们的合法权益，也没有违反法律禁止性规定的地方，并有其他证据佐证，所以法院判定录音证据有效并据此作出判决维护了购房人的合法权益。

法律规范

中华人民共和国合同法

（1999年3月15日第九届全国人民代表大会第二次会议通过，自1999年10月1日起施行）

第一百一十五条　当事人可以依照《中华人民共和国担保法》约定一方向对方给付定金作为债权的担保。债务人履行债务后，定金应当抵作价款或者收回。给付定金的一方不履行约定的债务的，无权要求返还定金；收受定金的一方不履行约定的债务的，应当双倍返还定金。

最高人民法院关于审理商品房买卖合同纠纷案件适用法律若干问题的解释

（2003年3月24日最高人民法院审判委员会第1267次会议通过，2003年4月28日公布，自2003年6月1日起施行）

第四条　出卖人通过认购、订购、预订等方式向买受人收受定金作为订立商品房买卖合同担保的，如果因当事人一方原因未能订立商品房买卖合同，应当按照法律关于定金的规定处理；因不可归责于当事人双方的事由，导致商品房买卖合同未能订立的，出卖人应当将定金返还买受人。

专家释惑

本案例中消费者维权的最大特点，是采用了录音作为有力的证据之一。在我国司法实践中对于录音资料是否能作为有效证据被司法审判采用，经历了一个从严格限制到逐步接受的过程。最高人民法院曾于1995年作出《关于未经对方当事人同意私自录制其谈话取得的资料不能作为证据使用的批复》，将录音取得的证据资料合法性标准严格限定在需经对方同意。事实上，一方当事人同意对方录制其谈话的情形在实际生活中极为少见。但据此，即使法官确信录音证据资料内容真实也无法对权利人加以保护。

2002年4月1日，最高人民法院《关于民事诉讼证据的若干规定》施行后，关于录音证据的效力问题有了实质性的变化。按照最高人民法院《关于民事诉讼证据的若干规定》中以排除的方法对不能作为认定案件事实依据的相关证据作出了规定，即除以侵害他人合法权益（如违反社会公共利益和社会公德侵犯他人隐私）或违反法律禁止性规定的方法（如擅自将窃听器安装到他人住处窃听）取得的证据外，其他情形不得视为非法证据。这意味着以合法手段取得并有其他证据佐证、无疑点的录音等视听资料，具有证据效力。

法律对合法音像资料证据力的认可，使得民事诉讼的当事人在进行举证时有了更多的方式，但应当注意的是，音像资料作为证据想要被采信，切勿修改、剪辑或移动存储，如果资料失去了其原件属性，其证明力也会大打折扣。

74. 发生情势变更时消费者能否解除合同?

案例 74　程某与婚庆公司因“非典”解除合同退还定金案

事情是这样的

2003 年 4 月 19 日，准新郎程先生与位于杭州市艮山西路的某婚庆公司签订了一份“婚庆服务”协议，婚礼时间定为 5 月 17 日。协议约定由婚庆公司为程先生的婚礼提供婚车租赁、现场布置、全程拍摄、司仪等服务。服务费总计为 3750 元，其中 1750 元作为“信用金”提前支付。然而协议签订没几天，杭州就出现了首例“非典”病人，预定的婚礼没法进行。为此，程先生于 4 月 29 日到婚庆公司，希望解除婚庆服务，但公司经理以没有时间为由推脱，让他过几天在家等电话。5 月 7 日上午，程先生打电话询问，婚庆公司经理态度坚决：“这事没得商量。”拒绝退回程先生的订金。6 月份，程先生向江干区法院起诉，要求法院判决婚庆公司全额退还“信用金”。

法院经过审理认为，原、被告双方签订的婚庆服务合同，依法成立，理应受法律保护，但合同签订后，因发生“非典”疫情，属于情势变更，给合同的正常履行造成了困难。同时，鉴于庭审时原告已经结婚无需再办婚礼，双方签订合同的情况发生了重大变化，继续履行合同必将违背合同目的。因此根据《合同法》有关规定，判定婚庆公司全额返还程先生信用金1750元。

律师专线

本案主要的焦点是有关合同成立以后，消费者是否有权根据情势变更解除合同，以及解除合同后双方损失承担的问题。情势变更原则是“契约必须遵守原则”的例外，目前我国现行法律制度中虽然并没有对情势变更的具体规定，但是该原则的适用已被司法解释和审判实践所认可。情势变更的通常定义是指：根据公平和诚信的法律价值目标，合同有效成立之后、履行之前，产生效力的法律行为或事实的基础和环境因不归责于当事人的事由，发生了当事人预料不到的客观变化，若仍然履行合同会给一方当事人造成显失公平的结果，法律允许当事人变更或解除合同而免除不履行义务一方当事人责任的承担。情势变更原则实际上是《民法通则》与《合同法》中诚实信用原则在合同履行中的具体运用。本案中，“非典”疫情的突发性以及国家、社会为控制“非典”疫情所采取的措施使合同成立时存在的客观事实和状况发生异常突变，这是不可归责于当事人双方的客观事由。合同虽然并非绝对不可履行，但如果继续履行合同举办婚礼，也必然面临来宾减少，婚礼仪式过程不能按照正常程序进行，不能得到正常欢庆效果等情形，显然对合同当事人一方婚庆服务的消费者是十分不公平的。同时，婚礼作为特殊的纪念庆祝方式，有不可重复性。因此，一旦未能如期举行，并不是通过再次组织就能达到预期效果的。因此，本案中“非典”疫情的发生符合情势变更的要求，消费者程先生有权据此要求法院判令解除合同。《合同法》第97条规定，合同解除后，尚未履行的，终止履行；已经履行的，根据履行情况和合同性质，当事人可以要求恢复原状、采取其他补救措施，并有权要求赔偿损失。本案中，婚庆公司应当退还程先生已经交付的信月金，如果婚庆公司在情势变更事由发生之前，已经为履行婚庆活动进行了相关准备，那么在提出相关证据之后，婚庆公司也有权要求消费者程先生承担一部分损失，但如果是因婚庆公司方的拖延，在程先生提出解除合同要求之后又发生的损失，以及因此对程先生方造成的新的损失，则应当由婚庆公司承担。

法律规范

中华人民共和国合同法

(1999 年 3 月 15 日第九届全国人民代表大会第二次会议通过，自 1999 年 10 月 1 日起施行)

第六条　当事人行使权利、履行义务应当遵循诚实信用原则。

第九十七条　合同解除后，尚未履行的，终止履行；已经履行的，根据履行情况和合同性质，当事人可以要求恢复原状、采取其他补救措施，并有权要求赔偿损失。

中华人民共和国民法通则

(1986 年 4 月 12 日第六届全国人民代表大会第四次会议通过，自 1987 年 1 月 1 日起施行)

第四条　民事活动应当遵循自愿、公平、等价有偿、诚实信用的原则。

专家释惑

情势变更原则是公平、等价有偿的民法原则在合同法律中的具体体现和运用。1993 年《全国经济审判工作座谈会纪要》中明确指出：由于不可归责于当事人双方的原因，作为合同基础的客观情况发生了非当事人所能预见的根本性变化，以致按原合同履行显失公平的，可以根据当事人申请，按情势变更原则变更或解除。在法律尚无明确规定的情况下，这一会议精神是目前对情势变更审判实践的重要指导。

情势变更的适用必须具备以下构成要件：

第一，合同合法有效。这是适用该原则的前提，无效的和可撤销的合同不适用情势变更原则，因为它们从签订时起就没有法律效力，不涉及签订后客观情况如何变化。

第二，有情势变更的事实发生。情势，指作为合同基础的客观情况和环境；变更，指这种客观情况和环境发生了剧烈变化。这种变化之剧烈足以使合同基础丧失，致使合同目的无法实现。常见的几种有：(1) 自然灾害。如水灾、旱灾导致农作物减产，无法按数交货。(2) 战争。(3) 由于商品经济的本质导致的风险。如通货膨胀，币值大贬，物价大涨，产品成本大幅度提高等。(4) 国家宏观经济政策的变化。(5) 政府管理经济的具体行政措施的影响。

第三，情势变更必须发生在合同生效成立后，全面履行完毕前，如在合同有效成立前发生情势变更，当事人可不订立合同或根据变更后的状况订立合同的，若当事人不知情势已变更而订立合同的，则为重大误解，属可撤销合同；合同履行完毕，双方当事人间权利、义务关系已消灭，变更或解除合同已无必要。

第四，情势变更的发生不可归责于一方当事人。如可归责于一方当事人，则该方当事人应承担违约责任及因此导致的风险，而不适用情势变更原则。

第五，情势变更的发生具有主观上的不可预见性。如果当事人主观上可以预见或应该可以预见，则为正常的商业风险，该当事人应承担此风险后果。

第六，继续维持合同效力则显失公平。情势变更原则的实质是公平问题，如虽发生情势变更事实，但继续履行合同，双方当事人并未显失公平，则不适用情势变更原则。

"非典"期间，百姓生活和许多行业受到很大影响，甚至引起了一些经济纠纷乃至法律诉讼。在这类纠纷中，"非典"疫情究竟属于法律上的不可抗力还是情势变更往往是争议的焦点。不可抗力是法定免责条件，当事人只要取得相应证明并通知对方即可免责；而情势变更必须由当事人向法院或仲裁机关申请，经过法院或仲裁机关裁量后，才能决定是否对合同予以变更或解除。而且不可抗力既可适用于合同关系，也可适用于侵权行为，情势变更只适用于合同关系。因此，判断“非典”疫情究竟属于一种不可抗力的因素还是属于情势变更的范畴十分重要。

实际上，不可抗力与情势变更原则并非两个互相对立的概念。应当在对不可抗力和情势变更进行比较区别的基础上，根据不同的实际情况，选择适用不同的法律。

根据《民法通则》第153条的规定，不可抗力是指不能预见、不能避免并不能克服的客观情况。其范围一般认为包括自然灾害（如地震、台风、海啸、瘟疫等）和社会事件（如战争、政府行为等）两类。不可抗力具有客观性，其发生与合同是否存在没有联系，要成为法定免责条件，需符合两个条件：一是不可抗力必须发生在合同履行期间；二是不可抗力直接导致了合同不能履行。

在实践中，判断不可抗力和情势变更的关键点是：该事件的发生是否导致合同绝对意义上的不能履行。不可抗力要成为免责条件，必须造成合同部分或全部义务不能履行；而情势变更发生时，合同一般仍可履行，只是履行合同会造成显失公平的后果。以本案为例，虽然发生了“非典”疫情，但程先生与婚庆公司的婚庆合同并非客观上绝对不能履行，只是其履行的后果将会对当事人一方明显不公平。因此，本案中“非典”疫情的发生属于情势变更。假如“非典”疫情发生时，当地政府为抑制疫情的传播出台了相关政策，禁止10人以上聚会活动，程先生的婚礼将因为政府决策而无法履行，在这种情况下，“非典”疫情则应归于不可抗力的范畴。

选择适用情势变更或不可抗力，其法律后果是不同的。情势变更是“裁量免责”，即情势变更原则只是赋予了当事人依法请求变更或解除合同关系并免责的权利，而最终是否变更或解除合同并免责，取决于人民法院或仲裁机构的裁量；而因不可抗力致使不能实现合同的则是“当然免责”，即因不可抗力事件导致合同不能履行或无法履行的，当事人有权通知对方当事人解除合同，合同自通知到达对方时解除，并可免予承担履行义务和违约责任。

联系本案

适用情势变更原则必须与正常的商业风险相区别。如果滥用情势变更原则，则会把正常的商业风险解释为情势变更，给合同一方提供违约的借口，严重影响合同的严肃性。主要是基于这一顾虑，我国立法中并未明文规定情势变更原则。

75. 第三人履行义务的合同无效，作为债权人的消费者应当向谁主张权利？

案例75　李先生诉安世通达公司和百盛公司购物卡不能消费案

事情是这样的

北京的消费者李先生有一张面值为人民币1000元的安世通达公司的莲花购物卡，该卡指定消费场所是百盛公司学院路店，使用期限为2007年6月30日之前。2007年6月30日这天，李先生去百盛公司消费，结果被店方告知此卡有钱但消费不了，缘由是安世通达公司莲花卡支付系统问题，让李先生过几天去该店解决。之后，李先生给安世通达公司打电话询问有关事项，公司客服告诉李先生，莲花卡已经升级了，李先生需要到安世通达公司来换卡才能继续使用莲花卡消费，换卡之后的消费有效期只有15天。李先生平时工作很忙，一直抽不出时间到通达公司换卡，一直到2008年1月8日李先生在北京青年报上看到消息，原来百盛公司学院路店已于2007年12月17日停业。李先生赶紧找百盛公司和安世通达公司要求解决莲花购物卡的问题，但是两家公司却相互推诿，不仅没有给李先生解决购物卡的问题，反而让李先生耽误了工作。李先生因此将两家公司起诉至法院，要求百盛公司、安世通达公司提供莲花卡面值人民币1000元等值消费，并且赔偿误工损失人民币800元。

庭审中，百盛公司辩称，他们公司确实曾与安世通达公司合作，合作方式是消费者通过安世通达公司预付现金购买购物卡，在约定的期限内到百盛百货消费。消费者事先支付的款项由安世通达公司收取，消费者持卡消费后，由安世通达公司定期将款项支付给百盛公司。本案中，李先生无法证明是从百盛公司购买了莲花卡，也没有证明购卡预付的金额，更没有证明卡内尚有多少余额。按照百盛公司与安世通达公司的合作方式，该卡的预付金及卡内的余额也由安世通达公司收取，应由安世通达公司负责返还李先生。另外，莲花卡明确约定有效期截至2007年6月30日，超过该期限卡即失效。李先生没有在规定的期限内到指定场所消费，百盛公司亦没有接受李先生的预付金，所以，李先生要求百盛公司偿还卡内余额没有依据，百盛公司不同意李先生的诉讼请求。

安世通达公司辩称，本公司为百盛公司制作的购物卡有固定的IC卡号段，因为系统升级导致所需要更换的磁条卡很早之前就交付给百盛公司。安世通达公司无权私自更换百盛公司的购物卡，而是与百盛公司事先约定，如果需要将IC卡更换为磁条卡，必须由百盛公司发传真告知安世通达公司IC卡的号码及更换的磁条卡号码，安世通达公司在支付系统后把该IC卡号及卡内余款查出，并将余款转入新磁条卡。据李先生所称是在购物卡有效期的最后一天到百盛公司消费的，当时百盛公司就应该给李先生换卡；李先生说其曾经打电话给公司，客服电话说可以更换百盛公司卡，这是不属实的。另外，莲花卡已明确规定应在到期日前消费，否则逾期作废。李先生没有提供证据证明其在购物卡到期之前去百盛公司消费，现在李先生如果退卡，需要出示发票证明他和安世通达公司存在买卖关系。因此也不同意李先生的诉讼请求。

法院审理后认为，公民的合法权益应受法律保护。本案中，李先生持有莲花卡一张，该卡明确写明可消费的场所为百盛公司，因此李先生与百盛公司间已形成特定的消费服务合同关系。作为消费者，李先生的义务即是在消费日到期前到百盛公司进行消费，否则，将承担莲花卡过期作废的后果。作为百盛公司，则负有为持卡人提供与指定消费金额价值相等的商品或服务的义务。现在李先生因二被告拒不提供相应价值的服务而诉至法院。诉讼中，李先生提供了莲花卡以及百盛公司员工手写字条一张，证明在莲花卡到期日前确实曾到百盛公司，只是因为莲花卡需要更换，系统存在问题而未能消费。安世通达公司在庭审中也认可莲花卡磁条需要更换，并且更换事宜需由百盛公司进行，证明字条中所反映的情况是客观存在的；百盛公司虽认为字条非本单位人员所写，但未能提供相反证据；李先生作为消费者，已经尽到基本的举证义务，二被告主张李先生持有的莲花卡已过期的抗辩意见因未提供相应证据证明，故法院不予采信。现在因为百盛公司学院路店已经歇业，导致李先生所持莲花卡无法得到相应服务，李先生起诉要求百盛公司提供与莲花卡面值人民币1000元等值的消费，是符合法律规定的。诉讼中，李先生未能提供购买莲花卡的发票，不能证明其与安世通达公司存在买卖合同关系，故李先生要求安世通达公司承担责任，法院不予支持。李先生要求赔偿误工损失，亦未提供相应证据证明，故法院对其该项诉讼请求不予支持。最后，法院判令百盛公司为李先生提供莲花卡面值人民币1000元等值消费；驳回了李先生要求安世通达公司承担责任的诉讼请求。

律师专线

这是另一起因购物卡（券）引起纠纷的案件。本案法院虽然最终维护了消费者权益，判令购物卡的指定消费公司百盛百货为李先生提供等值的消费服务，但其裁判依据和结果都是值得商榷的。严格来说，李先生与百盛公司之间购物卡预付费消费合同是一个无效合同。《中国人民银行法》第20条明确规定："任何单位和个人不得印制、发售代币票券，以代替人民币在市场上流通。"2001年1月19日，国务院纠正行业不正之风办公室、国家经贸委、中国人民银行联合发出《关于严禁发放使用各种代币券（卡）的紧急通知》，明令禁止发行购物券（卡）。可见，商家发行像李先生所持的这类购物卡，违反了法律规定，本身就是无效的民事行为。无效合同自始没有法律约束力，其后果是恢复到合同订立前的原状，即因该合同取得的财产应当予以返还；有过错的一方应当赔偿对方因此所受到的损失，双方都有过错的，应当各自承担相应的责任。

本案的难点是，消费者李先生拥有的是安世通达公司发行的购物卡，但购物卡制定的服务提供者却是百盛公司，究竟哪家公司才是李先生的合同对方当事人呢？根据本案反映的情况来看，安世通达公司以自己的名义发行了债务履行人为百盛公司的购物卡，可以认为，安世通达公司与持卡人订立了第三人履行债务的合同，第三人即是百盛公司，而安世通达公司是消费者李先生的购物卡合同对方当事人。如果安世通达公司想要证明自己只是百盛公司的发卡受托人，百盛公司才是购物卡合同的实际主体，则首先必须证明自己跟百盛公司存在委托代理关系，并根据《合同法》第402条的规定，证明消费者李先生在订立合同时已经明确知晓安世通达公司与百盛公司之间的代理关系，或有确切证据证明该购物卡合同只约束百盛公司和消费者李先生。这一举证过程将是十分困难的，即使安世通达公司能够证明自己与百盛公司存在委托代理关系，但由于其使用了自己的名义向消费者发行标称为“安世通达莲花卡”的购物卡，只能被认定为隐名代理，其对外效力不能对抗不知情的第三者。我国法律对于第三人履行债务的合同无效，以及隐名代理合同无效均没有具体的规定，因此只能适用合同无效的普遍原则，返还财物和恢复原状。根据本案实际情况，李先生所持购物卡内含款项在实际消费之前由安世通达公司占有，合同无效后，安世通达公司失去了对该款项的合法占有权，应当以不当得利论，从而应当返还给消费者李先生。李先生作为法定无效合同的另一方当事人，自身也存在过错，因此李先生为此所发生的误工费等损失，应由消费者自己承担。

法律规范

中华人民共和国合同法

（1999年3月15日第九届全国人民代表大会第二次会议通过，自1999年10月1日起施行）

第五十二条　有下列情形之一的，合同无效：

……

（五）违反法律、行政法规的强制性规定。

第五十六条　无效的合同或者被撤销的合同自始没有法律约束力。……

第五十八条 合同无效或者被撤销后，因该合同取得的财产，应当予以返还……有过错的一方应当赔偿对方因此所受到的损失，双方都有过错的，应当各自承担相应的责任。

第四百零二条 受托人以自己的名义，在委托人的授权范围内与第三人订立的合同，第三人在订立合同时知道受托人与委托人之间的代理关系的，该合同直接约束委托人和第三人，但有确切证据证明该合同只约束受托人和第三人的除外。

中华人民共和国中国人民银行法

（1995 年 3 月 18 日第八届全国人民代表大会第三次会议通过并实施，根据 2003 年 12 月 27 日第十届全国人民代表大会常务委员会第六次会议《关于修改〈中华人民共和国中国人民银行法〉的决定》修正）

第二十条 任何单位和个人不得印制、发售代币票券，以代替人民币在市场上流通。

关于严禁发放使用各种代币券（卡）的紧急通知

（国务院纠正行业不正之风办公室、国家经贸委、中国人民银行 2001 年 1 月 19 日联合发出）

一、各地区、各部门以及各单位要从讲政治、顾大局的高度，从贯彻落实江总书记关于“三个代表”重要思想的高度，充分认识发放和使用代币购物券（卡）问题的严重性、危害性，坚决贯彻执行有关规定，立即停止印制、发售、购买和使用代币购物券（卡），对已经发放使用的代币购物券，限期在 2001 年 2 月 28 日前由出售和购买单位妥善处理，过期一律作废；对于违规发放使用的代币购物券，一律废止；在规定期限后，仍违规发放使用者，一律追究有关人员和主管领导的责任。

专家释惑

本案涉及一个重要的法律概念，即第三人履行债务的合同。合同依法成立，合同履行的主体应当是订立合同的双方当事人，一般来说应当由合同债务人向合同债权人履行义务，凡是国家法律、政策、计划要求必须由当事人亲自履行的合同，合同性质决定必须由当事人亲自履行的合同，以及当事人约定必须亲自履行的合同，合同债务人都必须亲自履行，而不能由第三人代替履行。但是，在某种特殊情况下，合同实际履行的主体也可能是第三人，由第三人代替合同债权人或债务人履行债权或债务，这种合同就称作第三人代替履行义务的合同法。合同约定由第三人代替履行合同义务，如果第三人不履行或者履行不符合合同约定，向债权人承担违约责任的主体仍然是合同本身的债务人，而非第三人。合同因为违反法律的强制性规定而无效后，负有恢复原状，相互返还财物义务的也是合同本身的债权债务人，而不得以合同无效为由主张第三人返还财物，如果有关财物实际确实被第三人所占有，则应直接以不当得利要求第三人返还。

76. 商店出售变质速冻食品，行政机关应如何处理？

案例 76　王某诉××商店销售变质速冻食品案

事情是这样的

2004 年 1 月 25 日，春节临近，王某在菜市场的××商店购买速冻饺子。商店售货员对王某说，本店现有新进的三鲜馅饺子，价廉物美。王某就听从售货员的劝告，买了 3 斤速冻饺子，支付价款 18 元。产品包装袋上的生产日期已经不可辨认，只写着保质期 2 个月，王某对此表示疑虑，但售货员向王某保证这批饺子是刚进的货，质量绝对没有问题。王某这才放下心了。王某回家后就把速冻饺子放在冰箱里。到春节时，王某把饺子放在锅里，煮出来的饺子因为变质都不能食用。王某非常气愤，就去找××商店，要求其退回价款并赔偿给王某造成的精神损失 600 元。××商店经理赵某向王某解释说，这批饺子是 1 月 20 日从某食品厂新进的，质量不会有问题，一定是王某存放方法不当造成的变质，拒绝退回价款和赔偿损失。王某考虑到的确是存放了一段时间才食用，并且没有证据说明购买时饺子就是变质的，只好作罢。在春节过后，王某把有关情况向县工商局作了反映，要求工商局派人对××商店销售的食品进行检查。县工商局除了接到王某的举报信外，还有其他的举报信反映××商店出售的饺子有问题。工商局就派了两名同志到菜市场及××商店进行检查，以查清事实真相。在对××商店的检查中发现，××商店出售的商品大都是超过保质期或者接近保质期的食品。××商店以低价把将近保质期和保存期的商品买来出售，从中获得高额利润。工商局考虑到有关食品卫生监督的职能由食品卫生监督机构实施，就把案件的有关材料转给了食品卫生监督机构。食品卫生监督机构根据已有的材料，决定对该商店依照《食品卫生法（试行）》第7条、第37条的规定进行行政处罚；2004年3月20日，食品卫生监督机构出具了《行政处罚决定书》，其内容为：（一）销毁剩余的已过保质期的食品；（二）临近保质期的食品在保质期到来之前全部销售出去，逾者则予以销毁；（三）罚款2000元；（四）责令××商店停业改进。××商店接到了食品卫生监督机构的处罚决定，没有提起行政复议和诉讼，自动交纳了罚款，对有关食品作了处理。

律师专线

本案是一起经营者违法经营损害消费者利益，承担行政责任的典型案例。

××商店为了牟取暴利，销售临近保质期或者超过保质期的食品，严重违反了经营者保障质量的义务。《消费者权益保护法》规定，经营者有义务保证商品和服务的质量。经营者应当保证在正常使用商品或者接受服务的情况下其提供的商品或者服务应当具有的质量、性能、用途和有效期限。本案中××商店销售临近或者超过保质期的商品，提供给消费者变质的商品，严重违背了经营者应当承担的保证质量的义务，损害了消费者的合法利益。

××商店在明知是临近或者超过销售期的商品的情况下，针对消费者的询问，仍然作出没有超过有效期的保证，构成了对消费者王某的欺诈。依据欺诈的一般原理，欺诈的构成要件在于：（1）主观要件必须是故意，即行为人积极捏造、隐瞒事实并足以使对方陷入错误的认识。只是过失而陈述失实或未作陈述不得视为欺诈。（2）行为人受到欺诈，即欺诈者故意告知行为人以虚假的信息或者向其隐瞒真情。对于后者，一般认为以交易习惯上以对行为人有知情权的有关事项的隐瞒为限。（3）行为人因受欺诈而实施了行为。本案中××商店故意隐瞒销售的产品超过有效期的事实，并且作出保证，以至于消费者基于对其的信赖购买了变质的商品。具体在消费法领域，对于欺诈的认定是采用举证责任倒置的原则，即消费者不需要证明经营者有欺诈的故意，而是由经营者来证明自己没有欺诈的故意。

××商店应当对自己所作出的违法行为承担法律责任。承担责任的类型包括民事责任、行政责任，如果违反了刑法，则承担刑事责任。《消费者权益保护法》和《产品质量法》对经营者违反消费者权益保护法的规定，需要承担的行政责任作出了明确的规定，承担责任的形式包括警告、没收违法所得、处以违法所得的罚款，责令停业整顿、吊销营业执照等。《食品卫生法（试行）》对销售变质食品的部门有了专门规定，规定技术监督部门对变质商品的处理享有专门的管辖权。本案中工商行政部门发现本案涉及的是变质食品的问题，依法应当将本案转给食品卫生监督机构来处理。

当然，本案中的受害消费者王某可以在食品卫生监督机构作出处罚后向人民法院起诉××商店，而食品卫生监督机构作出的处罚决定正好可以作为证据来使用。

注意：消费者在购买商品时一定要有保护自己的意识，即要认真看清产品的生产日期，以免超过有效期，查看产品的包装有无破裂等等。在发现经营者的违法现象时要及时举报，当消费者联合起来维护自身合法权益时，经营者的违法行为才能得到有效的遏制。

法律规范

中华人民共和国消费者权益保护法

（1993 年 10 月 31 日第八届全国人民代表大会常务委员会第四次会议通过，自 1994 年 1 月 1 日起施行）

第五十条　经营者有下列情形之一，《中华人民共和国产品质量法》和其他有关法律、法规对处罚机关和处罚方式有规定的，依照法律、法规的规定执行；法律、法规未作规定的，由工商行政管理部门责令改正，可以根据情节单处或者并处警告、没收违法所得、处以违法所得一倍以上五倍以下的罚款，没有违法所得的处以一万元以下的罚款；情节严重的，责令停业整顿、吊销营业执照：

（一）生产、销售的商品不符合保障人身、财产安全要求的；

（二）在商品中掺杂、掺假，以假充真，以次充好，或者以不合格商品冒充合格商品的；

（三）生产国家明令淘汰的商品或者销售失效、变质的商品的；

（四）伪造商品的产地，伪造或者冒用他人的厂名、厂址，伪造或者冒用认证标志、名优标志等质量标志的；

（五）销售的商品应当检验、检疫而未检验、检疫或者伪造检验、检疫结果的；

（六）对商品或者服务作引人误解的虚假宣传的；

（七）对消费者提出的修理、重作、更换、退货、补足商品数量、退还货款和服务费用或者赔偿损失的要求，故意拖延或者无理拒绝的；

（八）侵害消费者人格尊严或者侵犯消费者人身自由的；

（九）法律、法规规定的对损害消费者权益应当予以处罚的其他情形。

专家释惑

涉及损害消费者的违法行为的处罚的机关包括下述几类：

一、工商部门。凡涉及《产品质量法》需要吊销营业执照的行政处罚，由工商行政管理部门作出，其他任何机构无权吊销他人的营业执照。根据国务院关于技术监督部门和工商行政部门原则分工的意见，工商部门负责查处在市场管理和商标管理中发现的销售掺假、冒牌产品的行为。本案中，因为××商店的行为尚未到吊销营业执照程度，因此，工商部门决定把案件移交其他机构处理是符合法律规定的。

二、技术监督部门。根据国务院的意见，技术监督部门除了吊销营业执照的处罚，以及法律、法规对行使处罚权的机关另有规定的以外，对《产品质量法》规定的所有处罚都有权作出。但是，因为《食品卫生法（试行)》对销售变质食品的部门有了专门规定，即由食品卫生监督机构管辖。所以就排除了技术监督部门对××商店的管辖权。

三、法律规定的行使处罚权的机关。这里主要指药品管理法和食品卫生法规定的行政处罚机关。药品管理法规定的行使行政处罚权的机关是卫生行政部门。按照药品管理法作出的行政处罚，只能由卫生行政部门决定。药品管理法没有规定给予行政处罚的违法行为，产品质量法作了规定的，由卫生行政部门依照产品质量法的规定给予处罚。例如药品的生产者、销售者伪造或者是用他人厂名、质量认证标志的行为，由卫生行政部门依照《产品质量法》第41条的规定给予处罚。食品卫生法规定的行政处罚机关是卫生行政部门下属的卫生防疫站和食品卫生检验所。但是，食品卫生监督机构仅是对食品卫生质量进行监督，不是对食品的所有质量问题进行监督。食品的生产者、销售者伪造和冒用他人厂名厂址，伪造产地，伪造或冒用认证标志、名优标志的，应当由管理产品质量的技术监督部门或者工商行政部门给予处罚，而不是由食品卫生监督机构给予处罚。

四、行政法规规定的行政处罚权的机关。这里主要指化妆品卫生管理部门、售药管理部门。锅炉压力容器监察条例等规定的行政处罚机关。化妆品卫生条例规定的行政处罚机关是卫生部门，售药管理条例规定工农的行政处罚机关是农业部门，锅炉压力容器监察条例规定的行政处罚机关是劳动监察部门。本案中××商店销售变质食品的行为违反了食品卫生的规定，应当由食品卫生监督机构行使行政处罚权，其他机关无权对××商店处罚。

77. 产品使用说明书有缺陷，受害果农如何获赔？

案例 77　沈某与农药厂纠纷案

事情是这样的

2002 年 9 月 3 日，大中镇双喜村干部沈某来到大丰市消费者协会投诉：为了让柿子早上市，多创造一些经济效益，双喜村及附近村组的柿子种植户使用了“喷就红”喷打柿子，没想到柿子都从树上掉了下来，村民们非常着急。

大丰市消费者协会接到投诉后，马上进行了调查，原来“喷就红”是一种催熟剂，由从事农药批发的大丰辉丰农药调剂中心于 8 月 10 日从山西省农科院棉花所三联农化实验厂购进，共购进 400 瓶，购进后销售 143 瓶，大部分批发给 6 户农药经销商，这 6 户农药经销商又销售给大中镇双喜村、恒丰村、南阳镇诚心村等 71 户柿农。柿农使用后柿子是成熟快了，但有近 30% 的柿子很快从树上脱落。而且打了“喷就红”的柿子里红外青口涩明显，收购商又不愿收购。要估算出损失有多少工作量非常大，但消协的工作人员想方设法排除困难。他们首先积极与生产厂家联系，督促他们尽快来人处理，同时与大中镇政府协商，请他们支持。山西厂方派出片区董经理等来大丰处理，董起初认为他们厂方在说明书的适用品种一栏上列举了苹果等品种，未列举柿子，而且农户使用方法可能不当，用药剂量过大，厂家不应承担责任。消协的同志即向其指出，说明书的适用品种一栏上列举了“适用作物苹果、柑橘、葡萄、桃、山楂、石榴、香蕉、芒果、荔枝、橙子、草莓等果品作物”，这里“等”的概念是列举未尽，且说明书标明“喷就红”是果树专用型，没有说明柿子树禁用，这表明该说明书存在缺陷，企业应负主要责任。经多次说明教育，厂家认识到问题的严重性。9 月 5 日、6 日两天消协又派车辆、人员与厂家代表、村镇代表一道到双喜村等村组逐户核产、计算每户柿子树的栽种数、柿子年落数，并登记造册。71 户柿农共种植柿子树5143颗，柿子掉落67770公斤。9月7日大丰消协主持双方进行调解，71户受害农户参加了调解会。从上午9时至下午1时，经过4个多小时反复调解，最终达成调解协议：由被诉方山西省农科院棉花所三联农化实验厂赔偿71户农民损失10.2万元。

律师专线

处理此案的关键是查清并认定导致柿子掉落的原因，厂方认为，造成损失的原因有两个：一是“喷就红”催熟剂不适用柿子；二是农户使用方法不当，用药剂量过大。对于后一点原因，厂方没有举出证据，而是使用不确定的口气来猜测，可以不予认定。那么确定造成损失的原因就一个了，就是“喷就红”催熟剂不适用柿子。但该催熟剂说明书的适用品种一栏上列举了“适用作物苹果、柑橘、葡萄、桃、山楂、石榴、香蕉、芒果、荔枝、橙子、草莓等果品作物”，这里的“等”的概念是列举未尽，且未说明柿子树禁用，这说明这份产品说明书存在缺陷，并由此导致果农的损失。因此消协认定生产单位应负主要责任。

法律规范

中华人民共和国产品质量法

（1993年2月22日第七届全国人民代表大会常务委员会第三十次会议通过，1993年9月1日起施行）

第二十六条　生产者应当对其生产的产品质量负责。

产品质量应当符合下列要求：

（一）不存在危及人身、财产安全的不合理的危险，有保障人体健康和人身、财产安全的国家标准、行业标准的，应当符合该标准；

（二）具备产品应当具备的使用性能，但是，对产品存在使用性能的瑕疵作出说明的除外；

（三）符合在产品或者其包装上注明采用的产品标准，符合以产品说明、实物样品等方式表明的质量状况。

第四十一条　因产品存在缺陷造成人身、缺陷产品以外的其他财产（以下简称他人财产）损害的，生产者应当承担赔偿责任。

生产者能够证明有下列情形之一的，不承担赔偿责任：

（一）未将产品投入流通的；

（二）产品投入流通时，引起损害的缺陷尚不存在的；

（三）将产品投入流通时的科学技术水平尚不能发现缺陷的存在的。

专家释惑

本案中，消费者协会的调解对这起产品责任问题的解决起了十分重要的作用。那么消费者协会作为依照《消费者权益保护法》第12条“消费者享有依法成立维护自身合法权益的社会团体的权利”的规定，而成立的民间机构具体履行哪些职能呢？

一、向消费者提供消费信息和咨询服务

消费信息主要包括，商品和服务在市场中存在的现状、发展趋势及商品和服务的提供者等一系列情况或资料。咨询服务是指消费者协会针对消费者询问的有关消费及消费者权益保护方面的问题，依据客观事实予以解答。为使消费者在购买、使用商品或接受服务时，更好地行使权利，保护自己的合法权益，及时获得有关消费信息和知识，消费者协会应客观、公正地向消费者提供消费信息和咨询服务，正确引导消费者的消费活动，以使其免受损害。应该强调的是，消费者协会提供消费信息与咨询服务不能以牟利为目的，并保证信息的真实和准确。

二、参与有关行政部门对商品和服务的监督、检查

对商品和服务进行行政监督、检查，是国家赋予有关行政机关的一项行政职权。换句话说，是由有关行政机关代表国家对商品和服务是否符合国家法律、法规的规定行使监督、检查职权。消费者协会除依照法律、法规和章程对商品和服务进行社会监督外，还可参与有关行政部门的监督、检查，主要表现为行政部门在对与消费者权益密切相关的商品和服务履行监督、检查职权时，应吸收消费者协会参加，共同进行。消费者协会也可以依据本法主动要求参加

有关行政部门的监督、检查，规定消费者协会参与有关行政部门对商品和服务的监督检查，目的在于充分发挥消费者协会的社会监督职能，及时反馈商品和服务中存在的问题，促使经营者守法经营。

三、就有关消费者合法权益问题，向有关行政部门反映、查询，提出建议

有关行政部门，是指具有保护消费者合法权益职能及责任的行政部门，既包括执法监督部门，也包括行业主管部门。这里所说的有关消费者合法权益问题，是指在消费领域中与消费者合法权益相关的所有问题。包括商品和服务质量价格等情况；经营者的不法行为；行政部门及其工作人员的工作；具体事件的处理；消费者的意见和要求等等。消费者协会向有关行政部门查询分两类情况：其一，针对有关消费者合法权益的问题，向有关行政部门调查询问相关的情况；其二，针对消费者协会反映的关于消费者权益的具体问题向有关行政部门调查询问处理情况。提出建议是指消费者协会就消费者合法权益问题，向有关行政部门提出建设性的意见以供其参考。赋予消费者协会向有关行政部门反映、查询、建议职能，有利于消费者协会对消费者合法权益进行保护，对沟通政府与消费者之间的联系能起到重要的桥梁作用。

四、受理消费者的投诉，并对投诉事项进行调查、调解

消费者向消费者协会投诉，是指消费者在购买、使用商品或接受服务时，其合法权益受到损害，向消费者协会反映情况，要求给予解决的行为。消费者协会受理投诉包括三种情况，一是消费者直接向消费者协会进行的投诉；二是消费者向有关单位进行投诉；三是经营者或其主管部门请求消费者协会协助处理的投诉。消费者在购买、使用商品或接受服务中，只要认为自己的合法权益受到损害，都可以进行投诉。消费者协会经审查，对符合投诉范围和消费者协

会管辖范围的投诉，予以受理，进行调查、调解。对不符合受理条件的，不予受理。消费者协会受理消费者投诉，应站在公正的立场上，对投诉事项认真进行调查，查明事实，分清是非、责任，依法、公平处理纠纷。在消费者和经营者自愿的基础上，进行调解，使之达成解决问题的协议，从而解决争议。

五、投诉事项涉及商品和服务质量问题的，可以请鉴定部门鉴定，鉴定部门应当告知鉴定结论

鉴定是指运用仪器设备、专门知识或技能对某事物进行鉴别和判断的一种活动。鉴定结论又称鉴定意见，是指鉴定部门通过鉴定活动所作的结论。鉴定结论是证据的一种，可以作为认定事实的依据。消费者协会在受理投诉中，涉及判断有关商品和服务质量问题时，不能简单地凭感官加以认定，而应提请鉴定部门依法取得鉴定结论，避免判断的随意性，从而严肃、公正地解决消费者权益纠纷。鉴定部门对消费者协会提请鉴定的事项，应及时予以鉴定，并有义务将鉴定结论如实告知消费者协会。

六、就损害消费者合法权益的行为，支持受害的消费者提起诉讼

当消费者的合法权益受到损害时，消费者协会可以支持受害的消费者向人民法院提起诉讼，请求人民法院予以公正判决，以保护消费者的合法权益。消费者协会对受害消费者提起诉讼予以支持包括两方面的含义：其一是给消费者以道义上及有关法律知识方面的支持，支持受害的消费者依法提起诉讼。其二是作为消费者的委托代理人直接参加诉讼。消费者提起的诉讼，包括民事诉讼、行政诉讼和刑事附带民事诉讼，但适用的程序有所不同。例如，消费者提起民事诉讼应依据《中华人民共和国民事诉讼法》的有关规定进行。消费者的合法权益受到损害，如果是因经营者的侵权行为所致，应

向侵权行为地或被告住所地的人民法院起诉；如果是因合同纠纷引起，则应向被告住所地或合同履行地的人民法院起诉。

七、对损害消费者合法权益的行为，通过大众传播媒介予以揭露、批评

大众传播媒介主要是指报纸、杂志、广播、电视等，这些传播媒介传播信息具有速度快、范围广、影响大等特点。消费者协会针对损害消费者合法权益的行为，可以公开在大众传播媒介上予以登载、播放，进行曝光、批评，以充分发挥舆论监督在社会监督中的作用，强化消费者协会在保护消费者权益方面的职能，同时增强社会免疫力，促使经营者尊重消费者的合法权益。

需要指出的是，本条规定的消费者协会的职能是该法授予消费者协会的法定职能，各级消费者协会必须依法履行，不得有违法失职的行为。凡消费者协会履行职能中涉及的一切组织和个人，必须积极地给予配合和支持。消费者协会依法履行职能，并不影响其按照章程开展活动，只要章程不与本法和其他法律、法规相抵触，其内容仍然有效。

78. 非法中介居然状告消费者，消协如何帮消费者维权？

案例 78　郭女士与京口区平安中介服务部购房中介服务纠纷案

事情是这样的

2002 年 1 月 7 日，镇江市的郭女士来到京口区平安中介服务部，请该中介在镇江市水陆寺附近帮其购买一套房屋，并与该中介服务部签订了协议。该中介服务部孙经理带郭女士看了 3 套房源，最后选定门口新村一处房子。经与房主寿某协商后确定售价为 15 万元，双方成交。该

中介公司承诺可提供一条龙服务，帮助买房人办理贷款手续，按规定，中介费由购房人交纳。

1月18日，购房者郭女士和房主寿某撇开京口区平安中介服务部，在镇江市房屋置换中心签订了购房协议。鉴于此，该中介服务部认为：消费者郭女士购买的房屋是他们介绍的，成交后郭女士拒付中介费，违反了双方签订的“委托购房协议书”第4条的规定，应承担违约责任。随后，在交涉无果的情况下，该中介服务部向润州区人民法院提起诉讼，要求判令被告双倍支付中介费总计6000元，并承担本案的全部诉讼费用。

郭女士在接到法院的传票后，全家多次走访有关部门无果，最后抱着一线希望到镇江市消协请求帮助。市消协派专人负责调查取证。调查后发现：第一，京口区平安中介服务部并没有房管部门颁发的“上岗证”即相应的资质证书，而建设部《城市房地产中介服务管理规定》明确规定：“未取得房地产中介资格擅自从事房地产中介业务的，责令停止房地产中介业务。”第二，郭女士所购的是寿某夫妇共有资产，根据《城市私有房屋管理条例》规定：“房屋所有人出卖共有房屋，须提交共有人同意的证明书。”而当时寿某并没有其丈夫也同意卖房的授权证明，不能表达房屋所有人出卖的真实意愿，不具备成交买卖的条件。第三，该中介服务部当初承诺的一条龙服务并未兑现。鉴于此，镇江市消协委托律师免费为消费者应诉，并向法院及时提供了相关材料。润州区人民法院充分考虑了消协的意见，依照《民事诉讼法》有关规定，驳回了平安中介服务部的起诉。

律师专线

这起中介公司状告购房者的案件引起了有关部门的关注，镇江市房管部门认为，无资质中介“平安”状告消费者，这是该市第一起中介状告消费者的案例，它的被驳回说明，守法经营是何等重要。目前镇江市区约有五六十家房屋中介公司，但真正具有“两证”（营业执照、中介资质证）的还不到三分之一。

目前，市区不少房屋中介都不同程度存在违规经营等问题，如有些中介公司没有多少房源，却大肆吹嘘“大、中、小套应有尽有”，诱骗购房者往“套”里钻。有些中介无照经营，租套房子，摆张桌子，装部电话，印出广告就开业。能骗就骗，骗不下去就换个地方接着骗。有些中介专门盯住形单影只的进城民工及大中专学生等弱势人群，先利诱再威胁。这些上了当的租房人大多忍气吞声，自认倒霉。

此案的关键是调查取证，镇江市消协有关同志多次到房管部门、售房者家中取得了“平安”无“上岗资格证”等重要证据。市消协法律顾问免费为消费者打官司。通过一系列艰苦细致的工作，终于使法院驳回了非法中介的诉讼。此案充分表现了消协是消费者的保护神，消协不管面临多少困难，始终坚定地站在消费者一边，为消费者排忧维权。此外，经营者也要以此为鉴，吸取教训，奉行“诚实守信”、“公平公正”的市场规则，向守法经营要效益。

法律规范

城市房地产中介服务管理规定

（1996年2月1日建设部公布并施行）

第二十五条　违反本规定，有下列行为之一的，由直辖市、市、县人民政府房地产管理部门会同有关部门对责任者给予处罚：

（一）未取得房地产中介资格擅自从事房地产中介业务的，责令停止房地产中介业务，没收非法所得，并可处以罚款；

……

专家释惑

消费者在购买或接受服务时，其合法权益受到损害的，可以选择以下步骤来解决纠纷：

一、协商：消费者发现商品或服务存在问题，生产者、销售者应当与用户、消费者首先通过协商，达成和解。

二、调解：包括民间调解、行政调解和法院调解。行政调解是指由工商行政管理部门、产品质量监督管理部门及其他有关部门主持的调解。法院调解是以诉讼途径解决纠纷时，先进行的一种调解。

用调解解决产品质量纠纷的范围和程序，一般没有严格的规定，但调解必须遵循合法和自愿原则。调解协议不能违反国家法律、法规，不能损害公共利益和他人利益，调解不能强加于人，调解人不能强迫当事人接受调解或必须达成协议。调解成功当事人之间要签订协议，但协议不具备强制执行的法律效力，一方当事人也不能向法院申请强制执行。

三、向有关行政部门申诉。

四、仲裁：仲裁是指双方当事人自愿而且达成书面协议将纠纷交给第三方——各地仲裁委员会作出裁决，纠纷双方有义务执行该裁决，从而解决纠纷的法律制度。仲裁裁决一裁终局而且具有强制性，表现在当事人一旦选择仲裁解决纠纷，仲裁者所作的裁决就具有法律效力，权利人可以向人民法院申请强制执行。这也是仲裁和调解的区别所在。仲裁是一种第三方的公正活动，进行仲裁的第三方是仲裁组织，承担仲裁任务的是仲裁庭或独任仲裁员。仲裁程序包括申请、答辩、庭审、调查取证等。我国《仲裁法》实行一裁终局制度，即仲裁裁决作出后，当事人就同一纠纷不能再申请仲裁或向人民法院起诉，但当仲裁裁决结果被人民法院依法裁定撤销或不予执行的，当事人可就该纠纷根据双方重新达成的仲裁协议申请仲裁，也可以向人民法院起诉。我国的仲裁机构独立于行政机关，不实行级别管辖和地域管辖。经济纠纷发生后，是否选择仲裁以及选择哪个仲裁委员会仲裁都由当事人自主决定。

五、诉讼：当因商品或服务存在问题发生民事纠纷，当事人各方可以向人民法院起诉。这是法律规定的解决消费纠纷的最后途径。诉讼由起诉、审判、执行三个基本阶段构成，根据诉讼所要解决问题性质分为民事诉讼、刑事诉讼和行政诉讼。产品质量纠纷属于民事纠纷，采用民事诉讼。当事人向人民法院起诉，请求司法保护，必须经过以下步骤：

1. 起诉和受理。提起诉讼的人称原告。原告起诉须具备四个条件：一是原告与纠纷有直接利害关系。二是有明确被告，即原告认为侵犯其权益的人或组织。三是有具体的诉讼请求和事实、理由。四是属于人民法院受案范围和受诉人民法院管辖。起诉应向人民法院递交起诉状，并按被告人数提交副本，特殊情况下也可口头起诉。人民法院收到起诉状或口头起诉后，依法进行审理。对符合条件的，决定立案受理；对不符合条件的，裁定不予受理。

2. 审判。案件决定受理后，开庭前人民法院要做好准备工作，包括发送起诉状副本，审阅诉讼材料，调查收集证据，更换或追加当事人等，准备就绪，通知开庭。开庭审理经以下步骤：一是准备开庭；二是法庭调查；三是法庭辩论；四是法庭调解；五是合议庭评议；六是宣判。人民法院审理民事案件，实行两审终审制。当事人对一审判决不服的，可以在法定期限内向上一级人民法院提起上诉，二审法院所作的判决就是发生法律效力的判决。

3. 执行。如果有义务的一方当事人自觉履行了判决内容，就不必请求人民法院强制执行了。如果负有义务的一方当事人无故拒不履行义务的，另一方当事人就可以申请人民法院强制执行。

联系本案

请记住以上所列的解决消费者权益纠纷的途径，选择适合的解决途径可以节省您的时间并使您的权益得到更好的维护。一般而言，发生消费纠纷，先与生产者、销售者协商解决，协商不成再寻求其他途径。